北京高等教育精品教材
中央民族大学"211工程"中国少数民族历史与宗教项目
中央民族大学国家级本科特色专业——宗教学建设项目

基督教史纲【插图本】

An Illustrated Brief History of Christianity

■ 游斌 著

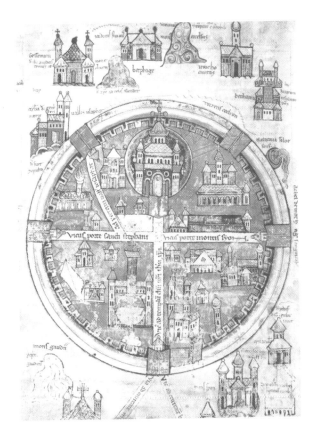

北京大学出版社
PEKING UNIVERSITY PRESS

图书在版编目（CIP）数据

基督教史纲（插图本）/游斌著.—北京：北京大学出版社，2010.2
（博雅大学堂·哲学）
ISBN 978-7-301-16890-5

I.基… II.游… III.基督教史－世界－高等学校－教材 IV.B979.1

中国版本图书馆CIP数据核字（2010）第015155号

书　　　　名：	基督教史纲（插图本）
著作责任者：	游　斌　著
责 任 编 辑：	田　炜
设 计 制 作：	河上图文
封 面 设 计：	彭兰闵
标 准 书 号：	ISBN 978-7-301-16890-5/B·0882
出 版 发 行：	北京大学出版社
地　　　　址：	北京市海淀区成府路205号　100871
网　　　　址：	http://www.pup.cn　电子邮箱：pkuphilo@163.com
电　　　　话：	邮购部62752015　发行部62750672　出版部62754962
	编辑部62752025
印 　刷 　者：	三河市北燕印装有限公司
经 　销 　者：	新华书店
开　　　　本：	787mm×1092mm　16开本　22.5印张　290千字
版　　　　次：	2010年2月第1版　2022年12月第4次印刷
定　　　　价：	38.00元

未经许可，不得以任何方式复制或抄袭本书之部分或全部内容。
版权所有，侵权必究
举报电话：010-62752024　电子邮箱：fd@pup.pku.edu.cn

目录

前言 圣灵旅行记：基督教的全球传播史 /1

第一编 原始基督教：从耶稣到保罗 /7

    1. 希腊罗马世界：基督教的文化母体 /9

    2. 巴勒斯坦地区的政治与宗教 /13

    3. 耶稣在加利利 /18

    4. 耶稣在耶路撒冷：受难与复活 /24

    5. 基督教的开始 /28

    6. 保罗：外邦人的使徒 /35

    7. 原始基督教的社会构成 /43

第二编 基督教与罗马帝国 /49

    8. 罗马帝国的宗教 /50

    9. 基督教与罗马帝国的冲突 /52

    10. 早期基督教的殉道现象 /56

11. 早期基督教异端 /59

12. 早期基督教思想家 /64

13. 教会组织的发展 /69

14. 罗马成为"教会之首" /75

15. 君士坦丁大帝与基督教的合法化 /78

16. 国家宗教与大公会议 /82

17. 基督教的群体生活：崇拜与仪礼 /88

18.《新约》的写作与成典 /91

第三编　中古前期基督教 /97

19. "欧洲"的雏形：从地中海到欧罗巴 /98

20. 教宗制的产生 /102

21. 修道运动的兴起 /106

22. 王室基督教：法兰克人与基督教 /109

23. 西欧早期的基督教化 /113

24. 王权与教权的结盟 /118

25. 加洛林王朝的基督教文化复兴 /120

26. 东部基督教的发展 /125

27. 圣像争论与地中海宗教格局 /132

28. 后查理曼时期的教会与国家 /136

29. 东西部教会的彻底分裂 /142

第四编　中古后期基督教 /149

30. 西部教会的整合运动 /150

31. 教宗革命 /156

32. 神圣罗马帝国 /160

33. 主教叙任权之争：《沃尔姆斯协定》/164

34. 大教堂的兴建与西欧文化景观 /169

35. 新的修道运动：西妥修会 /172

36. 异端裁判所 /178

37. 多明我会与方济各会 /182

38. 基督教与大学的兴起 /190

39. 中古晚期教宗权力的起落 /195

40. 十字军 /202

41. 经院哲学及其转向 /211

42. 早期改革先驱：威克利夫与胡斯 /217

43. 人文主义与文艺复兴 /221

44. 正教在欧洲东部：拜占庭的灭亡 /226

第五编 **宗教改革时期** /231

45. 路德：其人其时代 /232

46. 路德宗的成型 /239

47. 改革宗：从茨温利到加尔文 /247

48. 英国宗教改革：圣公会的成立 /252

49. 激进的宗教改革：再洗礼派 /257

50. 加尔文宗在欧洲各国的发展 /261

51. 英国的清教运动 /268

52. 反改革运动——公教中兴 /272

第六编 **现代基督教** /283

53. 基督教的全球化 /284

54. 美国基督教 /287

55. 虔诚运动 /291

56. 新教的海外传教 /298

57. 现代新教各派别 /302

58. 现代罗马公教 /309

59. 第三世界的基督教 /313

60. 基督教普世运动 /318

参考书目 /325

汉英地名对照表 /327

插图目录

1. 亚历山大东征路线图
2. 公元1世纪的罗马政区图
3. 耶稣时代巴勒斯坦的政治格局图
4. 死海库兰地区的宗教社群
5. 耶稣降生、朝圣与受洗路线图
6. 耶稣在加利利行迹图
7. 耶稣由北往南路线图
8. 耶路撒冷受难图
9. 传说中的使徒普世传教图
10. 第一代使徒传教路线图
11. 保罗皈信、退隐及复出图
12. 保罗第一次旅行传教图
13. 保罗第二次旅行传教图
14. 保罗第三次旅行传教图
15. 公元70年的早期教会分布图

16. 公元 1 世纪犹太人散居图
17. 宗教与古罗马城市的公共生活：以弗所城
18. 罗马帝国大迫害与使徒殉道图
19. 伊格纳修殉道路线图
20. 公元 100 年早期基督教发展范围图
21. 古代教父的空间分布图
22. 公元 300 年的基督教分布图
23. 公元 4 世纪初教会政区图
24. 至公元 6 世纪罗马城的教会分布图
25. 君士坦丁兴起与基督教合法化
26. 罗马帝国晚期的教会政制
27. 蛮族入侵罗马路线图
28. 公元 6 世纪欧洲蛮族列国图
29. 公元 8 世纪的教宗国
30. 修道主义西传图
31. 公元 6 世纪西欧教会分布图
32. 西欧持续的基督教化
33. 不列颠福音反哺东传图
34. 查理曼帝国的政治宗教格局图
35. 查尔西顿论争时的东部宗教格局图
36. 正教东方传布图
37. 公元 9 世纪地中海三大宗教文化圈
38. 凡尔登三国分裂
39. 公元 10 世纪蛮族再侵欧洲路线图
40. 东罗马帝国萎缩图
41. 东西部教会分裂图
42. 克吕尼运动欧洲传布图

43. 神圣罗马帝国的扩张与教会东进图

44. 神圣罗马帝国政教关系图

45. 中世纪哥特式教堂与欧洲文化景观

46. 西妥修道运动欧洲传布图

47. 公元12世纪欧洲的异端流传图

48. 多明我会欧洲传布图

49. 方济各会欧洲传布图

50. 中古后期教会与大学的兴起

51. 1378-1417年教宗分立与欧洲的政治格局图

52. 中古早期朝圣路线图

53. 中世纪欧洲朝圣路线图

54. 第一次十字军东征路线

55. 经院哲学家分布图

56. 中古晚期文化名人的空间分布

57. 拜占庭帝国覆亡图（附：君士坦丁堡陷落图）

58. 路德生平行迹图

59. 印刷术兴起与新教传布图

60. 宗教改革时的欧洲政治格局图

61. 1529年的宗教改革格局图

62. 1555年的欧洲宗教格局图

63. 不列颠宗教改革图

64. 激进改革派别在欧洲的传布图

65. 法国的宗教分立及胡格诺派传布图

66. 尼德兰宗教分立格局图

67. 1618年欧洲中部宗教格局图

68. 耶稣会兴起与罗马公教的复兴

69. 1618-1648年"三十年战争"形势图

70. 16-17世纪罗马公教全球传播图
71. 基督教在美国的开端
72. 虔诚运动世界流传图
73. 基督教传入亚洲图
74. 基督教传入非洲图
75. 基督教传入大洋洲图
76. 新教在拉美的传布图
77. 新教各派别全球分布图
78. 基督教在拉美分布图
79. 新教在撒哈拉以南的非洲分布图（1985年）
80. 普世运动的全球开展图

前言

圣灵旅行记：
基督教的全球传播史

公元 2 世纪的一篇无名文献这样谈论罗马社会中的基督徒：

> 在国家、语言或习俗上，这些人与其他人并没有什么不同，他们没有另外的城市，没有另外的语言，也没有什么另外的生活方式。他们各随己便地居住在各地，或者文明的都市，或者蛮荒的乡野，衣着、饮食和一切生活习惯也都入乡随俗。但是，他们又好像都是另一个世界的公民，表现出一种奇妙而特殊的生活品质。他们居住在自己的故乡，却将之视为寄居。他们同其他公民一样，享有各样的权利；却又如寄居者一样，承受各样的逼迫。所有的异乡对他们来说，都是故土；而他们的故土，却又是异乡。他们生活在肉体里，却不随从情欲。他们在地上

度过年月,却称自己为天国的子民。他们生活在这个世界上,就像灵魂在肉体中活着一样。他们生活在世界的每个角落,就像灵魂充满了身体。灵魂在身体之中,却又不属于身体。他们在世界之中,却不属于这个世界。(Letter to Diognetus)

这段话所描述的,不只是一时一地的基督徒与当地社会,它更是对基督徒的全球境遇的普遍理解。基督徒"承认自己在世上是客旅,是寄居的。……他们羡慕一个更美的家乡,就是在天上的"(《希伯来书》11章13—16节)。他们总是具有双重身份:一方面,是地上的公民,属于世界的历史;另一方面,是天国的公民,属于上帝的救赎历史。

与此相应,作为整体的教会,基督教把自己的本质理解为"圣灵在地上",这样,基督教在全球的传播也就是圣灵在地上的旅行。圣灵在世界上行走,却又不属于这个世界。在基督教会及其信仰者个体的身上,都表现出这样强烈的二元性。基督教的全球传播史,便呈现为在世界史与救赎史之间纠缠着的紧张关系。基督教两千多年的历史,是它征服罗马、征服欧洲、征服全球的历史,是圣灵改造世界的历史;但也是它被犹太人厌恶、被罗马人压迫、被欧洲人冷待、被现代人遗弃的历史,是圣灵被世界驱逐的历史。

基督教史就是一部"圣灵旅行记",恰恰对应了人们对于宗教与文化关系的理解。基督教的"属灵"本质,简而言之就是基督教所特有的某些基本品质。围绕着基督教的这些特有品质,在历史的流变发展中,基督教形成一套属于它自己、不依附世俗力量、不为人的理性所理解的教义、仪式与制度。它们使得基督教成为一个具有独立自性的"社会文化实体",对于欧洲乃至于世界的历史、思想与文化产生了深远而广泛的影响。但它在"地上",却使得它不得不身处于一个复杂的社会文化有机体之中,在一定意义上也是一个"被决定的事物",它在时空中的展开取决于人类文明的其他因素,如地理疆界、政治变迁、人口流动、哲学潮流,甚至一些微观的偶然历史事件等。

在考察基督教的全球传播史时,人们习惯于按照时间段将其分成早期、中古、近代与现代。但是,如果宗教不仅是"灵性的产物,而且是地理的产物",基督教历史其实就是"圣灵在地上的旅行记"的话,那么,以文化空间作为划分的标尺,基督教史则可以分为巴勒斯坦时期、地中海时期、欧洲时期和全球时期。换言之,基督教历史可以被分解成在不同空间中的文化地图,不同时段的基督教不过是在不同空间中展开的基督教而已。

本书试图以专题讲解的方式,来考察"圣灵"在地上的时空行程及其社会和文化影响。基督教作为一种宗教,它与西方社会文化的其他要素之间的互动关系,是本书关注的首要问题。由于基督教历史上下两千年,源于亚洲,盛于欧洲,今天又在全球范围内广泛传播,其内容驳杂、头绪繁多,而且由于中西文化的隔膜,中国读者难以深刻而生动地掌握其基本的理论、内涵和特征。对基督教史进行通论性的介绍,常常容易掉入两个陷阱之中:一是面面俱到、四平八稳和平铺直叙的格局,令人读完之后,除了一堆理不清线索的人和事之外,常不知重点或意义何在;二是没有血肉、没有细节的骨架堆砌,同样使人不知所云、枯燥乏味。为避免上述两个问题,本书将进行以下尝试:

◎ 继承历史写作"左图右史"的传统,并考虑到当代读者的阅读习惯,本书运用文化地理学的一些基本理念和方法,强调从地理的角度理解宗教的传布;本书以80幅基督教历史地图来配合主文的历史叙事与分析,使读者对基督教的文化时空形成直观的了解,增强读者对于历史情形或事件的现场感。

◎ 摒弃高头讲章的模式,以基督教与西方社会文化的关系为主线,以专题的讲解带动对基督教的原理性分析。全书共分六编,60个专题,既独自成题又彼此连贯,点、线、面相互呼应，勾勒出简洁明了的历史脉络，白描式地叙述基督教与其他文化要素之间的关系。

◎ 在专题的选择上，注意"直通"与"横通"的结合，集中分析基督教对社会文化具有重要影响力的教义、思想、制度和事件，揭示基督教与文化、思想与社会的互动关系，使读者得以了解基督教的特殊内涵，影响社会的方式，与其他文化要素如政治、法律、哲学等之间的内在关联等。考虑到中国学术界长期以来对欧洲中世纪的片面理解，本教材在篇幅上对中古基督教有所侧重。

◎ 本书把基督教史置于世界民族史的框架之中，从基督教与以色列民族、欧洲民族、世界民族的关系的角度来写基督教史，使读者在了解基督教史的同时，也可总结宗教与民族之间的一般性关系。

本书最初的写作动机，起源于我在哈佛燕京学社时的知性刺激。至今仍记得，哈佛大学东亚系的包弼德(Peter Bol)教授用CHGIS（中国历史地理信息系统），向我们演示"文化空间"的概念如何运用于中国历史的研究之时，带给我的震惊。我惊讶地看着一个老外，比我们本国人还更为娴熟地展示山水空间对于中国文化大小传统的影响。它直观地告诉我，历史不仅是时间的，而且是空间的。它也使我羞愧地认识到，西方汉学如此细致地研究中国，而我们在中国研究西方却仍只停留在"宏大叙事"的层面。这一刺激一直伴随着我，并促使我在回国后为中央民族大学宗教学本科同学开设的"基督教"课程中，尝试将基督教的历史变迁放在一个个或宏观或微观的地理空间之内，以帮助同学们对于基督教的全球传播形成直观的理解。书中的历史地图，就是这些课程中的部分内容。当然，细致地研究基督教在各个地方性空间中的"本土经验"，在历史细部中分析基督教的传布，仍然是我研究的长远目标。

在研究和教学基督教思想和社会史的过程中，我一次又一次地体会到学界前辈汤用彤先生提出的方法论原则的精深妙用。他说："宗教情绪，深存人心，往往以莫须有之史实为象征，发挥神妙之作用。故如仅凭陈迹之搜讨，而无同情之默应，必不能得其真；哲学精微，悟入实相。古哲慧发天真，慎思明辨，往往言约旨远，取譬虽近而见道深弘。故如徒于文字考证上寻求，而乏心性之体会，则所获者其糟粕而已。"这一方法虽是汤先生就佛教研究而提出，但基督教两千年来的历史表明它同样"亦宗教亦哲学"，上述"同情默应、心性体会"之法，亦可完全运用于基督教研究之中。

本书的基本内容，形成于我在中央民族大学开设的宗教学本科生"基督教"课程。在授课过程中，同学们(尤其是"基督教文化时空图解300—1500年"URTP项目组)敏于发问、勤于思考，推动了本书在某些内容上的深化。2007年国家社科基金支持我进行"基督教与西欧民族（300—900年）"的研究，本书是该项目的部分研究成果。

本人对基督教的研究，实得益于杨适先生的引领。同时，在学习和研究基督教的过程中，得到众多富有成就的学者们的支持与鼓励，在此特别向赵敦华、卓新平、张志刚、孙尚扬等师友致以深深的感谢。感谢中央民族大学的牟钟鉴先生，在与他讨论基督教与欧洲民族关系的过程中，他的敏锐与博学给予我灵感和知性的启发。在制作历史地图的过程中，同乡好友熊文成高超的GIS技术为本书的制图提供了保障。依靠彭兰闵同学娴熟的绘图技术，本书"以图说史"的梦想才得以实现。在写作后期，由我、彭兰闵、梁玉龙组成的绘图工作室，让我感到团队工作的温暖。罗中、钟焕林等同学，为我查找地名提供了一些帮助，张潇雅同学认真地校读了初稿。北京大学出版社的田炜编辑为此书费心甚多。本书吸收了一些国内外学术界的最新研究成果，主要参考文献列于书后，但简明教材的体例难以容纳大量的注释，一些引用未能一一标出，在此谨向各位同仁致谢。

本书既可作为宗教学专业的"基督教"课程的教材、世界史专业的参考资料，亦可作为对基督教文化、西方文明有兴趣的一般读者的基本读物。当然，基督教在地中海、欧洲及全球的传播，内容博大精深，文献浩如瀚海，作者学力不逮，书中错误定然不少。而历史地图的绘制涉及各个方面的专业知识，世界地名及其变迁极其复杂、内涵相当丰富，书中地图如能为读者在阅读基督教史时起到些许的示例作用，就足令作者欣慰了。期待各方贤士的批评指正。

游 斌

2008年4月

第一编
原始基督教：从耶稣到保罗

基督教强调自己是一种"历史宗教"(historical religion)，即上帝的启示与救恩乃通过历史中具体的人物和事件彰显出来。它强调耶稣是一个历史人物，他在历史时空中的降生、受洗、传道、受难和复活构成基督教信仰的核心。他的第一代门徒对其言行的记载和解释，如"福音书"和"使徒书信"等，在被接受为基督教经典《新约》后，成为形塑一代又一代的基督教团体的基本文献。因此，从耶稣到保罗这一"原始基督教"时期，对于人们理解整个的基督教历史有着极其重要的意义。

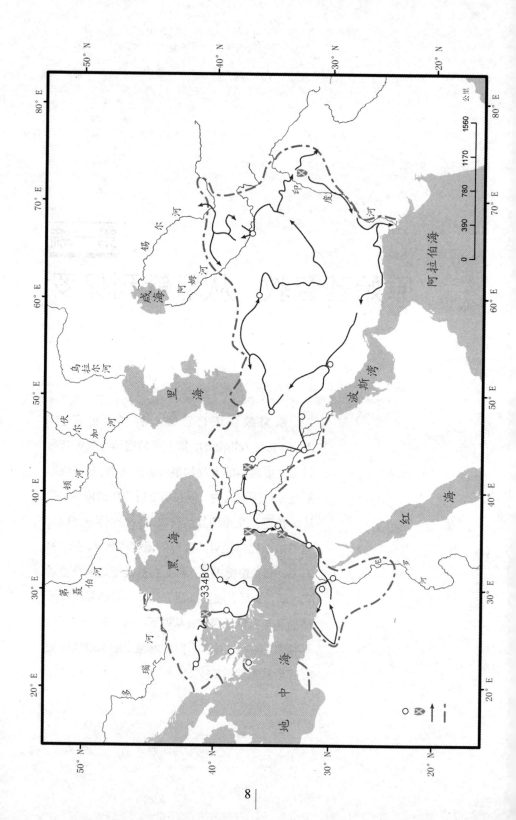

1. 希腊罗马世界：基督教的文化母体

按基督教自身的神学理解，基督是"按所定的日期"(《罗马书》5章6节)来到人间为世人赎罪，然而，从宗教学的角度言之，基督教的产生乃至其传播发展，与某些特定的时代背景和文化处境有着密切的关系，甚至构成其必要条件。这一背景可以狭义地称为"希腊化时代"(Hellenistic Age)，它约从公元前334年亚历山大大帝(Alexander the Great)东征到公元前30年罗马征服埃及。在这一时期，伴随着亚历山大的东征和他对希腊文化的喜爱，希腊化成为地中海世界最显著的特征。或者用一个更为广泛的文化概念来界定，即"希腊罗马世界"(Graeco-Roman World)，将希腊化时代与随后的罗马帝国视为一个整体，涵括从公元前4世纪至公元后4世纪这一大时段的历史时期。可以说，希腊罗马世界的文化处境构成了基督教的文化母体。

应该从政治和文化两个方面来理解希腊罗马世界的意义。从政治上来说，公元前334年亚历山大大帝发起东征，建立了一个横跨亚非欧三大洲的马其顿帝国，随后的罗马帝国更是把地中海变成它的内海。与它们相比，历史上的那些大帝国如埃及、巴比伦和波斯等，其幅员都要狭小得多，多数局限在中亚或小亚细亚的范围内。而这两个帝国则包括了欧洲的巴尔干、小亚细亚和埃及尼罗河地区，面积超过200万平方公里。它

(左页图) 图1 亚历山大东征路线图

东西方文明之间的冲撞与融合，历史悠久。可以说，亚历山大东征开辟了东西方文化交流的新时代。首先，亚非欧同时被纳入到马其顿帝国的版图之内，东西方文明交流的范围之广、程度之深前所未有。其次，亚历山大东征并非一个单纯的军事—政治事件，更是一个文化事件，它开启了影响深远的希腊化时代。希腊文化被广泛地传播到亚洲和非洲，不再局限于爱琴海的狭窄空间内。作为一个政治实体，马其顿帝国只持续了几十年，但作为一个文化实体，它开启的希腊化时代却长达几个世纪，并且构成了基督教创生与发展的文化母体。

们是真正意义上的世界帝国。它们将人们的眼界带到一个前所未有的新高度，从最普遍、最一般的意义上构建思想体系，是这个时代的思想家们共同的特征。同时，在这两个大帝国的内部，东西方社会和政治结构迥然不同，文化多元而分化。在东方是传统的君主社会，而在希腊和小亚细亚的希腊殖民地，则开始在更大范围内实行城邦民主制。这些文化和社会之间的差异和摩擦，为这一时期的宗教家、思想家们提供了思考的动力和材料。

而希腊化潮流带来的文化后果则尤其值得考察。首先，亚历山大在他建立的马其顿帝国内，不遗余力地推广希腊语。希腊语成为环地中海地区最流行的语言。这种希腊语，已不同于柏拉图时代的古典希腊语，而是所谓的"白话希腊文"(Koine)。相比于古典希腊文来说，它比较简单而易于流传。在这里，语言不只是思想文化的载体，更是思想文化自身的塑造者。语言风格的变化，代表了文化的整个精神气质的变化。简要来说，古典希腊语向白话希腊文化的转变，就是哲学精神向宗教精神的转变。古典希腊文的典雅、精深对应的是由社会精英所操练的哲学，而白话希腊文则使得一些理念得以在普罗大众中推广开来。基督教《新约》的绝大部分就是用这种白话希腊文写成的，反映了基督教面向普通民众的特点。

其次，在马其顿和罗马帝国的裹胁之下，东西方文明进入猛烈而又孕育着无限生机的冲撞融合之中。就希腊文明而言，它的哲学和思辨传统使它的文明具有理性、抽象与普遍的特点；而东方文明仍然处于较为原始的神秘主义宗教阶段，偶像崇拜、多神崇拜等仍然十分盛行。而处于亚非欧交界处的巴勒斯坦地区，正是东西方文明交流融合的重要枢纽，在这里除了东西方文明的上述因素外，还有犹太教自身悠久的一神教传统。希伯来文明围绕着一神崇拜建立了一整套对世界、人生、社会的解释系统和价值观念。对两希文明(即希腊文明和希伯来文明)来说，彼此都是异质性的。但是，它们又要对共同的生活处境进行回应，这使得它们在彼此冲突中又走向互补和融合。在此意义上，基督教既同时继承了两希文明，又在自身埋下了这两种文明的冲突与矛盾的种子。它们之间的张力，对基督教来说，既是困境，又是动力。

最后，在被纳入到世界性帝国的范围后，希腊哲学自身的精神气质也被改变了。在成为马其顿或罗马帝国的一个行省后，希腊人失去了城邦的庇护，人们作为个体流落到大帝国之内。这样，哲学的重镇也从希腊本土转移到小亚细亚地区，众多新形态的哲学产生出来，如新柏拉图主义、斯多亚主义等。它们的一个普遍特点是：哲学不再只是抽象地讨论形而上学问题，而是客观地观察生活现实，并用理性对它作出分析和综合的解释，从而建立一个精神世界，并依其而实践生活。哲学对于他们来说，就是严肃的生活，是对命运的恐惧和对死亡的焦虑的克服。在此意义上说，希腊罗马世界的哲学是近似于宗教的。晚期希腊哲学普遍以"世界公民"作为理想人格，就反映了在世界帝国的处境内，个体生命对安身立命之根基的寻求。

总之，基督教得以产生和发展的希腊罗马世界，其文化具有以下三个显著的特征：普遍性、伦理实践性、混合性。首先，它包含了一种普世主义精神。在否定方面，它意指单一民族宗教与文化的崩溃；在肯定方面，它意指多元文化之间的对话与融合，超越单一的民族意识，将全人类视为一个整体的观念，并进而产生一定的世界历史意识。其次，它反映了实践伦理的精神。希腊罗马时代的思想体系，普遍把哲学视为精神的慰藉，其价值在于指导人们日常生活的实践。这使得晚期希腊的哲学派别普遍带有宗教性、伦理性的倾向。最后，希腊化时期的文化是混合性的。这一时期形成的新宗教、新哲学普遍同时具有东西方文明的内容，宗教或文化混合主义(syncretism)是公元前后所有思想的共同特点。

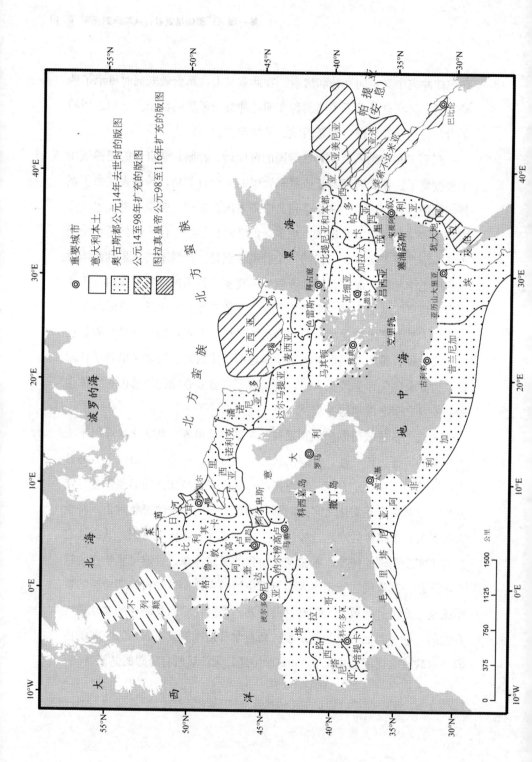

2. 巴勒斯坦地区的政治与宗教

巴勒斯坦地处亚非欧的交界处，历来被东西方各大帝国所占据。在反抗希腊化的浪潮中，犹太人也曾经短暂地建立起自己的哈斯蒙尼(Hasmonean)王朝。但在公元前67年，罗马帝国的大军又将其并入罗马的版图。公元前40年，大希律王被罗马元老院任命为犹大王(King of Judaea)。但伊朗的帕提亚帝国(Parthian，即安息国)入侵叙利亚地区，并建立起傀儡政府。大希律王则保住自己对于加利利和犹大地区的统治，直到公元前4年。在他统治期间，他修建了多处防御东部的波斯人和阿拉伯人入侵的要塞，还在耶路撒冷修建圣殿。

大希律死后，其王朝分裂，巴勒斯坦陷入四王统治(Tetrarchs)的时期。南部犹大地区由阿克罗斯(Archelaus)，又称伊斯纳克的希律(Herod the Ethnarch)治理，统治时期从公元前4年到公元6年。罗马政府借口其不善治理，将其流放，由罗马总督治理犹大，直至公元41年。北部的加利利和跨约旦地区则由安提帕的希律(Herod the Antipas)治理，直至公元39年。其他地方则由菲利普的希律(Herod Philip)治理，直至公元34年。另外还有少数地方由叙利亚人所统治。

大希律王奉行亲罗马的政策，这甚至反映在他以希腊、罗马名称来命名他的要塞，如亚历山大堡、塞浦路斯堡等。另外，巴勒斯坦地区还有一定数量的希腊、罗马侨民，他们随庞培的军队于公元前65-前62年间来到巴勒斯坦，并在当地建立城堡要塞，以保护他们免受犹太人和阿拉伯人的侵扰。这些城堡要塞共有10个，它们结成联盟，不与犹太社

(左页图) 图2 公元1世纪的罗马政区图

罗马帝国横跨三大洲，地中海成为它的内海。地中海文化圈在罗马帝国时期(1-4世纪)得以发展成熟。环绕地中海而形成的几大宗教文化如罗马公教、东部正教、伊斯兰教都自称为罗马文化的继承人。

来往。它们的名字都带有鲜明的希腊色彩。可以说，在巴勒斯坦地区，东西方文化的交流是深层次的、直接的。

就巴勒斯坦地区的宗教与文化情形而言，犹太教的内部分化是一个突出的现象。虽然犹太人的古代宗教经过近两千多年的发展之后，已形成较为稳定的宗教体系。但是，在被动地纳入到希腊罗马世界的整体政治文化格局之中后，既由于外部政治局势的变迁，又由于对犹太教体系内部不同要素的侧重，犹太教也出现了深刻的分化。简要来说，它的分化取决于两个因素：一、如何处理与外部政治帝国如塞涅西王朝(Seleucid)、罗马帝国的关系？罗马帝国为了稳定犹太人，虽然允许犹太人可以坚持"不拜偶像"的传统，不敬拜罗马皇帝及罗马神灵，但极力地以罗马文化同化犹太人。如何面对来自希腊罗马文化的同化力量，成为关键的立场问题。二、以犹太教中的哪些因素作为信仰核心？在经历了流放时代之后，犹太人已经形成了散居的传统，与散居的生活处境相适合的，就是"会堂"(Synagogue)的建立，以讲经作为主要宗教活动，讲经人即"法利赛人"构成宗教的权威群体。但在耶路撒冷，围绕着圣殿(Temple)这一宗教空间，以祭祀为宗教活动的核心，形成以圣殿祭司为权威的宗教群体。两者各执己见，从而形成分立的宗教派别。

公元初年前后，犹太教主要分化为两大宗教派别：一者为撒都该派(Sadducees)，一者为法利赛派(Pharisees)。前者得名于以圣殿祭司为核心的宗教法团，在经典上只承认"摩西五经"的权威地位。而法利赛人意为"教师"，集中在会堂，为群众讲解律法，主张将律法运用于人们的日常生活中，除"五经"外，他们还认可先知文献。法利赛人还相信天使存在、末世复活等，而撒都该人则不相信这些。在政治上，撒都该派支持罗马帝国的政策，而法利赛人则持保留态度。除这两派外，还有两个较小的极端团体：一个是奋锐党人(Zealots)，主张用革命手段获得独立；另一个则是艾赛尼派(Essenes)，著名的死海库兰社群(Qumran community)就可能属于该派别，他们强烈抵制犹太教的希腊化，约于公

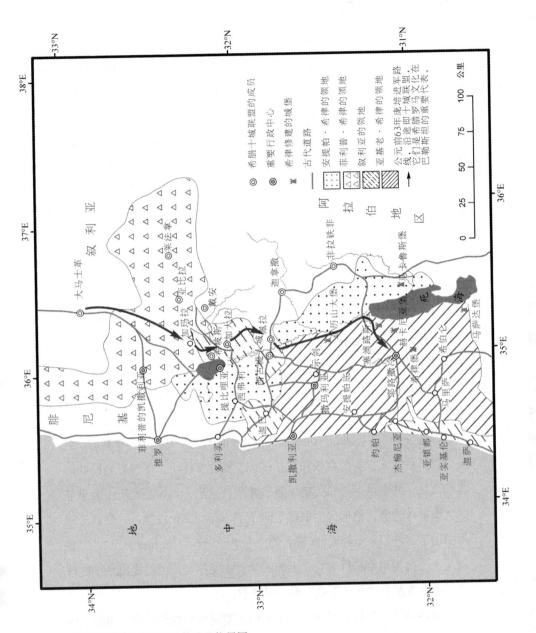

图3 耶稣时代巴勒斯坦的政治格局图

巴勒斯坦历来是东西方文明的交汇点。在耶稣的时代，犹太人内部多元分化，南北的政治—宗教差异日益扩大，各种教派：撒都该派、法利赛派等，在分化的政治格局中寻找自己的发展空间。同时，希腊、罗马文化已经实际地进入巴勒斯坦地区。公元前63年，庞培进军巴勒斯坦时，其希腊军队及军属在东部巴勒斯坦留驻，并形成所谓"十城联盟"(Decapolis)，即《新约》所谓"低加坡里"。巴勒斯坦的多元种族和文化，也是耶稣及第一代使徒传教的基本背景。

元前145年隐退到死海边上的库兰地区，与世隔绝，一心祈盼弥赛亚的来临。他们相信当前的历史事件正是对先知预言的应验，而只有他们才是真以色列人，才能在末世得到上帝的拯救。在福音书关于耶稣生平的叙事中，就多少隐含着这些宗教派别的背景，例如耶稣的一个弟子彼得就被称为"奋锐党人彼得"，而保罗在成为基督教传教士之前，受过法利赛派的严格训练。基督教的某些思想要素，如洗礼、末世将临、天国、新诫命等，也都在这些宗教派别中有所反映。但是，从宗教思想的总体倾向来看，基督教也许与法利赛派和艾赛尼派较为接近。

按《马太福音》第2章，为躲避希律王的屠婴政策，约瑟、马利亚和耶稣曾离开巴勒斯坦，前往埃及避难。这是《马太福音》为了回应《旧约》出埃及的主题，即上帝将他的"儿子"——以色列人从埃及呼召出来。当然，如果约瑟和马利亚真去了埃及，在埃及他们也可以找到相当的犹太散居群体。自流放巴比伦之后，犹太人就形成了"大流散"(Diaspora)的格局，在环地中海世界形成众多的犹太群体。这些散居群体形成了异于巴勒斯坦的本土犹太人的政治和宗教文化。在政治上，他们多数奉行一种"双重忠诚"(double loyalty)的理念，既忠于当地政权，又一直保持犹太人自身的宗教和文化传统。而在文化上，则学习当地的语言和文化，并尝试以希腊传统来解释犹太教思想。以埃及亚历山大里亚的犹太群体为例，他们最少取得了两个了不起的文化成就：一是以希腊语翻译了《希伯来圣经》，即著名的"七十子译本"(Septuagint)；二是出现了一批调和希腊哲学与犹太教的学者如斐洛等，他们提出系统的理论来融合希腊哲学与《圣经》的一神信仰。

这些散居地的犹太群体，对于人们了解基督教的传播史，同样有着重要意义。原始基督教的传播，实际上是在环地中海文化圈中的犹太人中进行。这些人打下了原始基督教会的基础，因为他们更易于接受以希腊语言讲述的一神信仰，第一批的基督徒应该都是犹太人。更为重要的是，这些流散地的犹太人创造了一批表述犹太教核心思想的希腊术语，如

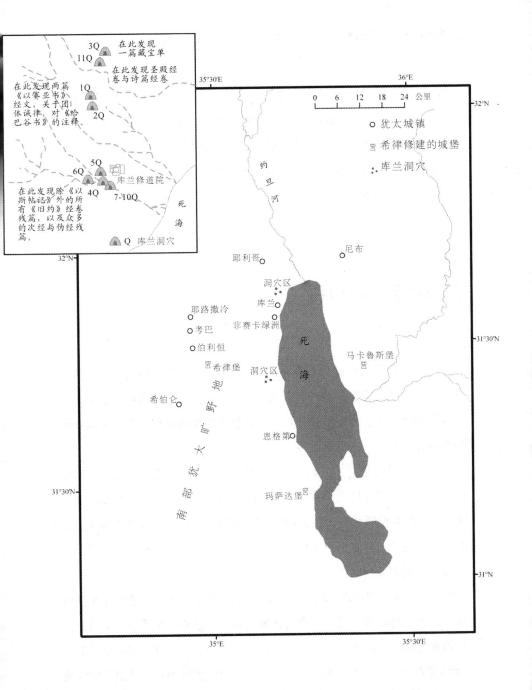

图 4 死海库兰地区的宗教社群

死海库兰地区的艾赛尼派，是公元前后犹太复杂宗教群体的一个小分支，但在这里发现的文献与遗址对人们理解基督教的经典、思想、礼仪与制度有极大帮助。基督教对《旧约》的解释、所实践的洗礼、以"重生"来理解信仰、对天国的理解等，与库兰社群都很相似。

"基督"一词就是"受膏者"的希腊语音译。可以说,他们为基督教在希腊罗马世界的传播,准备了一套现成的经典和文化资源。而在散居地出现的一批融合希腊与犹太传统的思想家们,最典型如亚历山大里亚的斐洛(Philo of Alexandria),他们的哲学与思想体系也确实成为基督教教父神学的理论先驱。

3. 耶稣在加利利

单纯地将基督教称为两希文化的混血儿并不恰当,因为作为一种新的宗教,必须具有某种独特的宗教创新,才能使得希腊和希伯来文化在它身上聚合起来。而这种独特性,主要就体现在基督教的创始人以及基督教信仰的核心——耶稣的身上。

关于耶稣的生平,一些犹太、罗马史料有零星的记载。例如:耶稣时代最著名的犹太历史学家约瑟夫在《犹太古史记》(Jewish Antiques)一书中,两处提到耶稣。一处较详细地介绍耶稣的生平,称他为救世主,但被彼拉多处死,并在第三天复活。由于它与福音书的记载太过一致,普遍被人们视为晚期的添加。另一处则谈到犹太大祭司亚那(Ananus)审判一个"被称为基督的耶稣的兄弟,名叫雅各布"。但由于约瑟夫并非基督徒,在此他称耶稣为基督,也被认为是后人所添加。而著名的罗马史家塔西佗(Tacitus)在他的《编年史》(Annals)中,谈到罗马皇帝尼禄于公元64年的罗马大火后,嫁祸于基督徒,对他们大肆迫害,并说基督徒的名称来源于基督,他被行政长官彼拉多处死。但是,这段记载更多是对当时人们对基督徒看法的一种转述,而非史实性的判断。而且,他只提到基督的称号,未提到耶稣的人名,在当时被称为"基督"或救世主的人很多，很难说这就是指耶稣基督的追随者。而在后世的犹太史料如《塔木德》中，很多次谈到耶稣(Yeishu)，但它们都与福音书中的耶稣时代不合，当指犹太历史中别的耶稣。

总体看来，福音书并非是关于耶稣生平的忠实记载，而更多地反映了后来的基督教群体对于耶稣身份的解释性叙事。由于第一手材料的限制，人们已不可能复原所谓"历史的耶稣"(historical Jesus)。换句话说，历史的耶稣到底具有什么样的生平并不重要，重要的是福音书如何叙述耶稣的生平，其中的神学意味何在。因为恰恰是福音书的耶稣叙事中所蕴涵的意义结构，影响了后来一代又一代的基督教群体，并转化为具体的历史力量。

简要来说，福音书是按耶稣的出生与少年、在加利利的活动、在犹大和耶路撒冷的活动这三个主题来展开叙事的。它们是以耶稣的个人生命史中的几个重大事件来划分的，即伯利恒降生、约旦河受洗、前往耶路撒冷受难等。但是，几部福音书对于耶稣的生平采取了不同的叙事方式。例如，耶稣的生平从何时开始，几部福音书就呈现出极大的差异。按最早写成的《马可福音》，耶稣的生平开始于他在约旦河里受约翰的洗。按最后写成的《约翰福音》，耶稣的生平则直接以世界的开端为起始，即"太初有道，道与神同在"。而按《马太福音》和《路加福音》，耶稣的降生则被浓墨厚彩地渲染。然而，在讲述耶稣的家谱时，两者又都不同。按马太，耶稣的谱系是通过所罗门而及大卫；按路加，耶稣却是通过拿单而及大卫。在马太的耶稣家谱中，几个女性如喇合氏、路得氏、乌利亚氏等被突出出来，而路加的耶稣家谱则完全没有这几位女性。马太将耶稣谱系的起头追至亚伯拉罕，而路加则将其起头追至亚当。这也许反映出写作这几部福音书的作者处在不同的信仰群体之中，带着各自的立场来理解耶稣基督在信仰中的意义。

在福音书对耶稣生平的叙事中，一个基本结构就是耶稣在北部以加利利的拿撒勒(Nazareth)为中心、南部以耶路撒冷为中心之间的来回旅行

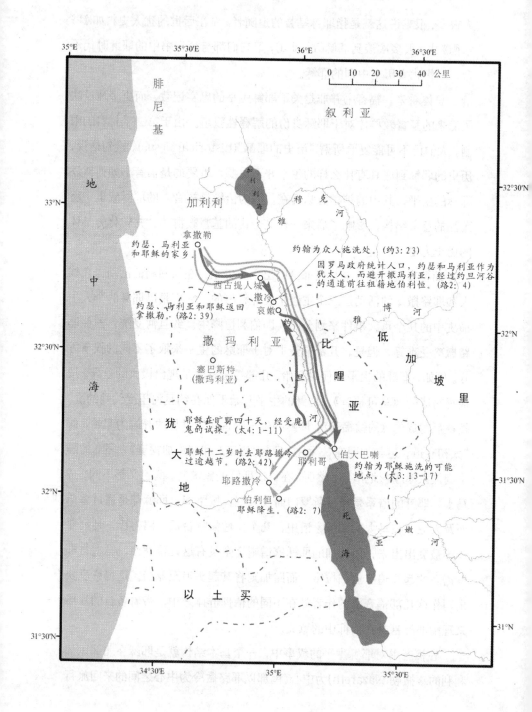

布道。这一结构反映在耶稣降生的叙事中。马利亚和约瑟本来住在北部加利利的拿撒勒，但是奥古斯都进行人口统计，巡抚居里扭(Quirinius)命令所有人都到自己的老家登记上户。于是，约瑟带着已从圣灵感孕的马利亚到南部耶路撒冷附近的伯利恒(Bethlehem)报名上册。伯利恒在犹太人历史上有着重要意义，因为大卫王即是伯利恒人。因此，耶稣在伯利恒的降生乃意味着他是大卫的子孙，而先知预言的"救主将从大卫家出"将在耶稣身上应验。这是耶稣生平中的第一次南北旅行。

按《路加福音》，耶稣在12岁时还前往耶路撒冷，守逾越节的节期。据说，少年耶稣在耶路撒冷圣殿中，坐在教师中间，一面听，一面问。听见他说话的，都稀奇他的聪明和应对。当他的父母问他为何不回拿撒勒时，耶稣答道："我岂不应当为我父的事为念呢？"(2章49节)这是耶稣第一次称上帝为父。这是耶稣的第二次南北旅行。

按《马太福音》，耶稣的第三次南北旅行是他在约旦河受洗。先是有施洗约翰出来，在犹大的旷野传讲上帝的国。"那时，耶路撒冷和犹大全地，并约旦河一带地方的人，都出去到约翰那里，承认他们的罪，在约旦河受他的洗。"(3章5-6节)而耶稣也从加利利来到约旦河，并受约翰的洗。之后，进入犹大地的旷野中，经受魔鬼40天的试探。这里，马太所说的旷野40昼夜的试探，当意指以色列人在进入迦南"应许之地"之前40年在旷野的流浪。在约旦河受洗，经过40天的试探后，耶稣开始要进入他的"应许之地"，开展他的传道事业了。但按马太的叙事，耶稣在约翰下监之后，又退回到了北部的加利利。

此后，耶稣受洗后、受难前三年的传道活动，主要都是以北部加利利为空间背景的。他采用的基本方式是旅行布道，活动主要包括：传讲、

(左页图) 图5 耶稣降生、朝圣与受洗路线图

　　四部福音书在叙述耶稣的降生、圣殿朝圣及受洗时，都大量运用了《旧约》经文，以说明他的弥赛亚身份。在耶稣时代，犹太人与撒玛利亚人互不来往，因此，约瑟、马利亚和耶稣南下时，可能选择约旦河谷的通道，以避免通行撒玛利亚地区。

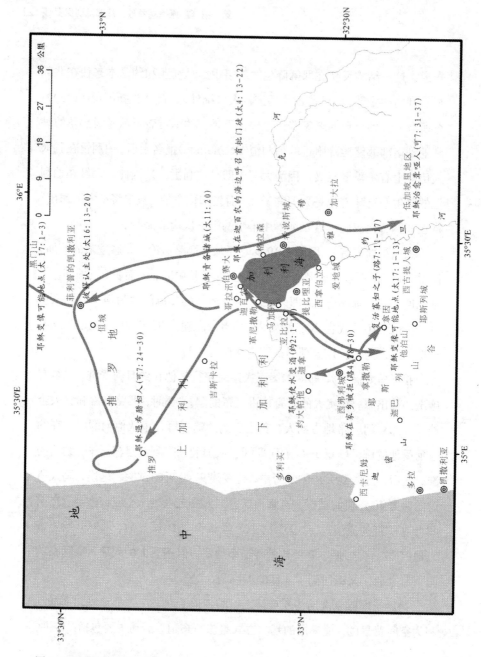

图 6 耶稣在加利利行迹图

  几部福音书对于耶稣言行的叙述多是出于各自的神学意图,对于耶稣的行动路线的记载出入较大,因此人们很难从福音书中构建出一幅完整的耶稣行迹图。加利利位于巴勒斯坦北部,属于传统的北部以色列文化区。按对观福音,加利利尤其是加利利海附近是耶稣早期活动的主要空间场景。

行神迹。从地理上来说，加利利在巴勒斯坦的北部，地势较为平坦，地处东西交通要道，商业较为发达，人口也多于南部的犹大山地，但因此他们的民族成分也更为复杂，与罗马帝国的交往也更加深广。从古代犹太教的传统来说，北部地区受先知传统的浓厚影响，以先知语式传讲上帝的话语，并以行神迹显示先知身份，是其显著特点。由此可见，耶稣在北部加利利地区的"边走边讲"的活动方式，正是继承了这样的先知传统。

耶稣的家乡在拿撒勒，但他在家乡并不受欢迎。于是他来到加利利湖边，据考古发现，这里有12座小城。在湖边这些小城之间的来来回回，就成了耶稣旅行布道的主要场景。福音书中不同讲道单元的场景切换，常常简单地以耶稣在空间上"渡到湖的那一边"来实现。

耶稣在拿撒勒被家乡人拒绝后，就到了加利利海边上的迦百农，按《马太福音》，耶稣在这里呼召他的第一个门徒彼得，在更北部的但地区(Dan)，彼得认信他是基督，再后来也许再向北，到黑门山(Mount Hermon)，在山顶向他的三个贴身门徒变像(Transfiguration)。而按《马可福音》，他在西部沿海的推罗地(Tyre)，与外邦妇女的一番著名对话，表明福音与外邦人的关系，然后经过西顿(Sidon)进入到低加波利即前述希腊、罗马等外邦人居住的地方。低加坡里(Decapolis)源于希腊文，字面意思就是"十城联盟"。而《约翰福音》设置的空间背景就更为模糊，只是谈到耶稣在离开拿撒勒后，到迦拿行了水变酒的神迹。

关于耶稣在加利利海周围传道的情形，几部福音书的记载各有出入。在此，可以就《马太福音》中的故事结构来看耶稣旅行的路线图。首先，耶稣著名的登山宝训，是在"西布伦和拿弗他利的边界上"，可能在革尼撒勒(Gennesaret)小城附近。其后，进入迦百农，治好百夫长的仆人、医好彼得的岳母，渡到加利利海的另一边即西拿伯立(Sennabris)，医好两个鬼附之人。之后又回到迦百农，医好瘫子，呼召门徒马太、医好患血漏的妇人、复活管会堂之人的女儿，并且差遣他的十二门徒。之后短暂地回到拿撒勒。然后,在伯赛大(Bethsaida-Julias)以饼和鱼喂饱几千人。其后,耶稣在水面上行走,与门徒一起又回到革尼撒勒。其后耶稣退到推罗、西顿,再行神迹,并渡海到马加丹小城(Magdala)。

对耶稣生平的叙述,几部福音书都普遍以耶稣离开加利利、前往耶路撒冷作为中点,因为在围绕加利利海进行传道的活动中,耶稣主要是一个讲者,宣讲上帝之国的要义,如果他的活动仅限于此,那他仍然只是一位伦理教师或者先知。耶稣不仅是一个宗教的创始人(founder),而且他自身就是一个宗教的根基(foundation),而使他成就后者的,主要是他在耶路撒冷的受难和复活的事件。

4. 耶稣在耶路撒冷:受难与复活

虽然在《约翰福音》中,耶稣在一些犹太节期时,总会前往耶路撒冷(2章13节,5章1节,7章10节,10章22-23节)。但在几部"对观福音"(即马太、马可与路加)中,从加利利到耶路撒冷去是耶稣生平的最后一次旅行。在耶稣从迦百农到耶路撒冷的路上,他仍然行了若干次神迹。有趣的是,他没有像通常犹太人去耶路撒冷朝圣时,避开撒玛利亚,而是穿过撒玛利亚,但并没受到很好的对待。临近耶路撒冷,他在耶利哥(Jericho)医好瞎子,并住在名叫撒该(Zacchaeus)的税吏家中。之后,骑驴进入耶路撒冷。

关于耶稣在耶路撒冷的最后时光,我们无法知道他确切停留的时间有多长。当他凯旋般地骑驴进入耶路撒冷时,受到信众的欢呼。此后,他经过羊门(Sheep gate)进入圣殿内城,在羊门的池子边医好瘸子。进入圣殿后,他见圣殿被兑换钱币、卖祭物之人所盘踞,乃将他们驱逐出去,洁

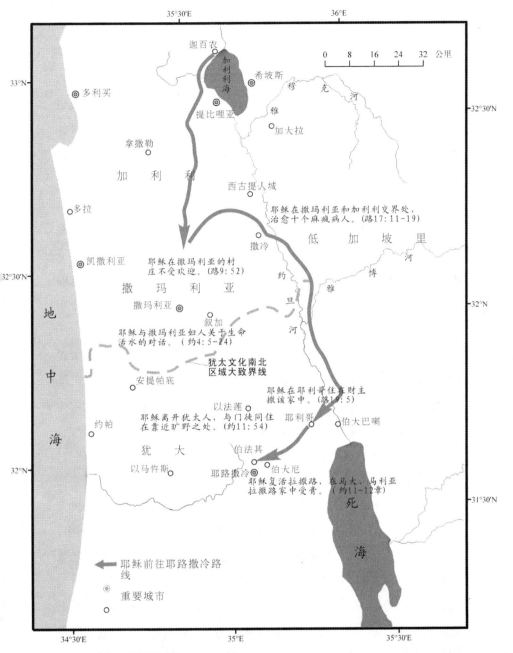

图 7 耶稣由北往南路线图

　　耶路撒冷是古代犹太教的圣殿所在地，被称为是上帝之名在地上的居所，是上帝恩典的象征。耶稣生平的转折点就是从北部加利利到南部耶路撒冷的行程，他的形象也从一个行神迹、发布道德诫命的先知，转变为一个用他受难的身体成就上帝丰满恩典的救赎主形象。

净圣殿。他白天在耶路撒冷教训人，晚上就出城，可能是回到伯大尼(Bethany)，住在马大、马利亚和拉撒路的家中。在逾越节前夜，他进入耶路撒冷，与门徒吃完最后的晚餐，并设立圣餐礼。出城后，到橄榄山的客西马尼(Gethsemane)园祷告，随后被犹大带来的兵丁所捕。他被押往城内，先是在犹太人的大祭司该亚法(Caiaphas)面前受审，但是，犹太人没有判决死刑的权力，因此，他们又把耶稣押去见罗马巡抚彼拉多。最后耶稣被押往各各他(Golgotha)被钉死在十字架上。在基督教传统中，这条从彼拉多官邸到耶稣最后被埋葬的路被称为"苦路"(Dolorosa)，一路上有14站，即彼拉多的判决、耶稣背起十字架、第一次摔倒、与马利亚的相遇、古利奈人西门背十字架、与一妇人的相遇、第二次摔倒、与耶路撒冷妇人的相遇、第三次摔倒、耶稣的外衣被分、被钉十字架、十字架上之死、从十字架上被取下、置于坟墓。

怎么来理解耶稣在耶路撒冷的活动，尤其是他的受难呢？在犹太教的文化传统中，北部代表了先知的宣讲传统(preaching)，而南部则以圣殿为象征代表的是圣事或崇拜(worship)传统。耶稣把自己的身体比喻为"圣殿"，并称自己受难和复活是"拆毁圣殿，三日又建造起来"。因此，对耶稣受难意义的理解，必须结合犹太文化对"圣殿"的神学理解。对于犹太思想传统来说，"圣殿"并非一个建筑概念，而是神学概念。它被理解为上帝在世间的临在，是超越性的上帝拯救陷于罪之捆绑中的世人的直接途径。早在所罗门为圣殿修建所做的祷文(《列王纪上》第8章)中，圣殿被理解为"恩典"的代表。耶稣将自己的身体比喻为"圣殿"，乃意指它就是上帝"丰丰满满的恩典"。通过他在十字架上被钉死的身体，人们得到上帝的救赎，正如旧约时代的人们，可以通过向圣殿祷告而被上帝赦免一样。可以说，耶稣身体的圣殿之喻，也是基督教的圣餐礼被理解为上帝恩典注入人间之圣事的神学根基。因此，耶稣在耶路撒冷的活动、受难，乃直接地承袭了犹太教传统中的"圣殿—恩典"神学。

但是，耶稣生平并非以其受难为终点，四部福音书都叙述了耶稣后

图 8 耶路撒冷受难图

耶稣在耶路撒冷的最后一周,高潮起于逾越节的最后晚餐,次日,被钉死在各各他。从此,十字架成为基督教意义系统的核心象征,耶路撒冷也成为基督教的圣城。基督教在欧洲传播开后,在欧洲人对东方的宗教和文化想象中,耶路撒冷总是占据着中心位置。

来的复活(resurrection)或升天(ascension)。使徒保罗将它概括为："(耶稣)第三天复活了,并且显给矶法(即彼得)看,然后显给十二使徒看,后来一时显给五百多弟兄看。……以后显给雅各看,再显给众使徒看,末了,也显给我看。"(《哥林多前书》15章4-8节)而约翰与路加两部福音书更详细地叙述了他复活和显现的细节。按路加,耶稣显现给两位前往以马忤斯(Emmaus)村的门徒看,并从伯大尼升天而去。而按《约翰福音》,耶稣在耶路撒冷显现在他的门徒中间,并由门徒多马试探他肋旁的钉痕。有趣的是,约翰把耶稣在人间的最后一个场景又拉回到加利利地区的提比里亚。

5. 基督教的开始

耶稣自己并没有说要建立一个宗教,他也没有留下什么学说。我们手头的几部福音书,其实是一个耶稣本人的言行以及他的弟子们对他的言行和身份的理解混合而成的综合体。如果要简要地概括福音书中耶稣的基本主张,它应该包括两个基本方面:一、耶稣这个人(person)的基本身份;二、耶稣关于"上帝之国"的新教导。

如何界定耶稣的身份,是基督教的核心所在,也是基督教区别于其他宗教的地方。福音书很明确地主张,耶稣不只是一个先知、智者或伦理大师,他是"救主"弥赛亚。在耶稣这样一个具体的历史中的人身上,赋予其种种超越性的神性身份,是基督教之所以能够脱胎于犹太教,却又迥异于犹太教乃至后来的伊斯兰教的关键所在。早期基督教一直试图找到恰当词汇来界定耶稣的矛盾身份,但又始终处在既恰当又不恰当的张力之中。他们所用的词包括:基督、人子、大卫之子、神子、主、逻各斯等。

众所周知的"基督"一词,来自于对希伯来文"受膏者"的希腊文翻译的音译。它来自于一个礼仪场景,即犹太人的君王、祭司等有着特殊宗教身份的人,需要接受膏油的祝福,在他的额前涂油,意为上帝选定此人作为其代表。后来,它转化为"弥赛亚"的概念,即在历史的终末代表上帝来拯救世界的那个人。早期基督教用这个词来表明耶稣的身份,即他是上帝选定的通过介入此世而拯救世人的"那一位"。但是,在公元1世纪的犹太教理解中,弥赛亚作为救主来临,是带着权柄荣耀地来到人间,而不是以耶稣受难的方式来实现拯救的。因此,对当时人们来说,"基督"身份用在耶稣的身上,既是恰当的,又是不恰当的。

第二个常用词是"人子"。虽然在《旧约》的术语体系中,"人子"恰恰用来强调"普通人",但在后期犹太教的启示文学中,"人子"也被赋予"末世审判者"的形象。早期基督教借用了"人子"这一层含义,例如,在《马可福音》中,当大祭司问耶稣说:"你是那当称颂者的儿子基督不是?"耶稣的回答是:"我是。你们必看见人子坐在那权能者的右边,驾着天上的云降临。"早期基督教以"人子"身份来界定耶稣,既继承又颠覆了古代犹太教赋予此概念的含义。

第三个常用词是"大卫之子"。由于大卫代表了以色列历史上最辉煌的时期,因此"大卫之子"已超越了单纯的血缘意蕴,而是指上帝对以色列民族的应许,在某一个人的身上得到了应验,它具有"应许实现者"的宗教内涵。早期基督教借用此概念来界定耶稣,认为耶稣是上帝在《旧约》中对先祖的应许的实现,但又扩展了它的含义,因为在耶稣身上的应许不只是针对以色列民族的,而是具有更普遍的宇宙维度。

第四个常用词是"神子",这个概念在犹太教中,只用来表明以色列民族整体性的与上帝的关系,如《何西阿书》说:"以色列年幼的时候我爱他,就从埃及召出我的儿子来。"(11章1节)任何个体的人称呼自己为

"神子",即犯僭越之罪。所以,当耶稣自认为"神的儿子"(《路加福音》22章70节)时,以色列人即将其押解给彼拉多,要求判处他死刑。但是,"神子"在希腊罗马文化的处境中却完全是另一个意思,因为在希腊神话中,神像人一样,有多个儿子,基督教把耶稣称为上帝独生子的概念对希腊人来讲才是奇特的。

第五个常用词是"主"。在犹太教传统中,耶和华是以色列人的上主,既是历史之"主",又是宇宙之"主"。但他是无形无象的,否则就是偶像崇拜。而称耶稣为主,显然是将一个具体的历史人物作为主宰,这与犹太教的传统概念是相出入的。而在希腊罗马的奴隶制文化中,"主"也是一个常用的社会称谓。但是,基督教所指的"耶稣为主"的概念却不是罗马式的主奴关系。恰恰相反,它指的是耶稣因为十字架受难,为众人受死而代赎原罪,因此,所谓"主"指的是他与信徒之间的共融共契的相交关系。

第六个常用词是"逻各斯"(logos,或译"道"),尤其是《约翰福音》用它来表示耶稣的身位后,如"太初有道,道与神同在,道就是神",被后来的教父们广泛运用。这是一个纯粹的希腊哲学概念,指的是宇宙创造的普遍原则,是上帝的普遍本性实现于一切实在之中的形式,是宇宙中活泼的精神。《约翰福音》在解释耶稣的位格时,运用"道成肉身"(Incarnation)的概念,来表明耶稣与上帝同质的神性。逻各斯本来属于精神性、法则性的存在,用它来表示一个具体的肉身存在,是充满张力的。

关于耶稣的教导,几部福音书都有大量的记载。但是仔细分析其文本结构,人们会发现,它们更有可能是早期基督教团体所发展出的格式化的认信条文,如耶稣在最后晚餐时设立圣餐礼时的祷词、著名的"登山宝训"等。如果要对福音书中的耶稣学说(Jesus' teaching)进行概括,则体现在《马太福音》22章34-40节,一位律法师试探耶稣问道:"律法上的诫命,哪一条是最大的呢?"耶稣对他说:"你要尽心、尽性、尽意,爱主你的神。这是诫命中的第一,且是最大的。其次也相仿,就是爱人如己。这两条诫命是律法和先知一切道理的总纲。"因此,以"爱"来建构每一个人与上帝的垂直性关系以及与他人的平行性关系,便是耶稣学说的核心思想。

耶稣的降生、传道、受难和复活,无疑是基督教信仰的重要内容,甚至是其基础。但是,就基督教作为一种人间的历史文化现象而言,它的真正开始是在"五旬节"(Pentecost),即耶稣被钉的逾越节后的第五十天。如《使徒行传》所述,圣灵像舌头和火焰一样降临在众门徒的头上。彼得站起来,传讲福音,据说有三千人受洗,并在一起"遵守使徒的教训,彼此交接、擘饼、祈祷"。这是最早建立的基督教会,时间当在公元36年左右。

从建立伊始,基督教就显现出几个鲜明的特点。一、它是一种"外传型宗教"(missionary religion)。彼得通过宣讲和行神迹,而使大批人归服基督教。二、它具有很强的社会整合性。基督信仰对于早期教会来讲,不是一种孤零零的"个人私事",而是一种生活方式。围绕着教会,人们建立起类似于死海库兰群体的"生活社群"。"信的人都在一处,凡物公用,并且卖了田产、家业,照各人所需用的分给各人。"(《使徒行传》2章44—45节)早期教会的这种原始共产主义是基督教的社会整合力的一个反映,但并非是其唯一形式。在基督教历史上,诸如基督教对罗马帝国的社会整合以及对北部蛮族的转化,都是这一宗教所具强大社会整合力的反映。三、具有强烈的普世性。彼得开始宣教时,第一批归信的所谓"众人"就包括各色人等如"帕提亚人、玛代人、以拦人,和住在美索不达米亚、犹太、加帕多家、本都、亚西亚、弗吕家、旁非利亚、埃及的人,并靠近古利奈的利比亚一带地方的人,从罗马来的客旅中,或是犹太人、克里特和阿拉伯人"等。(《使徒行传》2章9—11节)四、基督教与其文化处境之间的紧张关系。基督教虽然脱胎于犹太教,但其教义却与犹太传统差异极大。福音在犹太人中的传播,导致了基督徒与犹太人之间紧张关系的加剧。它们之间的冲突,在《使徒行传》第7章讲述的司提反

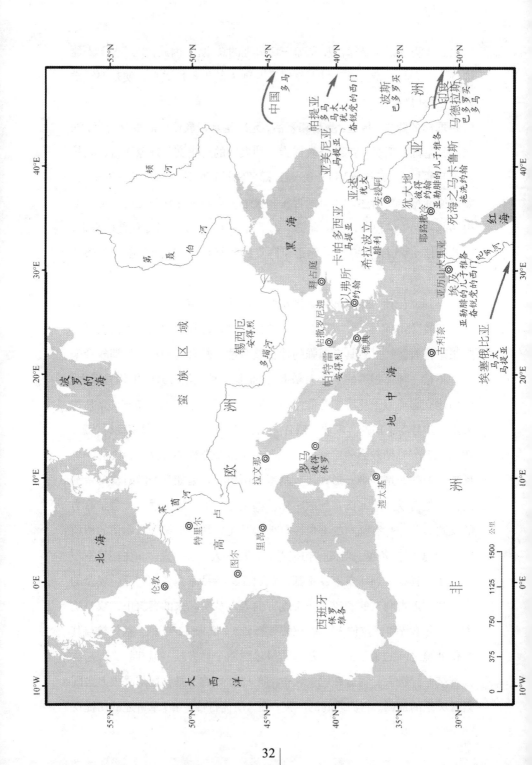

(Stephen)被犹太人乱石砸死而殉道达到了高峰。

司提反殉道，是原始基督教的一个转折点。它标志着基督教开始走出耶路撒冷，进入到巴勒斯坦地区传播。它也反映了基督教传播史的一个重要规律，即外在压力对宗教的压迫，恰恰会导致其向更广泛的领域传播。《使徒行传》记载了两个重要的传教人物：腓利(Philip)和彼得。腓利从耶路撒冷前往北部的撒玛利亚，使多人成为基督徒。在历史上，撒玛利亚人与犹太人互不往来。因此，腓利的传教是基督教从犹太人中走出去的重要一步。使徒约翰、彼得也前往撒玛利亚地区传道。据说，腓利还得到启示，往南走向从耶路撒冷到迦萨的路上，途中，遇到从埃塞俄比亚到巴勒斯坦来的一个太监，并劝服其归信。也许，这也是早期教会在埃塞俄比亚有较大影响的一个反映。

基督教逐渐在巴勒斯坦传播开来，在南部犹大、北部撒玛利亚和加利利等地都建立起教会，一直向北传播到安提阿。据说，从安提阿开始，门徒们被称为"基督徒"。"基督徒"不是在耶路撒冷，而是在更北的小亚细亚海滨城市被叫响，这预示着基督教即将进入一个更加广阔的非犹太文化中发展。而引领这一转向的人就是使徒保罗。

（左页图）图9 传说中的使徒普世传教图

基督教成为一种"外传型宗教"(missionary religion)，外在原因是犹太教对早期基督教的迫害，但它具备的超越族群边界、普世关怀的内在品质，才是其根本原因。按早期教会的传说，耶稣的第一代门徒都进入异邦传教，就是基督教普世性的反映。

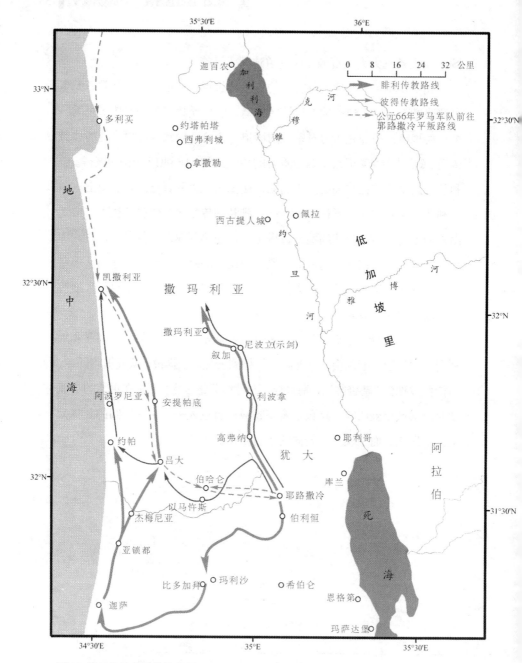

图10 第一代使徒传教路线图

　　基督教的早期传播遭到犹太教的迫害,第一代使徒司提反被砸死殉道。早期教会被迫向外扩展,先是在巴勒斯坦地区,后进入罗马帝国的欧洲领土。有趣的是,在弱势的基督教向外传播的同时,强势的罗马军队则入侵巴勒斯坦地区。宗教传播与军事扩张,路线虽同,方向却相反。

6. 保罗：外邦人的使徒

保罗是基督教史上最具传奇色彩的人物，同时又是基督教理论形态的奠基人。他可以当之无愧地被称为基督教的第一个系统神学家。他写给早期教会的书信，占据了基督教《新约》三分之二的篇幅。他在基督教历史上具有重要的地位，以至于人们甚至提出"保罗的基督教"，从而与"耶稣的基督教"区分开来。

保罗本出身于犹太世家，原名为"扫罗"，从小被送往最好的法利赛派学校接受律法教育。他热心于维护犹太信仰的纯洁，并带头逼迫刚刚兴起的基督教会。第一个殉教者司提反被砸死时，扫罗就在人群中，"并喜悦他被害"。

据说，扫罗从耶路撒冷的大祭司处求得文书，准备去大马士革的犹太会堂中寻找基督徒，并加以迫害。在前往大马士革的路上，保罗遭遇到耶稣向他显现，人生经验至此发生断裂。他先是盲眼三天，不吃也不喝，直到大马士革的一个基督徒为他按手，才得重见光明。保罗随后受洗而为基督徒，在会堂里"证明耶稣是基督"，成为基督教的传教士。

当保罗成为使徒时，也正是早期基督教从犹太教的一个小教派向一个面向非犹太人、更广阔的希腊罗马世界传教的世界宗教转变的关键时刻。而保罗的民族身份、所受教育及经历，似乎就是为基督教转变成世界宗教而准备的。他父母可能是散居地的犹太人，在他年幼将他送往耶路撒冷，使他受教于著名拉比迦玛列(Gamaliel)的门下，对犹太传统有极其精深的掌握。此外，他又接受了很好的希腊教育，他写的书信甚至可以列入希腊作品的精选之中。在政治身份上，他是一个罗马公民，可以自由旅行，向各个层次包括罗马人和希腊人传教。

在《加拉太书》保罗的自述中，他在归信后，并没有马上去耶路撒冷去见各位使徒，而是先去了阿拉伯，后又回到大马士革。过了3年，才

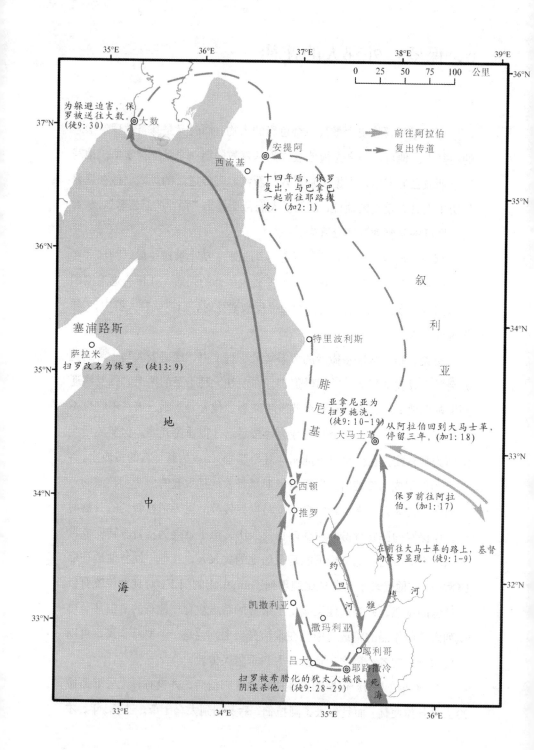

上耶路撒冷去见彼得，并到叙利亚和基利家境内传教。14年后，他才带同巴拿巴(Barnabas)再上耶路撒冷，向当地的使徒们报告他在外邦人中传道的情形。而按《使徒行传》的叙事，保罗在归信后，即在大马士革传教，并回到耶路撒冷，在巴拿巴接待他之后，开始在耶路撒冷传教，引来犹太人的嫉恨。为安全考虑，使徒们送保罗到他的家乡大数。

而这时在凯撒利亚(Caesarea)和耶路撒冷，在彼得的主导之下，基督教也完成了从局限于犹太人的小宗派向面向所谓"外邦人"传教的转变。按《使徒行传》，彼得曾见一异象，即一块大布将各种动物裹着，有声音要他将它们宰了吃。彼得见其中有很多是犹太律法禁止吃的"不洁净之物"，生出疑虑，而天上的声音告诉他"上帝所洁净的，你不可当做俗物"。这暗指基督教要破除犹太人自古以来将自己视为"上帝之选民"，视非犹太人皆为"外邦人"、为不洁净的俗民的传统思想。于是，彼得开始以信仰，而非以种族决定是否可以成为"新以色列人"、"圣洁之民"，即基督徒。基督教不再局限于犹太民族，被圣灵感动并悔改的"外邦人"都可受洗而成为信徒。与此同时，巴拿巴也将保罗从大数接到安提阿。这时，人们开始使用"基督徒"一词，表明基督徒这一宗教身份已经超越了犹太民族的界线，信仰决定着人们的基本身份。

然而，基督教要彻底地转变为一种超越犹太民族的新宗教，还有一段路要走。因为"摩西律法"已经内化在犹太社群的生活方式之中，遵守其中的礼仪在犹太人看来是"文明人"的基本底线。虽然对耶稣基督的信仰可以无视任何外在身份，但是，一旦在信仰上接受，信徒在生活方式上是否应该遵守犹太传统这些基本的礼仪呢？一些由严格的犹太教

(左页图) 图11 保罗皈信、退隐及复出图

保罗在大马士革路上的经验，是基督教的转折性事件之一。保罗的教育、政治身份都为基督教进入希腊罗马世界提供了极大的便利。保罗的传教转变了早期基督教的发展方向，以致于人们认为要在"保罗的基督教"与"耶稣的基督教"之间做出区分。

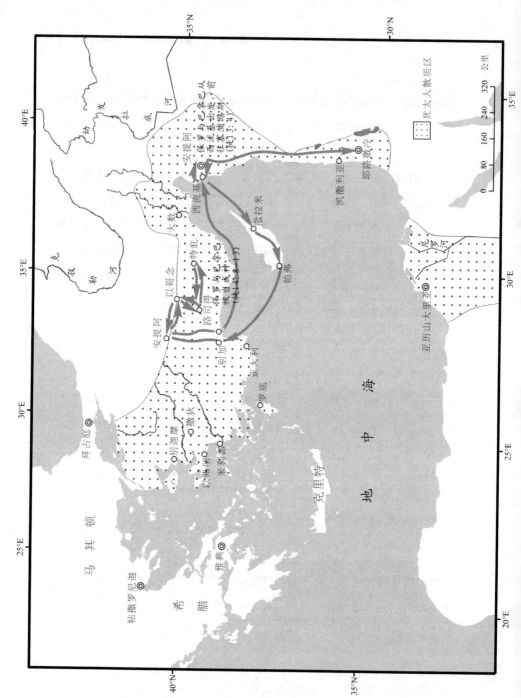

图 12 保罗第一次旅行传教图

　　保罗第一次的旅行传教,仍然局限在小亚细亚地区,而且主要是在散居地的犹太人当中。通常,新宗教的传播都要依赖某些旧的社会网络。散居地的犹太人对于基督教的宗教语言似曾相识、他们与希腊化文化接触密切、双重文化身份的处境,都有助于他们对基督教的接受。

派转信基督教的人，坚持"必须给外邦人行割礼，吩咐他们遵守摩西的律法"。由于加入基督教的非犹太人越来越多，使徒们越来越清楚地意识到这一问题的广泛性与严重性。因此，使徒们约于公元50年在耶路撒冷召开会议，并由耶稣的兄弟、驻守耶路撒冷的雅各决策："不可难为那归服神的外邦人，只要写信吩咐他们禁戒偶像的污秽和奸淫，并勒死的牲畜和血。"（《使徒行传》15章19—20节）这是基督教历史上的第一次公会议，也是后来历代公会议的雏形。基督教不仅在信仰体系、信众来源上与犹太教脱离开来，在生活方式上也彻底与之决裂。基督教作为一种"新宗教"出现在历史上。

自基督教成为向外邦人开放的宗教后，保罗就成为向外邦传教活动的主角。他在历史上有三次著名的旅行传道。他的传教范围是逐渐从小亚细亚的犹太文化区向希腊地区扩展的。在这过程中，他既经历了与小亚细亚的东方宗教的冲突，也曾在哲学的故乡雅典与希腊哲学家们进行辩论。总之，他的旅行布道体现了基督教后来发展的一般历程，即福音不断地进入、扎根却又不断超越各民族的文化。

保罗最后的命运，是由于他带外邦人进入耶路撒冷圣殿，而被犹太人捉拿，控诉他"在各处教训众人，糟践我们百姓和律法并这地方的。他又带着外邦人进殿，污秽了这圣地"（《使徒行传》21章28节）。由于保罗是罗马公民，耶路撒冷的罗马士兵只好将他押解到罗马受审。教会传统认为，在尼禄皇帝的罗马大火事件中，公元64年保罗被斩首。

除了《使徒行传》中保罗的言行之外，保罗为人们留下了14封书信。这些书信既涉及非常具体的处境性的教会实际问题，也包括非常系统、丰富而深刻的神学思想。很难用简单的篇幅对保罗的神学进行概括，因为任何化约的处理都将造成对保罗思想的误解。但是，可以看到他神学有几个核心点，即基督中心论、因信称义论、以爱为核心的伦理思想等。所谓"基督中心论"是指，在保罗看来，要了解上帝，只有透过耶稣的身位（person）、他的传道以及他的受难并复活的作为。基督构成了人与上

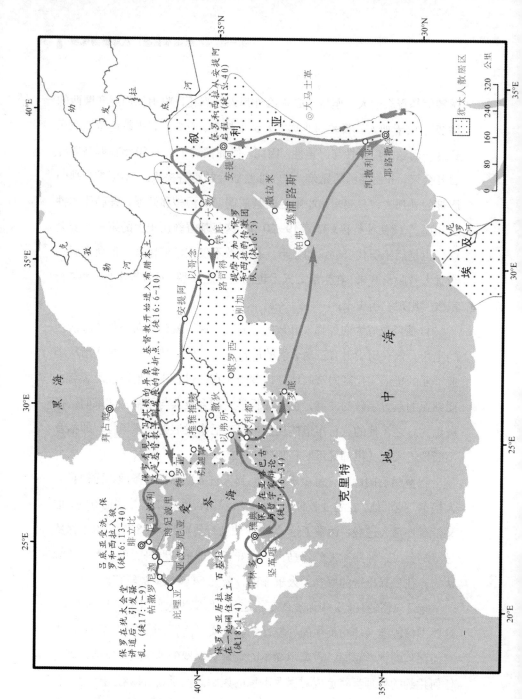

图13 保罗第二次旅行传教图

从特罗亚到马其顿,是保罗传教活动的转折点,使早期基督教进入新的发展阶段。基督教开始进入希腊本土,作为犹太文化的载体与希腊文化直接对话。保罗在雅典的亚略巴古与希腊哲人们的对话,可谓跨文化对话的经典之作。

帝之间关系的枢纽，基督是上帝与人和好(reconciliation)的唯一中介，具有不可替代性和不可超越性。基督论是所有其他神学要素的基石，宇宙的创造、历史的过程、《旧约》的意义、世界的终末、人的本性及命运，都必须放到基督是上帝之子这样一个基本点上，才能被恰当理解。因此，他的神学在根本意义上是"三一式的"(Trinitarian)。而他的因信称义论，又与他的原罪论、恩典论、福音超越律法等思想紧密地联系在一起。在他看来，罪乃因始祖亚当而进入世间，人人因此都是罪人。因为人的罪性，所以人不能靠自己的行为来拯救自己、与神和好。只能藉着耶稣基督的受难而进入人神和好的境界，因此救赎对人来说，只能依靠上帝的恩典。这恩典就是在圣灵感动人心时，在人心里植下对耶稣基督的信心(faith)，从一个罪人，成为一个在上帝眼中的义人。这就是因信称义的理论，其核心仍然是基督中心论的，即救恩不是由于人的努力即善工(work)，而是由于信心，或更根本地说是基督的恩典(grace)。所谓"以爱为核心的伦理思想"，则是对耶稣的"爱神爱人"教导的一个阐发。在保罗看来，基督之受难而死，就是上帝对人之爱。而人们的信心，从根本而言也就是要造就有爱心的人，他说："基督因你们的信，住在你们心里，叫你们的爱心有根有基，能以和众圣徒一同明白基督的爱是何等长阔高深，并知道这爱是过于人所能测度的，便叫神一切所充满的，充满了你们。"(《以弗所书》3章17–19节) 信心与爱心一起，使人能成长为"神人"，也就是真正的人。从教会论意义上说，"爱"也是使教会成为一个"肢体"的关键。这对于基督教能够在希腊罗马世界成为一个重要的社会实体也具有重要意义。总之，保罗的神学思想内涵精深而博大，后世几乎所有的基督教流派都可以在其中找到思想源头。

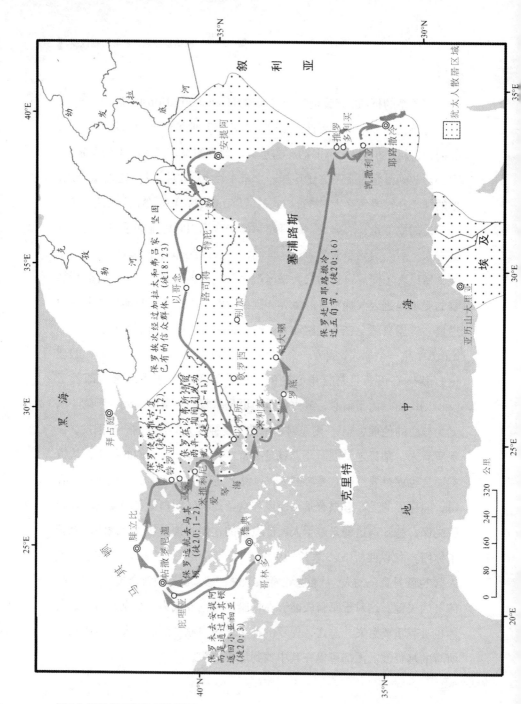

图14 保罗第三次旅行传教图

　　保罗的三次旅行传教路线，都以小亚细亚作为必经之地。他的第三次旅行更带有坚固已有的基督教社群的意味。这表明小亚细亚已经形成一定规模的基督教社群，该地区也是早期基督教的核心区域。

7. 原始基督教的社会构成

基督教在环地中海文化圈传播开来，成为一个社会文化现象。那么，原始基督教到底有着一个什么样的社会形象？换言之，从现代社会学的角度来看，什么样的阶层、族群、性别的人构成了早期教会呢？当然，由于缺乏翔实的文献和考古材料，人们对这些问题的研究只能是假想性的，带有相当的不确定性。

可以肯定的是，早期基督徒的人数很少。但这个数字到底有多少呢？按《使徒行传》1章14—15节，耶稣受难几个月后，一共有120名左右的基督徒。到4章4节，信徒人数已经达到了5000。到21章20节，则说犹太人中有"几万人"归信基督。但这并非信史。人们对基督徒的人数进行猜测。按爱德华·吉本，到公元300年基督教合法化的前夜，它占罗马帝国总人口的二十分之一，即120万人。但今天人们普遍认为，在公元300年左右，基督徒的人口比例应该达到罗马帝国总人口的十分之一，即600万人左右。这一数字也可以从社会学角度大致地解释公元313年君士坦丁宣布基督教合法的社会原因。如果以这一数字为标准，那么，基督徒人数增长的速率就大概是每10年增长40%。换句话说，公元40年，1000人；公元50年，1400人；公元100年，7500人；公元150年，4万人；200年，21万人；250年，120万人；300年，620万人；350年，3300万人。但是，构成这个群体的人是些什么人呢？

关于早期基督教群体的社会构成，人们通常有两个基本的观念：一、从社会阶层上来说，早期基督徒以"无产者"包括奴隶和低下层的普通群众为主。二、从族群构成来说，早期基督教以希腊罗马人为主，犹太人不占多大的比重。但是，最近的一些社会学和考古学的反思，正冲击着这样的传统理解。

恩格斯曾以19世纪的早期基督教史研究为材料，认为"基督教在起

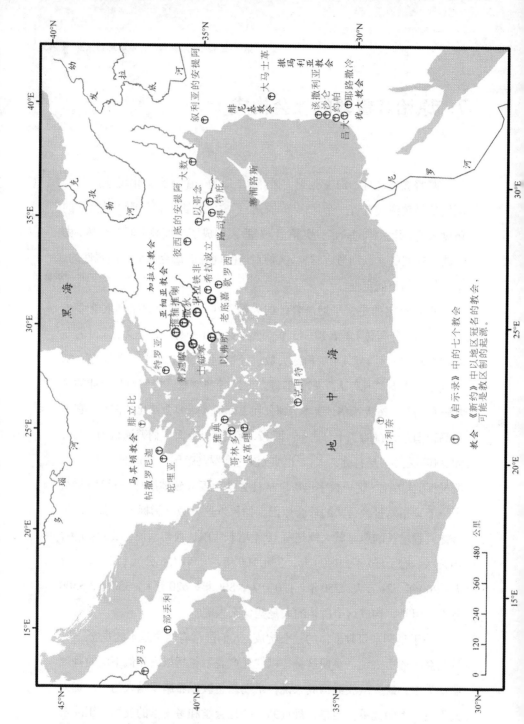

图 15 公元 70 年的早期教会分布图

按照《新约》上面提到的最早的基督教社群来看，亚非欧都有一定数量的教会存在，而且，出现了以地区命名的教会如"腓尼基的教会"等，这说明早期基督教已在某个地区扩散开来。这也可能是基督教历史上最早的"教区"。

初的时候是被压迫人民的一场运动：它最早出现时，是奴隶、解放了的奴隶、被剥夺一切权利的贫苦人民，以及被罗马帝国征服或遣散的民族所信仰的宗教"。特洛尔奇也说，事实上所有的宗教运动都是出自于"社会底层"。但是，通过对早期教会的文献进行仔细分析，可以看到一幅相当不同的情景。保罗在《哥林多前书》1章26—28节说："弟兄们（指哥林多的基督徒）啊，可见你们蒙召的，按着肉体有智慧的不多，有能力的不多，有尊贵的也不多。"这里的"不多"，其潜台词是"还有一些"。从《罗马书》16章23节及《提摩太后书》4章20节中，可以看到基督徒中，有"城中管银库的"以拉都（Erastus）。《使徒行传》17章4节，保罗在帖撒罗尼迦传道时，附从的人中，"尊贵的妇女也不少"。在早期教会往来的史料中，也谈到一些因信仰基督教而被处分的贵族，如格雷西娜（Pomponta Graecina）、弗拉维亚家族（Flavian）的人等。小亚细亚的一位主教伊格纳修（Ignatius）被押往罗马处死，他一路上给罗马教会写信，谈到自己渴望殉道，希望罗马的基督徒不要试图去改变罗马政府的决定，可见这些罗马基督徒有一定的财富和社会影响力。考虑到罗马社会的现实，即占人口大多数的是社会下层人员，那么，早期基督教中社会下层人员的比例，很可能要比整个社会中的下层人员的比例要小。另一方面，根据人们对"新宗教运动"的现代统计学研究，加入一种"新宗教"，常意味着其成员要有独立于旧的社会文化之外的反思、行动能力，而这要求他们有较好的教育、经济条件等，因此，最初加入"新宗教"的人往往比普遍大众有更高的社会地位和经济水平。在公元4世纪之前，基督教恰恰属于这样一种"新宗教"。而从《新约》中的使徒书信多数是写给城市教会来看，早期基督教其实是一个"城市宗教"，而非"农村宗教"。相对而言，城市居民有着较好的经济条件，能接受一定的教育。综合上述原因，可以认为早期基督教并非"无产阶级运动"，其部分成员亦来自社会的中上层，是希腊罗马城市中的居民，包括经济与文化水平较高的手工业者、商人和自由职业者。

由于早期基督教的一个重要转向是脱离犹太教,而《新约》的某些文献又透露出"反犹太人"的情绪,犹太人对于新生的基督教也深恶痛绝,因此人们倾向于认为早期教会中没有犹太人,或者犹太人占有很小的比重。但是,假如考虑到另一个事实,人们就不会这样想象早期基督教的社会形象了,即犹太人在公元1世纪已经大量地散居在环地中海地区,人数远远超过巴勒斯坦的犹太人。有人统计认为,巴勒斯坦的犹太人口为一百万,而散居的则可能达到五、六百万。更重要的是,这些散居的犹太人形成了与巴勒斯坦犹太人很不一样的文化、宗教和语言心态。举例来说,在亚历山大里亚,犹太人不识希伯来文,以至于要把律法书翻译成希腊文即《七十子译本》。同时,他们借助翻译来缓和犹太人与其他文化之间的紧张关系,例如,《出埃及记》22章28节的希伯来原文是"不可毁谤神",本来是指犹太人的至高神,但希腊文译成复数即"不可毁谤众神",显示出对希腊罗马文化的妥协和融合。就此而言,这些散居地的犹太人在文化身份上正处于希伯来宗教和希腊文化的交叉地带,而这与基督教开始从一个犹太小教派向外邦人的教会进行转变所需要的"受众"相吻合。

细致地分析早期基督教的文本,可以发现,保罗在旅行传教的过程中,都是先到当地的犹太会堂进行宣讲,吸纳信众。早期基督教会的建立,也主要是在散居犹太人聚居的城市或地区。在公元1世纪写成的福音书中,尤其是《马太福音》和《路加福音》,它们在解释耶稣的身份时,都援引犹太家谱和犹太教的象征,其隐含义就是它们的听众或读者深谙犹太文化。如果不是基于这样的假设,这些福音书的写作完全可以像《约翰福音》的序幕或者保罗在亚略巴谷(《使徒行传》17章)的讲道,不掺带

(右页图) 图16 公元1世纪犹太人散居图

对早期基督教而言,散居犹太人社群的会堂、人员及亲属关系是它得以传播的重要社会资源。公元1世纪的教会主要分布在散居犹太人的生活区域之内,一些早期著名教会与犹太聚居城市也是相互重叠的。

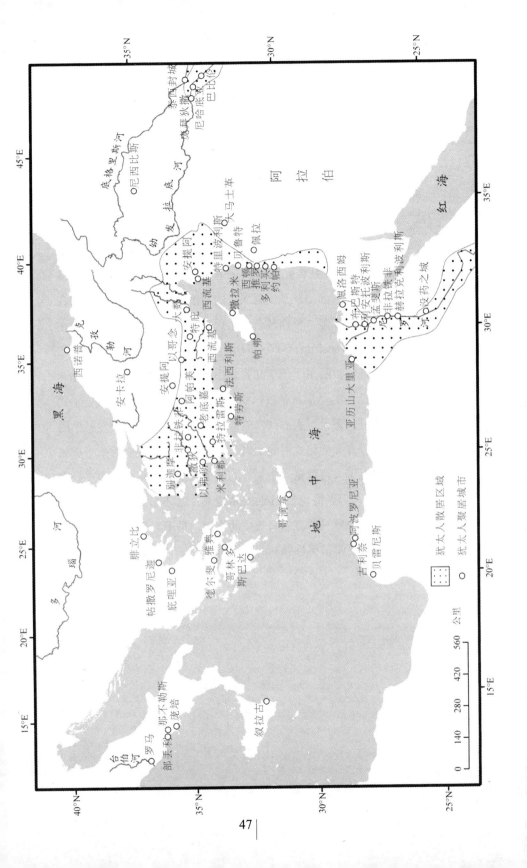

犹太文化的因素了。可以说，在关于早期教会的族群构成的问题上，现代历史学家普遍认同以下四点：一、《新约》中的很多新信徒的身份可以确定为希腊化的犹太人；二、《新约》的大部分写作都假定其读者熟悉用希腊文翻译的《七十子译本》；三、早期基督教的传教士常常在散居的犹太人会堂中公开讲道；四、考古证据表明，巴勒斯坦地区之外的早期教会集中在各个城市的犹太城区里。因此，迟至公元2世纪晚期，散居犹太人都是教会的主要信众。到公元3世纪，随着非犹太人越来越多地加入基督教，早期教会中才渐渐出现了反犹太人的声浪。而为了彻底划清基督教与犹太背景之间的界限，早期教会才出现了"反犹运动"的苗头，在金口约翰(John Chrysostom, 347—407)那里，基督教开始具有强烈的反犹色彩。但原始基督教的主要情景却并非如此。

人们通常所认为的早期基督教以妇女为主，这被大多数的历史学家和社会学家所认可。但是，人们却常常低估妇女在早期基督教发展中的作用。这些妇女一方面劝化她们的丈夫，另一方面抚育她们的孩子成长为基督徒。君士坦丁大帝就是一个很好的例子，他对于基督教的友好态度，很大程度上受其母亲海伦娜(Helena)的影响。这些妇女在基督教的发展，乃至最后兴起为罗马的官方宗教中的作用，是不容低估的；虽然在历史文献中，她们常常被男性领袖的身影所淹没。

第二编
基督教与罗马帝国

基督教从犹太教脱胎而出，开始面向广大的环地中海传播时，它首先面临的对象就是罗马帝国。因此，如何处理与罗马帝国的政治和文化的关系，并在这样的政教关系的大框架之下来处理基督教内部的思想与制度问题，是这一时期基督教的核心问题。

8. 罗马帝国的宗教

在城邦时期，罗马宗教多是地方性的，仍然是一种自然崇拜，所崇拜的神灵与人们的日常生活关系密切，如拉瑞斯神（Lares），珀那忒斯神（Penates）是保护家庭的神灵，而喜瑞斯神（Ceres）是丰产之神等。从城邦时期一直流传下来的维斯塔女神（Vesta），她是早期罗马人的家庭保护神，到帝国时期，人们在罗马广场的圆形神庙中供奉神火，代表她对整个罗马帝国的护佑。

罗马宗教的发展，体现了两个基本潮流：一是继承并融合了希腊宗教的神灵系统，二是政治化程度不断加深，并形成正统的"帝国宗教"（imperial cult）。早在希腊人在亚平宁半岛进行殖民活动时，罗马宗教就从希腊宗教中吸收了某些成分。希腊被罗马征服之后，融合程度则进一步加深。罗马人或者将他们的传统神灵与希腊神灵等同起来，如朱比特（Jupiter）即宙斯（Zeus），朱诺（Juno）即赫拉（Hera），战神（Mars）即阿瑞斯（Ares）等，或者直接将希腊神灵引入进来，如阿波罗（Apollo）就成为罗马人的太阳神、音乐神和预言之神等。帝国宗教则把罗马皇帝及其家人加以神化，进行崇拜。朱利斯·凯撒死后，即被罗马帝国称为"神圣朱利斯"（Divine Julius）。公元前29年，奥古斯都即位后，允许小亚细亚的希腊城邦为他设立神庙，这是罗马宗教崇拜皇帝的开端。罗马帝国把皇帝加以神化，一般发生在皇帝死后，与其他神灵供奉在一起，接受人们的祭拜。帝国宗教的意义主要是政治上的，是为了保证诸行省对罗马的政治忠诚。

因此，罗马宗教的特点是：多神崇拜、偶像崇拜、以祭祀为中心、带有强烈的政治色彩。它的崇拜对象除了传统的希腊罗马神灵之外，还有随着皇帝的增多而不断扩大的神灵谱系。这些神灵都以塑像或雕像的方式被供奉在神庙之中。祭祀是罗马宗教的核心内容，它强调祭祀甚于信

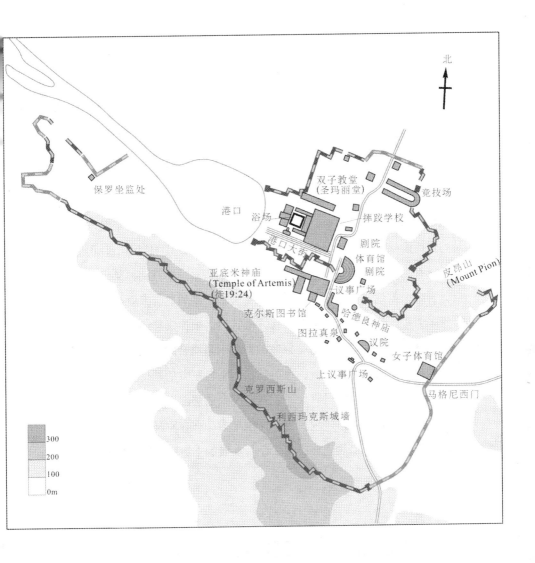

图17 宗教与古罗马城市的公共生活：以弗所城

  古罗马的宗教在公共生活中地位突出。它具有两个鲜明的特点：一、以皇帝崇拜为核心的国家宗教，皇帝被认为是神灵的化身，生前死后都是人们崇拜的对象；二、东西方神灵混杂的多神崇拜，东方的神秘宗教与西方的奥林匹亚神灵都能成为城市居民的崇拜对象。在以弗所，希腊女神亚底米与哈德良神庙、议院、图书馆、浴室、体育馆一起，构成这座城市的公共生活空间。

仰,强调集体的参与甚于个人与神灵之间的关联。它的政治性则深刻地表现为祭司与贵族的重合。祭司通常来自罗马的上层贵族,包括大主祭(the pontifex maximus,此名号后来被罗马教宗所承续)、主祭(pontifices)、占士(augurs)、卜士(haruspices)等。罗马进入帝国时期后,公元前12年,奥古斯都就宣称他本人为大主祭,强化宗教与政治之间的关系。

罗马成为横跨亚非欧的世界帝国后,外来宗教也进入罗马。只要它们不扰乱公共秩序,罗马政府对其普遍采取宽容的政策。而且由于罗马宗教过于政治化和仪式化,那些关注个人灵魂或超越死亡的宗教,如埃及的伊西斯崇拜(Isis worship)或小亚细亚的密他那崇拜(Mithraism)恰好可以填补空缺,甚至在民众中相当流行。这些崇拜多强调神秘仪式的力量,例如,据说在密他那崇拜中,分食被宰公牛的血和肉就被认为能给人带来力量。后来,它又与罗马官方推行的太阳神崇拜结合起来。

总体而言,罗马人在对待宗教的问题上是混合的、宽容的。在罗马既可以找到希腊传统的神祇,也可以找到来自东方的神秘主义宗教。因此,当基督教进入罗马世界时,就普通群众的层面来说,人们并不敌视这样一种来自东方的新宗教。也许这也是为什么在罗马政府的强大压力下,基督教在罗马仍然能够找到生存与发展的土壤的原因之一吧。

9. 基督教与罗马帝国的冲突

公元50年左右的耶路撒冷会议之后,基督教正式向外邦传播。从此,基督教面临的核心问题不再是与犹太教的关系,而是与罗马帝国、与希罗文化的关系。基督教对于罗马政府的态度最初是友善而顺服的,保罗在写给罗马基督徒的信中就劝告他们:要顺服掌权者,"因为在上有权柄的，人人当顺服他，因为没有权柄不是出于神的，凡掌权的都是神所命的"(《罗马书》13章1节)。但罗马宗教、政治与基督教的信仰和崇拜之间的深刻差异，却最终使它们走向冲突和对立。

罗马文献中最早谈论基督教的是历史学家苏埃托尼乌斯(Suetonius)，他讲道：公元51年，在革老丢(Claudis)治下，"由于基督徒们在犹太人中引起的骚乱，革老丢决定将犹太人逐出罗马"。这与《使徒行传》18章2节所说的"革老丢命犹太人都离开罗马"，也许是同一事件。罗马人对外来宗教持宽容态度，驱逐基督徒和犹太人的原因应当是出于公共秩序的考虑，即基督徒与犹太人关于耶稣神子地位的争吵而引起的骚乱。但自64年始，它们之间的冲突便直接表现为帝国政府对基督教的迫害与镇压。塔西佗和苏埃托尼乌斯都谈到罗马皇帝尼禄(Nero)在公元64年罗马城大火后对基督徒展开捕杀。按塔西佗的《编年史》："这些基督徒被戏弄而死。或穿上兽皮由狗撕咬而死，或钉死在十字架上，或在黑夜时当做照明而被烧死。虽然他们遭受如此无情惩罚是罪有应得，然而人们仍然同情他们，因为人们觉得他们是因一人之残暴而死。"(卷XV，47章)

公元112年，在小亚细亚任总督的小普林尼(Pliny the Younger)写信给当时的皇帝图拉真(Trajan)，询问如何处理基督徒时，图拉真的回答是："(对于这些基督徒)，不可能有什么统一的规则、用固定的形式来处理。不要去追查这些人。但是如果有人在你面前控诉他们，而且得到证实，那就必须惩罚他们。但是，如果他否认自己是一个基督徒，而且通过向我们的神灵献祷，而清楚地表明他不是基督徒，那么，作为对他忏悔的回报，你就要放了他，而不管他过去的行为多么可疑。"此后，这基本上就成为罗马对待基督教的官方政策。

罗马政府后来之所以迫害基督教，原因是多方面的：一、罗马政府的宗教宽容政策，是以对帝国的政治忠诚为前提的，而其政治忠诚又以帝国宗教作为检验的标准。罗马皇帝或者罗马皇帝的保护神，是罗马所有臣民必须崇拜的偶像。然而，基督教从犹太教那里继承的一神信仰和反偶像崇拜的精神，要求基督徒远离这样的帝国宗教。在罗马宗教与政治合一的社会里，这被视为公开的政治挑衅。从根本上看，基督教信仰与罗马帝国宗教之间存在着极大的张力。二、由于罗马的公众场合普遍带有希罗宗教(Graeco-Roman Religion)的偶像崇拜的背景，因此，基督徒的聚会，只能在私人场合进行，于是罗马政府怀疑他们在密谋政治颠覆或造反。三、早期基督教的和平主义思想，要求基督徒不参加军队，这对于以征战立国的罗马来说，是难以容忍的。四、罗马人以罗马建城即公元前751年作为纪元，而基督徒认为基督之诞生使人类进入新历史之中，以耶稣之诞生作为纪元。基督徒对于人性和历史有着完全不同的理解，这也不见容于罗马政府。五、谣言的伤害。由于罗马人不了解基督教的崇拜形式及其教义，谣传基督教的"彼此相爱"是乱伦，会颠覆罗马人的家庭价值；而基督徒圣餐时所念的礼仪经文，也被罗马人谣传为"吃人喝血"。

按教会传统，人们通常认为在罗马帝国时期历经了10次大的迫害，始于尼禄，终于戴克里先。有趣的是，罗马皇帝对基督教的迫害有两个规律：一、越是能干的皇帝，越是迫害基督教。因为他们要强化罗马宗教的多神信仰，每个地区都要同等地崇拜罗马神祇，以确保它们共同忠诚于罗马。这便激化了基督教与罗马帝国的矛盾。二、出身于边境的皇帝，倾向于强烈地迫害基督教。在晚期罗马，军队在帝位争夺中的作用加大，不少皇帝出身于那些长期在边境作战的将军。由于他们出身边境，在政治上他们不得不做出更加忠实于罗马传统的姿态，迫害敢于挑衅罗马宗教的基督教常常成为一个当然的选择。举例来说，哈德良(Hadrian)出身于西班牙，塞维鲁(Septimius Severus)出身于北非，德修(Decius)出

(右页图) 图18 罗马帝国大迫害与使徒殉道图
　　按教会传统，在三百多年中共有10次大迫害。可见，罗马帝国对基督教的迫害是断断续续的。迫害发生地主要是在边境地区，可能是为防止边境驻军中的不同宗教信仰。在这些大迫害中，一批使徒以身殉道，他们的鲜血被称为"教会的种子"。

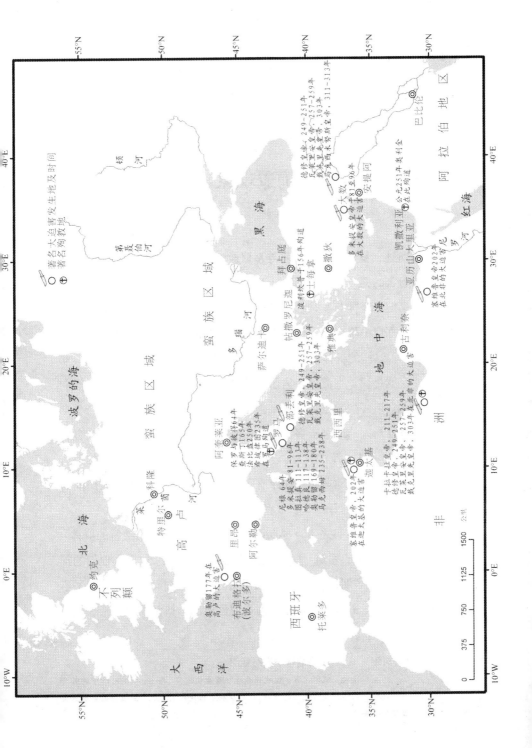

身于东北边陲，戴克里先(Diocletian)则出身于巴尔干地区，他们都对基督教进行过严厉的迫害。

10．早期基督教的殉道现象

如上所述，罗马的帝国宗教与基督教信仰系统之间的张力，是早期基督教被迫害的根本原因。遍布于社会生活各个方面的帝国宗教与偶像崇拜，使早期基督徒与罗马社会格格不入，他们不参军、不参加公众活动、在城外墓窟中聚会等。他们是生活在罗马社会的边缘群体。如社会人类学所示，这样的群体易于成为主流社会的"猎巫"(witch-hunt)行动的对象，也就是说，主流社会为了保持自己内部的高度整合性，常倾向于通过嘲弄、迫害少数边缘群体来强化自己的群体身份。可以说，早期基督教常被罗马人的谣言所害，成为各种灾祸的"替罪羊"。德尔图良曾说道："当台伯河涨水淹没罗马，当尼罗河无法灌溉埃及的田地，如果天体没有运动，如果大地震动，如果有了饥馑，如果有了瘟疫，人们同时发出一个声音：'把基督徒拿去喂狮子！'"(*Apology*, ch. XL)

在罗马帝国的迫害之下，早期基督教产生了一个非常独特的群体：殉道士(martyr)。后人常道："殉道士的鲜血，是教会的种子。"他们的殉道行为，既向后人表明信仰的底线，又用可见的方式向同时代人表明了不可见的信仰世界。更深一层来看，殉道现象根源于基督教的二元意义结

（右页图）图19 伊格纳修殉道路线图

伊格纳修是安提阿主教，他被捕后送往罗马受刑。一路上，他向路途中的教会写信述说他的信仰及对死亡的理解。他的这些书信是人们了解早期教会的真实社会处境的重要文献。

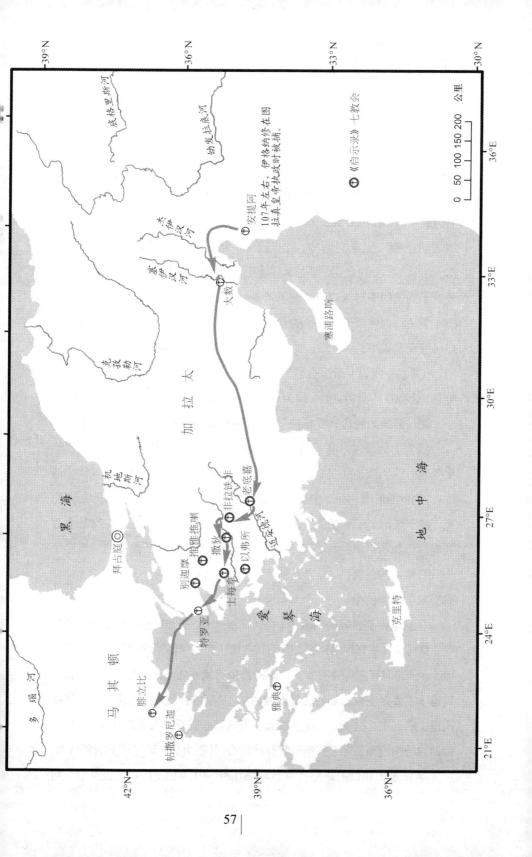

构,即超越秩序与现世结构之间的紧张关系。正是由于这种紧张关系,才造成早期基督教违抗罗马帝国的宗教谕令,招致迫害,这是殉道的必要条件;同时,正是由于对超越秩序的信仰,使得早期基督徒能够放弃此世的生活,走向殉道,这是殉道的充分条件。就此而言,殉道是基督教或广义的闪族宗教(Semitic Religion)的特有现象。早期殉道士写作的文献,清楚地表明这种二元意义结构。公元110年左右,安提阿主教伊格纳修(Ignatius of Antioch)被押往罗马处死,路上给沿途教会写作了七封书信。他对于殉道的理解深刻地体现了基督教的意义世界。

首先,他强调殉道是他的自愿选择,甚至要求别人不要试图营救他。在《致罗马人书》第4章,他写道:"我写信给所有的教会,并且强调声明,不要阻止我为上帝而自愿去死。我恳求你们不要向我表现出不合适的善意。让我成为野兽之食,因为这正是我通往上帝的方式。我是上帝的麦子,通过野兽的利齿,我将被研碎,但我因此而成为上帝纯洁的面包。"

接着,他通过对基督的灵性王国与尘世王国的对比,提出基督教的生死观,认为殉道正是达到永生的道路。在《致罗马人书》第6章,他说:"此世的所有快乐,尘世的所有王国,于我皆无益处。为耶稣基督而死,胜于统治至于地极。'人若赚得全世界,赔上自己的生命,有甚么益处呢?'我所寻求的,是那个为我们而死的基督;我所渴望的,是那个为我们复活的基督。……当我到了那里,我就真正地是一个上帝之民。让我去效仿基督的受难吧!"

谈到早期基督教的殉道士,必须注意一点:并非所有基督徒都会被处死。罗马人对基督教的迫害,因袭其在镇压带有叛乱倾向的异族本土崇拜(paganism)时行之有效的方式,即将首领逮捕并处死。因此,早期基督教殉道士主要是主教或知名的基督教领袖。早期教会比较完整地记录了这些殉道士的名字,据统计,在罗马人手下殉道的基督徒人数在1000人以下。但他们的殉道却坚定了其他基督徒的信心,并吸引和打动了许多的罗马人。

与殉道士相反的是那些背教者(Apostasy)。如前所述,图拉真皇帝对待基督徒的方式被延续为帝国的国策,每当基督徒被控诉时,只需向帝国的神祇献祭即可赦为无罪。公元249-251年在位的德修(Decius)对基督教进行大迫害,人们需要向帝国政府展示献祭证书(libelli)方可证明自己不是基督徒,从而免于刑罚。在迫害之下,一些基督徒甚至长老和主教都向异教献祭,以获取证书。公元287-305年在位的戴克里先(Diocletian)迫害基督教时,要求人们交出《圣经》,以免于惩罚。同样,一些主教或者长老也做出"交经"的举动。但是,在迫害的浪潮过后,这些曾经的背教者又有人忏悔,希望重新进入教会。由此引发出两个复杂的神学问题:一、教会是否能够重新接纳这些背教者?奥古斯丁的回答奠定了大公教会论(Catholicism)的基础。在他看来,教会的团结比审判更重要,因为没有团结,就没有爱,没有爱,就不是教会。教会是圣洁的,并不是因为它的所有成员都过着一种无罪的生活,而是因为它将在末世时臻于圣洁;教会的圣洁不是由于组成它的人,而是由于基督在其中。因此,教会的圣洁只有到末世审判时,才会完全实现。二、那些曾经背教的主教或长老所主持的洗礼或祝圣,是否仍然有效呢?这是圣事论层面的问题。奥古斯丁指出,圣事的有效性不在于施行圣事者的道德或信仰品质,而是依赖于基督的神性和圣灵的活动。因此,在面对因大迫害而导致的背教者的问题时,早期基督教对大公教会论做出了发展,即不存在所谓的"真教会"或"假教会",所有教会都是主基督的教会。

11. 早期基督教异端

基督教脱胎于自成体系的、历史悠久的希伯来传统,诞生在多元文化的希罗世界,又面临着罗马帝国的重要政治环境。因此,对于尚未系统化和制度化的早期基督教来说，无论在神学上，还是在组织原则上，都存在着多元发展的可能性。在经过漫长的发展之后，大公教会才确定下某些基本原则，并以这些基本原则去反观此前的宗教派别，将那些有原则分歧的称为"异端"(heresy)。就此而言，异端乃是一个反历史的(anachronism)概念。

早期基督教有着一个丰富多元的神学光谱，它的两端分别是希腊传统与犹太传统。它所围绕的核心问题则是如何界定耶稣基督的身份及其本质。偏向希腊传统的代表如马西昂主义(Marcionism)、诺斯替主义(Gnosticism)、幻影论(Docetism)等，偏向犹太传统的则如伊比乌派(Ebionites)、基督嗣子论(adoptionism)等。处于中间的还有更多难以清楚界定的神学潮流。

通常，人们把基督教看成是一个脱离犹太教、离弃犹太人的新宗教运动。但直到公元2世纪中期，基督教的传布、发展与犹太教仍然紧密相连。保罗虽然被称为"外邦人的使徒"，但地中海地区散居的犹太人的会堂却是他传教的重要据点。这一时期的犹太教、犹太人远非人们所想的那么封闭。他们既欢迎外邦人进入会堂崇拜，也走出会堂，接受希腊化。犹太教的会堂设有专为外邦人崇拜的圣堂，并以"敬畏神的人"称呼那些来犹太会堂崇拜上帝的外邦人；而犹太人本身也相当希腊化，亚历山大里亚的犹太人甚至不能阅读希伯来文的"摩西五经"，只得将《圣经》翻译成希腊文的《七十子译本》，就是一个证明。

事实上，到公元2世纪中期，基督徒的一个重要来源就是希腊化了的犹太人。从公元100年犹太教与基督教的分布图就可见，它们之间的重叠部分十分惊人。考古发现也表明，一直到公元7世纪伊斯兰世界兴起

(右页图) 图20 公元100年早期基督教发展范围图

至公元100年，基督教仍主要是一个"亚洲宗教"，其发展局限在小亚细亚和巴尔干半岛地区。它与古代犹太社群的重叠，可参见47页图。整个教会仍然处于较为离散的状态，并没有出现明确的教会中心。

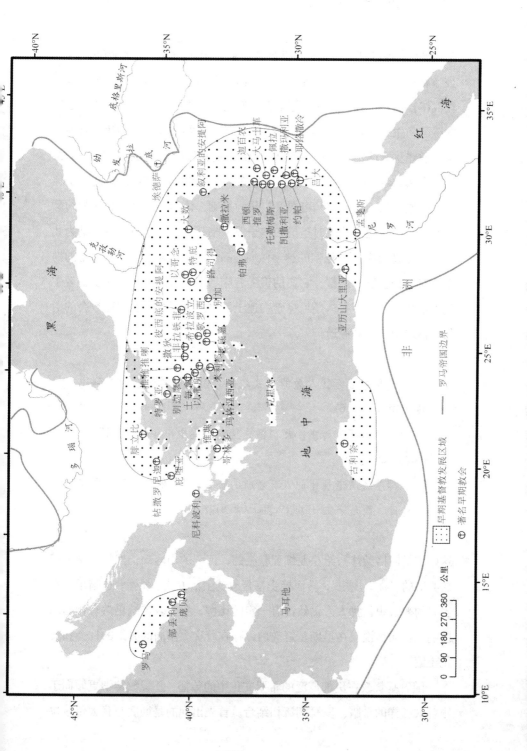

时，加利利地区都有所谓的"基督教会堂"(Christian synagogue)，其成员当属犹太人基督徒。在约旦河的东面，有一支被称为伊比乌派的基督教群体，他们严守一神论，把耶稣理解为一个先知，反对认为基督由处女感孕降生(virgin birth)，也不承认他的本体神性，认为耶稣只是因为彻底遵守犹太律法而被拣选为弥赛亚；他们只接受《马太福音》，认为保罗是个叛教者，要求基督徒严格地遵守"摩西律法"。其更成熟的神学理论则是嗣子论，它以《马可福音》作为基础，认为耶稣是马利亚和约瑟的儿子，但在他受洗之时圣灵如鸽子般降临其身之后，被上帝接纳为儿子，即所谓"嗣子"。他们的神学倾向，都是在犹太教的严格一神论的框架内对基督教进行修整。它们的追随者应当出自犹太人。早期基督教中犹太信众的广泛存在，还可见于殉道士伊格纳修写给小亚细亚教会的七封书信之中，他劝诫道：

> 不要停留在犹太教的方式之中，因为那样就不能得到恩典。(Magnesians 8)
>
> 认耶稣基督为主，却仍活在犹太的规矩中，是很荒谬的。(Magnesians 10)
>
> 那些随从老规矩的人有着新的盼望，因为他们已经不再守安息日，而是守主日了。(Magnesians 9)

这些信是伊格纳修写给小亚细亚教会的，但它的内容却仍然是劝诫人们放弃旧的"犹太规矩"，转而接受基督教的生活方式。显然，这暗示了在当时的教会中，犹太人仍然占有一定的比例，犹太教传统仍然有相当的影响。换句话说，在早期基督教内，存在着犹太倾向的异端的社会和文化土壤。

随着基督教在更加广泛的希罗文化中的传播，基督教神学更倾向于跟各式各样的希腊、罗马潮流相结合。首先出现的是彻底与犹太传统决裂的马西昂主义(Marcionism)。马西昂出生于希腊本土,是一个受过良好希腊教育的商人。在他看来,《旧约》中的上帝是一个残暴、仇恨的上帝,他创造的物质世界是邪恶的;而《新约》的上帝则是一个慈爱的、善的上帝,他属于善的精神世界。因此,基督教的《圣经》不应包括《旧约》,那些虽由使徒写作但带有强烈犹太倾向的,如《马太福音》、《马可福音》等,也不应放在《圣经》内。他提出,只有《路加福音》和保罗的十封书信可以成为基督教的《圣经》。他还前往罗马建立教会。显然,他是以希腊传统来剪裁基督教,其过于强烈的反犹太传统遭到教会的抵制。公元144年,他被正统教会开除。

早期基督教的最大异端是诺斯替派(Gnosticism)。它既包括某些特定的异端派别,如瓦伦提诺派(Valentinian),又是一个很难清楚界定的广泛的运动。它的主要特点就是用希腊传统的精神与物质的对立来解释基督教教义。在它看来,上帝是一个纯粹的精神,从他之中流溢出等级各异的精神实在。这些精神实在,有的上升回归到上帝,有的堕落下降则为物质世界。人的精神在肉体之中,如同在牢狱一般。因此,所谓"救赎"就是指人的精神接受从天而来的"灵知",从而回归精神世界之中。基督除公开讲道之外,还传授给少数人以神秘的知识,即由诺斯替派传承下来的"灵知"。他们的基督论认为,基督的肉身只是看起来是肉身,他不可能真实地化身为邪恶的物质。他在十字架上的死亡也只是他的肉身死亡,上帝本身是不可能受难的。他们的学说否定了基督的肉身,也就是否定了基督的历史性,实际也就否定了耶稣对于基督教的意义。诺斯替派强调人通过精神上接受神秘知识的启示来获得拯救,乃是以神秘的理智主义取代了人们对耶稣基督的信仰。它认为只有少数人能够因领悟灵知而得救,这就否定了基督救赎的普遍性。此外,它主张耶稣在公开言行之外,还有所谓的"秘传灵知",这从根本上颠覆了大公教会信仰传统的有效性。因此,诺斯替受到的抵制与批判是最强烈的。

在教会组织上,对早期基督教冲击最大的是孟他努派(Montanism)。

其活动的主要时间是在公元2世纪晚期。它将世界历史分为三个时期：圣父时期、圣子时期和圣灵时期。在耶稣升天之后，世界就处于圣灵时期。在这一阶段，任何受到圣灵启示的人都是"圣灵的代言人"，有权传达上帝的话语。因此，它反对建立任何有分工、有等级、有权威的组织制度，认为这是以人的权威去压制圣灵的权威。其传播之处，人们皆诉诸于圣灵的灵活、自由和即兴来反对任何制度化、秩序化的教会，对公教会造成极大的冲击。

如前所述，所谓"异端"是一个反历史的概念。不是先有正统后有异端，而是先有异端后有正统。正是意识到异端对于基督教的危害，人们开始批判它们，并在批判中形成了正统的思想。针对马西昂制定的《圣经》，公教会将犹太教的《希伯来圣经》接纳为《旧约》，同时按照作者使徒性（即书卷作者必须是使徒或使徒身边的人）、受众广泛性等标准，确定《新约》的内容。针对人们在理解《圣经》时可能形成的偏差，制定"信纲"(the rule of faith)作为信仰的基本准则。信纲是公教会的"圣传"(Tradition)的核心，被认为是从使徒们那里一代又一代地忠实传递下来的。这些信纲构成的信仰的基本内核，也是解释《圣经》时不可偏离的准则。针对孟他努派对制度化教会的冲击，公教会认为教会权威的中心不在于那些被圣灵充满的灵恩人物，而在于代表教会传统的教会职务(office)。这样，教会就成为一个有分工、有组织的系统，并逐渐演化成为一个阶层化、中央集权的教宗制(papacy)。

12. 早期基督教思想家

早期基督教思想发展史一般可分为使徒时代(apostolic)、后使徒时代(post apostolic)、教父时代(patristic)。在使徒的写作(以《新约》为主要文本)中,基督教的一些基本命题以信仰宣告(confession)的方式表现出来,如彼得面对耶稣时说:"你是基督。"当基督教进入希腊罗马世界时,人们不得不以更为系统和理性的方式来阐述基督教信仰,这时,信仰宣告就发展成为神学(theology)。"神学"一词乃由"theo"与"logy"组成,意为"对神的言说"。保罗可谓第一个"系统神学家",他对基督教的基本命题做出了系统的阐述。

人们普遍认为,后使徒时期的作家直接接受了使徒们的教诲。他们包括:罗马的克雷芒(Clement of Rome, 93-97,对于这些古人,我们只能知道其著述年月,以下标注的年代皆为著述年代),安提阿的伊格纳修(Ignatius of Antioch, 110-117),士每拿的波利坎普(Polycarp of Smyrna, 150-160),罗马的赫马(Herma of Rome, 100-140),十二使徒遗训(Teaching of the Twelve Apostles, 130-160)等。他们的写作和论述方式,仍没有明显地超越使徒们。其写作方式多为书信体,在论述方式上也没有明确地区分信仰宣告与系统阐释。

一方面由于来自希腊罗马文化的挑战,另一方面由于基督教思想的内部发展,尤其是要对内部的异端进行辩驳,所以,从公元2世纪中期开始,基督教内出现了一批所谓的"护教士"(apologist)。他们或者正面阐述基督教信仰的合理性,或者批判和驳斥其他错误的异端思想,来系统地处理信仰与理性、基督教与希腊哲学、基督教的核心思想等问题。他们可以被称为最早一批的基督教思想家,代表人物有:查斯丁(Justin the martyr, 150-160)、爱任纽(Ireaneus, 200年卒)、德尔图良(Tertullian, 197-220)等。他们的出现表明,基督教赢得了一部分有知识人的信仰,同时他们的著述方式也显然以知识阶层作为对象。

这些人被称为护教士(apologist),他们的很多作品亦被冠名为"辩护篇"(Apology)。"辩护"一词本身就带有浓厚的希罗文化色彩,其生活场景即源自被告对原告指控的反驳。柏拉图就曾以"辩护篇"为名,叙述苏格拉底面对无神论指控时的辩护。基督教思想家们借用此文体,来阐述基督教信仰，或对人们的责难进行驳斥。因此，他们在讨论基督教与希腊哲学、信仰与理性的关系时，也主要依循两个基本路向：一者可谓"证同"，指出基督教与希腊哲学的相同，甚至比对方更优，更值得尊崇；另一者可谓"辨异"，指出它们之间完全相异，因此基督教信仰可以完全不用理睬它所面对的希腊哲学和文化传统。

查斯丁是前一路向的代表，德尔图良则是后一路向的代表。查斯丁是一个希腊人，但少小生活在巴勒斯坦的示剑，后来为学习哲学而在以弗所居住。据其自述，某天在海边散步时，邂逅一老者向其传讲基督的福音，就此皈信基督教。160年前后，查斯丁在旅居罗马期间殉教而死。其著作包括：《辩护篇》、《与特里丰的对话》(Dialogue with Trypho)等。在他看来，基督教是一种"真正的哲学"，是一切哲学中最古老、最正确、最神圣的，因为"只有这种哲学才是最安全、最有益的"。他认为，所有哲学都是对宇宙中"神性的逻各斯"的部分参透，在此意义上，按照各种文化中古人先贤的教导去生活的人，都是顺从神性逻各斯的教导、指引。"那些按照逻各斯生活的人都是基督徒"，因此，赫拉克利特、苏格拉底和摩西也都是基督徒。但所有哲学都只是部分地把握了神性逻各斯，只有在基督身上，神性逻各斯本身才成为肉身，是上帝的完全启示。因此，基督的福音是逻各斯最高、最圆满的形式。由此可见，查斯丁有意识地将基督教与希腊哲学、信仰与理性结合起来，使信仰成为一种可以理解的"科学的"神学。

德尔图良则恰恰相反。他生于拉丁文化区的迦太基，但亦精通希腊文。他曾在罗马开业作律师，后担任迦太基教会的长老，他从197年开始

(右页图) 图21 古代教父的空间分布图

从公元2至7世纪（尤其是在4、5世纪），基督教历史上出现了一批"诸子"式的思想家，全面地奠定了基督教教义(思想)、制度和仪式的基本形态，他们通常被称为"教父"。人们通常以尼西亚会议为界，将他们分为前尼西亚教父、尼西亚教父和后尼西亚教父。亦可从空间上将他们分为希腊语区教父、叙利亚语区教父、科普特（Coptic，埃及）语区教父和拉丁语区教父。

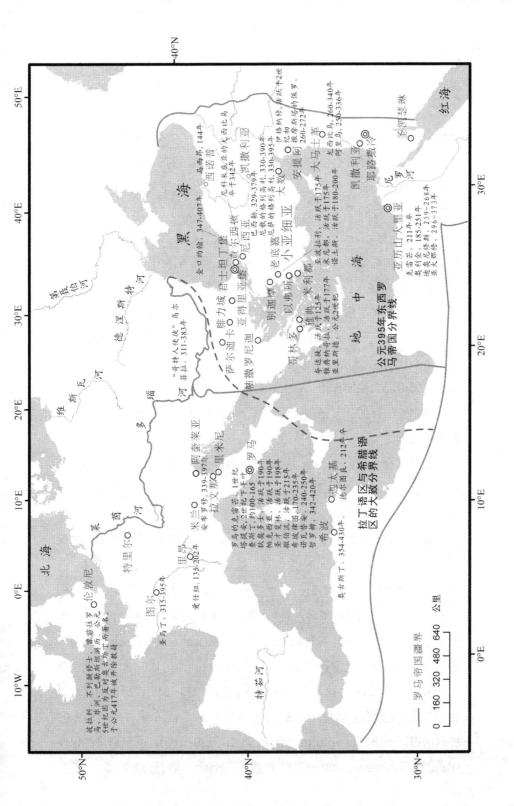

用拉丁文阐释和辩护基督教信仰,被称为"拉丁神学之父"。晚年被孟他努异端对道德的严格强调所吸引,于200年左右与大公教会断绝关系。在他看来,耶稣基督是上帝的"愚拙",与人类的智慧完全不同,无论如何也不能与现存的哲学体系相协调。他说:"哲学是尘世智慧的产物,是对自然和上帝本性的粗率理解。异端就是由哲学引发的。"(*The Prescription Against Heretics*, Chapter VII)在基督教思想史上,他提出了著名的宣言:"雅典与耶路撒冷有何相干?学院与教会有何相干?……那些企图把基督教与斯多亚、柏拉图和辩证法思想结合起来的做法,都见鬼去吧!……我们有了信仰,还需要再信什么别的吗?我们的首要信仰就是:除此之外,别无所信。"他用耶稣所说的"寻找,就寻见"(seek, and you shall find)为喻,说明理性与信仰的关系。理性的角色只限于在人们寻找真理过程中起到辅助作用,一旦寻见基督信仰,就应该停止发挥作用。信仰既是理性的目的,又是理性的终结。就此而言,德尔图良可谓基督教思想中信仰主义(fideism)的鼻祖。

大约从公元3世纪开始,基督教思想的发展经历了一个大的转变,即出现了学院(Academy)或教义学校(Catechism School)等思想文化机构。学院是希腊人文教育的基本制度,如新柏拉图主义的"学园"(Academy),而在公元前后的犹太教也出现了以"家学"(House)为基本单位的机构,如保罗曾就学的迦玛列(Gamaliel)家学等。基督教学院是这二者的结合体,既沿袭犹太教传统以讲解《圣经》作为其核心目的,又借鉴希腊学园的做法,传授希腊或罗马的修辞或辩论技巧。著名的基督教学院有两个:亚历山大里亚学院(Alexandrian School)与安提阿学院(Antiochean School)。前者的代表人物包括:克雷芒(Clement of Alexandria, 190-202),奥利金(Origen, 202-231),迪奥尼修斯(Dionysius, 233-248)。后者的代表人物则包括:凯撒利亚的提阿非鲁(Theophilus of Caesarea, 175-185),安提阿的提阿非鲁(Theophilus of Antioch, 180-185),萨默斯塔的保罗(Paul of Samosata, 260-272),卢西安(Lucian, 卒于312年)等。

基督教学院不仅为早期基督教培养出知识阶层，而且还形成了各具特色的学术统绪，它们之间相互砥砺，大大促进了早期教会在教义辨析、教理推衍方面的广度和深度。例如，亚历山大里亚是罗马世界希腊化程度最高的地方，因此，克雷芒与奥利金都展现出用希腊化思想解释基督教信仰的努力。在他们看来，信仰足以使人得救，但是如果在"信"之上又加上"知识"，那人就能到达更高的境界。希腊哲学的核心概念——逻各斯也被他们用来说明耶稣基督的本质，尤其用来强调基督所具有的神性。因此，亚历山大里亚学派是早期基督教的"逻各斯基督论"思想的主要支持者和阐释者。与此相反，安提阿地处小亚细亚，受犹太传统的影响较为深厚，在神学上坚持严格的一神论。虽然他们也用逻各斯概念去理解基督的本质，但总是小心地回避谈论基督的完全神性，以避免将基督教解释为多神教。他们在神学上的这一倾向常被称为"神格唯一论派"（Monarchianism），其代表人物多出自于安提阿学派。更晚期的尼西亚和迦克墩公会议对信经进行讨论时，人们在基督的神性和人性理解上的差异，仍然受制于这些不同流派的学术统绪。

13. 教会组织的发展

虽然，耶稣本人并无意建立教会，但随着皈信者的增多，基督徒自然地形成一个独特的群体。他们将自己称为"教会"，指上帝所呼召的会众、真正的上帝子民。原始基督教的组织形式十分简单，大致由使徒担任领导，在耶路撒冷负责引领聚会和擘饼圣餐。据《使徒行传》6章所记，随着人数的增多，又开始设立"执事"一职来负责教会的行政事务。在保罗旅行布道的过程中，使徒建立教会后，当他们离开时在教会中"选立长老"(《使徒行传》14章23节)进行管理。但是，在基督教传布的最初阶段，并无神职人员与普遍信徒的明确划分。

基督教与犹太教走向正面冲突后，司提反被犹太人用石头砸死，在耶路撒冷受逼迫的基督教转而散入北部的撒玛利亚和小亚细亚地区。从使徒写给各地教会的书信中，可以大略地看到当时教会内部组织的情形。保罗指出教会有三种领袖：使徒、先知和教师。使徒的主要工作是建立教会，而先知和教师的工作是宣扬或阐释上帝之道。但先知和教师的具体分别是什么，保罗并没有明确地指出。而且，保罗并不把教会领袖理解为具体职务，而是将其视为受圣灵恩赐而为教会工作的人。也就是说，教会领袖更多地指个人的魅力，而非制度化的职位。至于使徒与使徒之间的关系，从耶路撒冷会议的召集(《使徒行传》21章17–26节)来看，雅各扮演着整个教会的组织者和领导者的角色。这与闪族普遍存在的宗教领袖的继承制度密切相关，即与宗教创始人有亲属关系的人具有重要地位，后来伊斯兰教的哈里发制度即萌芽于此。但随着公元70年、公元135年耶路撒冷连遭罗马摧毁，耶路撒冷教会失去了对整个基督教世界的直接影响。

使徒时期的教会有着强烈的末世倾向，认为耶稣马上就要第二次来临，天国即将实现，教会作为信徒们在地上的组织只具有过渡性的意义。但是，随着末世的不断推迟和教会的扩展，如何组织教会、选任领袖成为一个重要问题。公元2世纪中期的《十二使徒遗训》就说道："因此你们自己要委任监督和执事，他们应该是不辜负主，性格温顺，不贪钱财又真实可靠的人。他们为你们行使先知和教师的职责，所以，不可轻视他们，因为他们和先知教师一样是你们应尊敬的人。"(第15章)这里谈到的"监督和执事"，就具有职分的含义，而且对他们的选任提出若干标准，这意味着基督教开始走向制度化。当然，早期基督教并没有固定的教会模式可循。但大体而言，教会是集体管理，即由全教会选举出来的由长老、监督及一些执事组成的小组领导。

在小亚细亚地区,则出现了由监督(即主教)独掌权力的教会体制。在安提阿的伊格纳修的信中,他认为只有以主教作为教会统一的中心,才能有效地对抗异端思想。他甚至提出:"服从你们的主教,正如耶稣基督服从父上帝,正如长老服从使徒。尊重你们的执事。"(《致士每拿教会书》第8章)认为"主教是教会生活的基础与标准"。可以说,以单一的主教作为教会的权威核心,是在与异端的斗争中形成的。而对于主教这一职位的权威来源,早在罗马的克雷芒时期,就将它的起源追溯到耶稣拣选的使徒。经过与诺斯替派、孟他努派等异端的斗争后,教会确定了基本的信经,并以"圣传"(Tradition)作为大公教义完整而准确的依据。主教职位的权威被认为来自于使徒统绪(apostolic succession,即一代一代地从使徒传承而来),它是教义正确、完整传承的关键。主教成为教会统一的中心,既是使徒传统的见证人,又是使徒统绪的继承人。主教制成为教会的基本组织制度。

围绕着主教制,早期基督教完成了一个制度化的宗教所必需的科层化、专业化和等级化。首先,在神职人员和平信徒之间出现了显著差别。教会书信开始用表示罗马帝国官职级别的术语来称呼神职人员。在使徒时代,一切信徒皆为祭司(如《彼得前书》2章5节;《启示录》1章6节);但到了3世纪,只有那些被仪式性地确认了的神职人员才能够施行圣事。其次,早期基督教的制度化深受罗马帝国行政体制的影响。罗马帝国的统治以城市为中心,基督教早期的传播也以城市为主。城市基督教向外传教,在乡村中形成了本地教会。乡村教会处于城市主教的监管之下。城市主教的管辖范围不断扩大,到公元3世纪大体上形成以罗马的行政区划为基本单位的主教区(diocese)。虽然从名义上说,每一个主教都是平等的,享有主教团的全部权力;但是,大城市主教先天具备的政治优势逐渐地体现到主教的地位上来。一般来说,那些著名而政治地位又突出的城市如罗马、亚历山大里亚、安提阿、迦太基、以弗所、帖撒罗尼迦等地的主教具有突出的地位。一省之内,省城主教的地位又高于较小城市

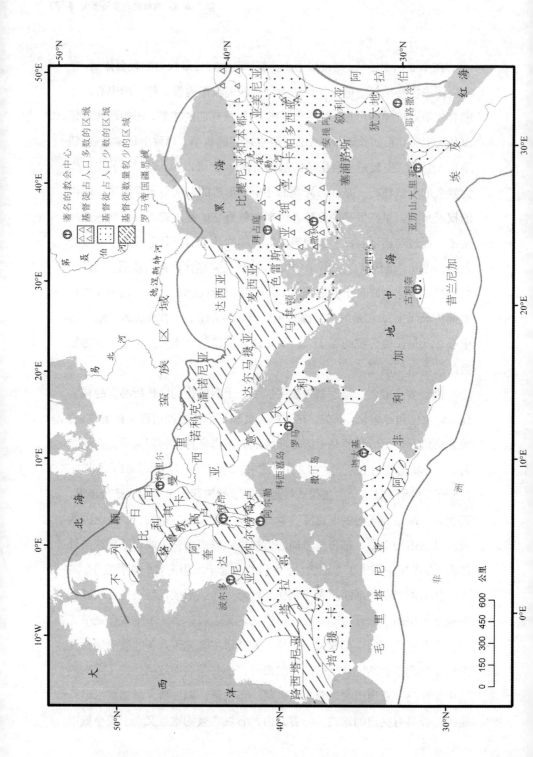

的主教，其情形正如罗马行政体制。它们地位的差序结构，为后来罗马公教的教宗制打下了基础。最后，神职人员内部也出现了严格的阶层。主教成为组织的核心，它的产生过程是：先由神职人员提名，征得邻近地方的主教们同意，再由全体会众认可或选举，并由其他主教祝圣行按立礼。而长老、执事乃至更低层的神职人员则由当地主教任命，并由他祝圣。长老们构成了主教的顾问团，执事则作为助手，照顾贫弱、管理经济、协助礼拜、执行教规等。随着教会的发展，尤其是在大城市里，仅仅主教、长老和执事三个品级不足以牧养信众，于是又从这些大品级神职中派生出众多的小品级神职。

总之，到3世纪中叶，神职人员已成为一个特定的阶层。他们的身份是多层次的：在灵性层面上，他们是上帝之道的现实代表；在道德层面上，他们规训并劝化普通大众；在文化层面上，他们传承并转化古代文明；在社会层面上，他们扮演着组织者和领导者的角色。当晚期罗马的皇帝们试图以军事和行政力量重整广袤的帝国时，这些主教们已经依靠他们的宗教和道德力量编织起另一个灵性王国了。

（左页图）图22 公元300年的基督教分布图

到公元3世纪后期，虽然小亚细亚仍然是它的主要分布区，但基督教已经传布至整个地中海文化圈。基督教成为一种"罗马现象"，转变而为罗马人的宗教。因此，在帝国版图上，某地基督教的发展程度与罗马化的程度是大致相合的。在罗马化程度较深的地方，基督徒在人口中的比例也较高；反之，在边境地区，罗马化程度较低，基督教化的程度也就较低。

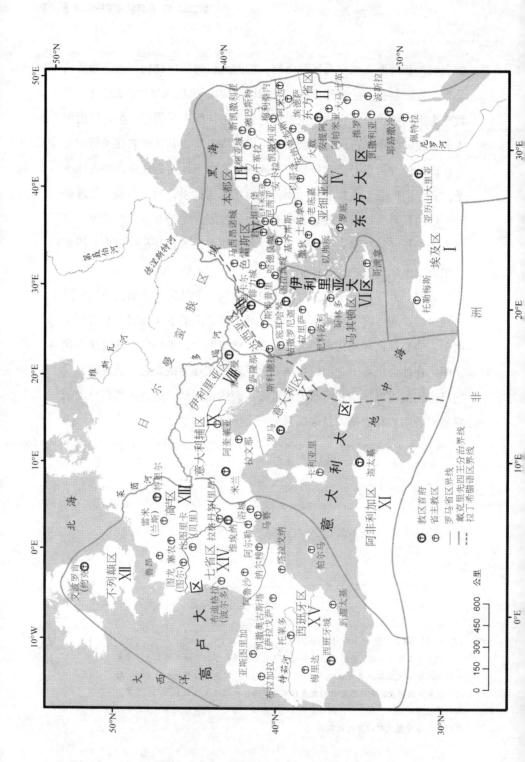

14. 罗马成为"教会之首"

自使徒时代以来，罗马的地位就很突出，但与之地位大致相当的还有耶路撒冷、安提阿、亚历山大里亚、以弗所甚至迦太基等。直到公元2世纪末，小亚细亚和叙利亚地区才是基督教化最深入的地区，而罗马所处的拉丁区则尚未基督教化。但是，各种历史条件的汇合，最终使得罗马成为整个教会的领袖。

在与诺斯替和孟他努异端的斗争过程中，使徒性(apostolic)被广泛地运用于证明大公教会的正当与权威。主教被认为是继承了使徒的统绪，《新约》正典的作者也必须是使徒本人或者与使徒有密切关联的人，最早的"使徒信经"也被认为是十二使徒一人一句而组成。这无形中大大抬高了罗马教会在整个基督教世界的声望，因为人们认为彼得是罗马教会的创建者，而使徒保罗与罗马教会亦有密切关联，其著名书信《罗马书》就是写给罗马教会的。两人都被认为殉道于罗马，其遗骨亦葬于此。彼得在十二门徒中居首，保罗是《新约》中分量最重的作者，他们与罗马的关系大大地提升了罗马的地位。到2世纪末期，帝国西部的教会已经以罗马作为领袖了，例如在公元185年，里昂的爱任纽就写道："一切教会必须服从罗马教会，这是很有必要的。"（《反异端论》，3卷3:2)

与此同时，曾经与罗马教会力量相当的教会却在逐渐衰弱。耶路撒冷本来是基督教世界的领袖，但由于公元70年、135年的两次战争，耶

（左页图）图23 公元4世纪初教会政区图
　　随着基督教在罗马帝国的发展和扩张，教会成为帝国境内的普遍现象。一些大城市如罗马、亚历山大里亚、特里尔等的影响力显著加强。教会开始形成较为成熟的政制。到基督教合法化的前夕，教会已经大致按照帝国的政制即大区、省、城市等结构，形成了大区主教府、省主教府、主教府等层级。教会成为帝国政府之外的另一个权威系统。君士坦丁使基督教合法化，毋宁说只是对这一现实的认可而已。

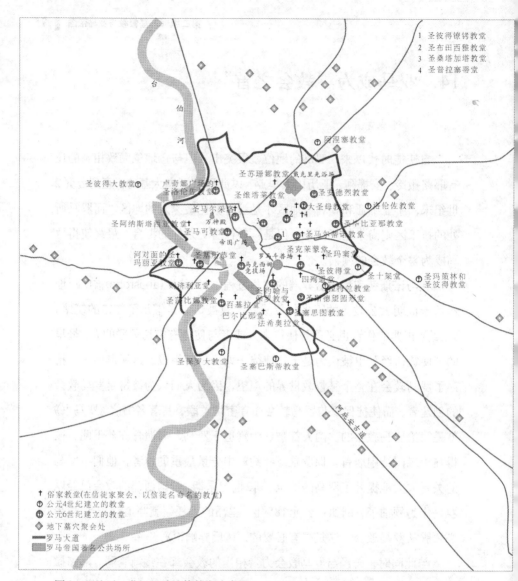

图24 至公元6世纪罗马城的教会分布图

　　罗马城外的墓窟是第一代罗马基督徒聚会的场所。由于当时基督教的非法地位,信徒只能在罗马的墓窟中聚会。而按罗马法律,墓地必须建在城外,罗马第一代基督徒的聚会地点皆在城外。在政治宽松时期,基督徒开始在一些较富裕的平信徒家中聚会,即所谓"俗家教堂"。它们散布在罗马城内。这些普通信徒奉献民它而形成的崇拜场所,表明基督教到4世纪时已经吸引了较多中上层人士加入。在313年后,基督教获得合法身份,但正规教堂仍然建在城外,而非核心区域,与那些著名的公共建筑相隔甚远,以免与罗马的传统宗教和政治产生直接的冲突。6世纪后,基督教进入城市核心,在著名的罗马神殿等公共建筑附近都建起了教堂,甚至一些异教殿宇都被改建成教堂。这是早期基督教的政治与法律处境的真实反映。基督教教堂的空间位移,与它在文化和政治上的位移是一致的。

路撒冷几成废墟。小亚细亚教会则由于非常多元的文化传统，既成了异端不断的发源地，又难以统一形成整体，未能形成强有力的地区中心。2世纪下半叶，由于复活节的时间问题，罗马教会与小亚细亚教会之间产生了分歧。后者认为应该在犹太历尼散月的14日守复活节，而前者则认为应该在同一周的星期日守复活节。是按周日算，还是按日期算，罗马与小亚细亚教会之间冲突日甚。190年，人们召开宗教会议，决定按罗马习惯守复活节。小亚细亚教会拒绝服从，时任罗马主教的维克托一世(Victor I，189-198)将不服从者革除教籍。此后，以安提阿和以弗所为代表的小亚细亚教会就失去与罗马教会平起平坐的地位。罗马教会的权威明显上升。

到3世纪上半叶，基督教会已经成为一个比较统一的整体。奚普里安(Cyprian，258年卒)的教会论是这一现实的理论反映。在他看来，正如"只有一位上帝，一位基督"一样，教会也只有一个。只有在教会里的才是真正的基督徒，他说："无论是谁，无论他干什么，他如果不在基督的教会里，便不是基督徒。"他从理论上证明道，基督教的真理是爱，而没有统一就谈不上爱；因此，如果教会是一个爱的群体，那么也应该是统一的群体。他甚至将教会上升到关乎救恩的高度，认为"教会之外无救恩"，"谁不以教会为母，也不能以上帝为父"。(*On the Unity of Church*, ch.6)

但是，对于这个统一的教会整体如何进行管理呢？他的回答则是矛盾的。一方面，他主张一种"邦联式的主教团制"。在他看来，主教们继承了从使徒而出的统绪，他们的权威乃是基督赐给使徒们的权威。由主教们组成的教会会议的决定，具有最高的权威。教会的统一由主教团的统一来体现，但它的统一体现在"每一个主教都体现出主教团的整体性"，因为主教团的每一个部分"都由代表整体的每一位主教成员组成"(*On the Unity of Church*, ch.6)。换言之，主教团的权威是不可分割的，而每一位主教都享有这一权威。另一方面，他又承认彼得在众使徒中的首席地位，罗马是"教会之首，是一切神职合一之源"。罗马教会及其主教在整个基督教世界中享有优先权。但这种优先权并不表明罗马主教拥有对其他主教的裁判权。他鲜明地指出："我们中间无人可将自己封为主教们的主教，也不能用专横的威胁逼迫同工必须服从自己；因为每一位主教在其自由和职权范围以内，都有自己正当的审判权力，他不能审判别的主教，别的主教也不能审判他。"

简言之，3世纪的基督教会是一个以主教制为基础，以主教自治、公会议(Council)至上为基本原则，尊重罗马教会的优先权，遍布于罗马帝国境内的强大组织。在君士坦丁大帝将基督教合法化之前，基督教已经是罗马帝国境内组织性最强、系统化程度最高的团体了。

15．君士坦丁大帝与基督教的合法化

当基督教从公元1世纪的社会边缘的少数群体，到公元3世纪发展成为一个组织严密、等级清晰、有着独立的思想意识、通过其道德规训和礼仪生活而对社会产生广泛影响的团体时，它与罗马帝国的关系开始发生转变。对于罗马帝国而言，存在着两种选择：一是继续用强力迫使教会服从，并粉碎其力量；二是承认教会的存在，并与之结盟，在政治上控制并加以引导和利用。对教会的政策转向，与晚期罗马帝国内部频繁的政治军事斗争纠缠在一起，构成了基督教的政治地位发生根本转变前夕的复杂背景。

公元284年，戴克里先(Diocletian, 284–305)即位罗马皇帝。为了应付广阔帝国的管理困境，他发明了"四头政制"(Tetrarch)来重整罗马帝国，即将帝国分成东西两部分，各由一位"奥古斯都"(Augustus)治理，同时东西两部又各有一位军事统帅名为"凯撒"(Caesar)，一位驻莱茵河边境，一位驻多瑙河边境。他的本意是针对罗马帝国的东西方差异进行灵活治理，然而不同统治者对于基督教的不同态度，正借着这一政制而显现出来。

戴克里先于303年开始大规模迫害基督教，这是罗马历史上最严厉的迫害之一。然而，也许受其基督徒妻子海伦娜(Helena)的影响，西部凯撒——君士坦修斯(Constantius Chlorus)的政策就较为温和。305年，戴克里先退位，君士坦修斯成为西部奥古斯都，而另一位东部凯撒格利留斯(Galerius)成为东部奥古斯都。然而，在确定东西部凯撒的人选时，却挑选了东部的两位将军。而原西部奥古斯都之子马克森修斯(Maxentius)与原西部凯撒之子君士坦丁(Constantine)实力强劲，却被忽略。因此，当306年西部奥古斯都君士坦修斯去世时，不列颠约克的驻军推举君士坦丁为西部"凯撒"，统治高卢、西班牙和不列颠地区，而此时，马克森修斯亦起兵控制意大利与北非地区。二人割据一方，意图称霸帝国西部。

公元311年4月，君士坦丁与东部奥古斯都共同发布了一条宽容基督徒的敕令，宣称"只要基督徒不做违法之事"，即可安居无事，而不必如戴克里先时代一样，必须向罗马神祇献祭方可免一死。而东部奥古斯都于311年5月去世之后，君士坦丁与马克森修斯分别联合各自盟友，争夺帝位。公元312年10月，处于军事劣势的君士坦丁在罗马城附近的米尔维桥(Milvian Bridge)附近会战马克森修斯。决战前日，当君士坦丁祈祷上帝的帮助时，在天空中看见一个奇怪的字符。晚上睡觉时，他也看到耶稣基督带着同一个符号向他显现，并要他以此符号而克敌制胜。这个符号就是P插在X上，即基督的希腊文的头两个字母。君士坦丁命令他的士兵在盔甲上画上此符号。次日，决战爆发，君士坦丁获胜，马克森修斯战死，整个西部归君士坦丁所有。

然而，此时罗马东部仍有另两位将军与君士坦丁鼎立。公元313年，君士坦丁与其中一位名为李锡尼(Licinius)的将军在米兰会盟，颁布《米兰敕令》(Milan Edict)，同意给予基督教以完全的自由。《米兰敕令》是基督教与罗马帝国政教关系史上的一个重要文件，它这样规定：

> 因此，我们认为，无论是谁，都可以按其良心所愿，谨守基督教信仰，如果他认为基督教对他自己来说是最好的。这样，我们所信的至高之神，会在一切事情上展现他通常的慈惠。因此，你们要知道，我们乐意你们废去原先给你们的关于基督徒的官方规定，任何一个想谨守基督教信仰的人，都可以自由地、公开地、不受干扰地去行事。我们认为，向你们充分地表达这些事情，以便你们知道，我们已经给予那些基督徒以自由的、不受限制的宗教崇拜的权利。

可以看到，它既不同于311年的敕令仅仅宽容基督教的信仰，又不同于后来的国家宗教政策，而是宣布信仰自由，基督教与罗马帝国的其他宗教具有完全同等的法律地位。也许此时的君士坦丁还未完全掌控罗马帝国，尚无法面对独尊基督教而抑罗马传统宗教将带来的政治风险。直到324年，君士坦丁击败所有对手，成为独一无二之元首之后，基督教才在罗马全境享有完全的自由，不再遭受任何的迫害。此后，基督教成为与政治关系密切的罗马主流宗教。而以法令的形式，最终确定基督教作为国家宗教，非基督教的一切崇拜皆为非法，则要到公元392年由最后一位辖东西两境的君王——西奥德修斯(Theodosius)时才颁定。

君士坦丁为何要使基督教合法化？人们的解释莫衷一是。不可否认

（右页图）图25 君士坦丁兴起与基督教合法化

君士坦丁从不列颠边境地区起兵，自西向东进军罗马和小亚细亚东部。为争取更多的支持者，尤其是军队中的基督徒，君士坦丁于313年颁布《米兰敕令》。基督教摆脱了非法地位，成为合法宗教。并依赖它系统的组织体系、成熟的神学思想、较庞大的信仰群体，最终成为唯一的国家宗教。

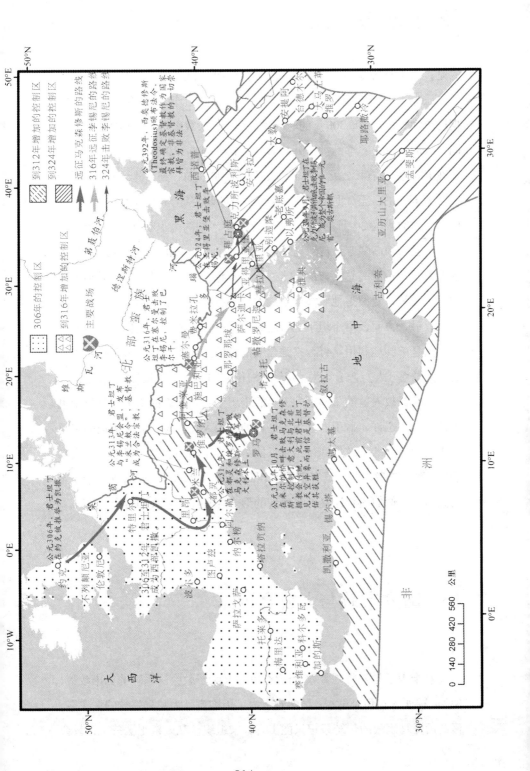

的是，由于基督徒的人数不断增加，基督教已经成为一支重要的政治力量，通过将其合法化而稳定罗马帝国，应该是君士坦丁重要的政治考量。据历史学家的考察，300年的时间里，基督徒人数经历了迅猛的增长。其间大致的数字是：耶稣被钉死之时，大概有信徒120名；公元40年，人数在1000人左右；公元100年，人数为7500左右；到2世纪中期，约为4、5万人左右；至2世纪末期，在罗马城的基督徒为7000人，而帝国境内的总人数则为20万左右；到公元250年，则约为100万人；而到300年时，已有600多万，占罗马总人口的10%；到350年，则上升至3000多万人，超过罗马总人口的一半。因此，将君士坦丁的皈信及随后采取的各项政策，看做是他对如此浩大的基督教崛起大潮的顺应，就容易理解了。另一方面，君士坦丁上台之后，对基督教的各项支持，又表明他并非只是单纯地利用基督教来强化政治统治。他对基督教似乎有着相当的个人情感，人们普遍认为，其母亲海伦娜的影响不可低估。而公元4世纪中期基督教人数的急剧上升，与君士坦丁对基督教的诸多优惠政策也不无关系。也许，对于君士坦丁这样的政治人物来说，去分析他的宗教意识或建构他的宗教信仰，结果只能是徒劳无功。但是，对于基督教来说，成为合法宗教乃至国家宗教(official religion)却是一个重大事件，无论其内在信仰的内容还是外在表现的形式都将经历巨大的转变。

16．国家宗教与大公会议

君士坦丁先是将基督教合法化，其后又给予教会一系列的优惠政策，例如：神职人员免征赋税；虽然君士坦丁仍称自己为罗马宗教的大主祭，但此后罗马宗教的传统祭祀只能由官方来组织，私人祭祀被禁止；教会可以接受遗赠，教会财产开始大幅增长；礼拜天禁止工作；在君士坦丁本人和皇室成员的支持下，一些宏伟的教堂相继建成。但显然，君士坦丁对教会的政治优惠是期望着宗教回报的，帝国的政治之手也一次又一次地伸到教会的内部事务之中。

如前所述，虽然早期教父很早就形成了"公教会"(Catholic Church)的观念，并且认为大公会议的决策是最高决定。但是，当帝国政府对基督教采取敌视或压制政策时，实际上不可能召开由全体主教参加的大公会议。对于异端的裁定，人们或者依据某些著名教父的批判，或者由地区性的主教会议来决定。基督教成为合法宗教并且得到君士坦丁的支持后，大公会议的召开成为可能。此后，大公会议的决议便成为裁决正统与异端的标准文献。通过这种方式，基督教开始建立自己清晰、明确的正统。然而，其另一直接后果则是"异端"被不断地从教会中剔除出去，基督教实际上又处于不断的分裂之中。

帝国第一次介入教会之争，是关于多纳图派(Donatism)的裁定。事情起因于戴克里先在北非发动的大迫害。在大迫害中，有一位主教曾交出《圣经》，是所谓的"叛教者"(traitor)。他还在311年参与按立迦太基主教的仪式。因此，主张"主的教会应该圣洁地、无所瑕疵地按照《圣经》来宣讲"的人们认为这样的主教的按立无效，并选出另一位主教。这一主教职位后来被多纳图(Donatus)所继承。其路线对那些曾经叛教的人采取严厉态度，认为这是信仰的死罪，无论如何也不能再接纳到教会之中。而罗马主教则主张对他们宽容以待。他们之间的纷争史称"多纳图之争"。君士坦丁认为他们的纷争对帝国的统一不利，于是高调介入。也许在他看来，正如打仗时需要把将军们召集，建城时需要把工匠们召集一样，宗教问题的解决也可以通过大公会议的方式加以解决。他如此说道：

> 我将去让他们明白，应该以什么样的崇拜献给上帝……作为一个君王，还有什么比澄清错误，抑制错误的见解，从而使

人们能够以真正的宗教、诚实的心灵和恰当的崇拜敬献至高上帝,更为崇高的职责呢?……凡我所愿,即为教会法规。你们或者听从,或者就被流放。

公元314年,由国家出资,他召集西部各教会在高卢南部开会决议。但隐含在多纳图之争背后的,是积怨深重的布匿人(Punic)与罗马人之间的矛盾。虽然314年的会议决定:不称职的神职人员主持的按立,仍然有效,洗礼即使是由异端所施,同样有效,然而,多纳图派却拒不服从,并自立教派,宣称自己是唯一真正的教会,他们的圣礼是唯一有效的。多纳图派在北非获得广泛的支持,直到伊斯兰教征服北非才绝迹。

多纳图之争的内容是关于教会管理体制,波及区域局限在北非地区,然而一场涉及最根本的神学信念、涉及区域更为辽阔的争端,也在此时爆发。基督教的核心问题是耶稣基督与上帝的关系,《新约》对此问题缺乏明确而系统的答案。公元3世纪初最杰出的神学家奥利金(Origen,185-232)对此留下一个模棱的回答。他说:"圣子是不可见的圣父的形象,与圣父相比,他不是真理;但由于我们不能禀受全能上帝之真理,因此在与我们发生关系时,他就是真理的影子和形象。"(*On Frist Principles*,Ⅰ.Ⅱ.6)一方面,圣父与圣子具有同一实体;另一方面,由于只有圣父是无始无终的,而圣子是"由父而生,他的一切都是由父而来",因此在权能与神性上又次于圣父。阿里乌(Arius, 250-336)受安提阿学派的字义经学和唯一神论的影响,主张基督是受造之物,不具有上帝的实质,是低

(右页图) 图26 罗马帝国晚期的教会政制

基督教合法化后,教会制度越来越接近罗马政制。主教制进一步完善,大主教、都主教、主教的层级结构日益清晰。与此同时,帝国与教会之间也逐渐结盟。在帝国的许可与支持下,教会以大公会议的形式解决重要问题,会议决议如同教会的根本大法,形成了类似于共和制的权力制度。从图中可以看出,无论对帝国还是对教会来说,东部比西部都要繁荣,君士坦丁迁都拜占庭深化了东西部之间的差异。东西部的差异逐渐集中地体现为君士坦丁堡与罗马两城之间争论谁为"教会之首"。

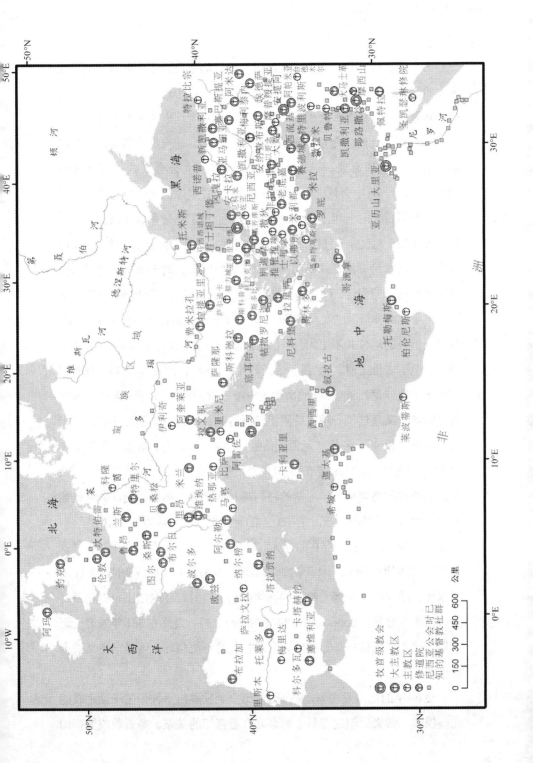

一等的上帝。这一观点刺激了亚历山大里亚的主教，在他看来，圣子是永在的，不是受造的，在本质上和圣父一样。由于这一分歧涉及根本的神学问题，遂在整个教会引发骚乱，而这是君士坦丁所不愿看到的。

君士坦丁此时已是整个帝国的皇帝，因此，他有能力召集帝国全境的所有主教参加会议，这就是被称为第一次大公会议的尼西亚公会(Nicene Council)。会议之所以选在尼西亚，关键原因之一就在于它离君士坦丁的新首都君士坦士堡很近，便于君士坦丁皇帝参与会议。与会主教三百多位，大致分三派：一派为阿里乌派，一派为亚历山大里亚派，两者均为少数，另一派是并不明神学就里的中间派。君士坦丁接受了由中间派多数起草的信经，对于基督与圣父的关系，反对阿里乌派的主张，确定为"受生而非造"、"与父同质"，史称《尼西亚信经》(Nicene Creed)。但这一信经的地位并不牢固，君士坦丁的态度也受身边不同谋士的影响，到君士坦丁去世之时，《尼西亚信经》甚至已经名存实亡。其后，君士坦丁诸子争位，《尼西亚信经》的命运也一波三折。359年，在色雷斯(Thrace)的尼斯城，又通过了一项支持阿里乌派的决议，称"如圣经所示，圣子只是与圣父相似"。但是，《尼西亚信经》的神学得到当时最杰出的神学家亚大那修(Athanathius, 296—373)和卡帕多西安三杰，即凯撒利亚的巴西勒、纳西盎的格列高利、尼斯的格列高利的支持、阐释和论证，系统地发展而为"一个本体，三个存在(位格)"思想，并且认为"上帝的三位，是指同一的本质的三种存在的样式"，"一个有位格的上帝存在于三种样式之中"。他们用"三位一体"的思想系统、深刻地对《尼西亚信经》作出了阐释，建立起一个博大精深的神学体系。同时，在政治上也得到罗马皇帝西奥多修斯(Theodosius, 346—395)的支持。最终在381年的君士坦丁堡会议上"三位一体"被确认为基督教的正统信仰，阿里乌主义被彻底击败。

近60年的尼西亚之争，在基督教历史上发展出一种帝国干预宗教的完整模式，教义的制定与君主的喜好有着密切的关系，基督教成为帝国政治中的一个重要因素。君士坦丁在东部正教的传统中,一直被称为"第13位使徒",并称为"圣君士坦丁"。在此意义上,基督教可称得上是罗马帝国的国家宗教,"政统"在很大程度上决定着基督教的发展道路和方式。但另一方面,基督教教义似乎也有自己的发展逻辑,这体现在某些基督教思想家能够坚持自己的思想,始终不惧帝国政治的压力,代表了基督教的真正"道统"。亚大那修可谓其杰出代表,他曾质问罗马皇帝道:

> 什么时候教会的裁决,要从皇帝那里得到支持?……教会早先开过那么多的会议,通过那么多的决议,但教会的领袖从来没有去征得皇帝的同意,尽管他自己想多管点教会的事。

亚大那修敢于挑战君士坦丁王朝在教会事务上的权威,这既是对早期基督教不屈服于罗马政府的精神的继承,也预示了中世纪政教之间二元紧张的基本格局。

《尼西亚信经》确定了圣父圣子"同一实体"的教义,阿里乌派受到谴责。然而,阿里乌派并未就此销声匿迹。实际上,早在阿里乌论争爆发之前,阿里乌派就已经前往罗马北部的所谓"蛮族地区"传教。第一位成功劝化蛮族的传教士名为乌尔菲拉(Ulfilas, 311–383),他是阿里乌派的两位核心人物——阿里乌和尼科米底亚的优西比乌(Eusebius of Nicomedia, 342年卒)在安提阿学院的同学。人们推测,阿里乌派之所以在北部蛮族中取得成功,也许因为在蛮族的信仰世界中,一直就有将人圣化为神的传统。而阿里乌派对耶稣的受造性、人性、在神性上低于至高上帝的教义,对他们来说,比尼西亚派的"受生而非被造"、"具有完全的神性"等教义,更具亲和性。另一个可能的原因是,由于罗马人与北部蛮族之间的民族边界,促使他们寻找一种与罗马人不同的信仰。当罗马人以《尼西亚信经》作为他们所谓"大公教会"之基本信仰之时,北部蛮族恰恰需要某种不同于《尼西亚信经》的阿里乌"异端"。因此,当阿里乌派被罗马人定为异端之时，它却在哥特人（Goths）、勃艮第人（Burgundians）、伦巴德人（Lombards）、汪达尔人（Vandals）中得到相当广泛的支持。在西罗马帝国的晚期，他们攻陷罗马，并统治帝国西部、北非的大多数地区。直到公元6世纪，法兰克人兴起并接受正统的公教信仰，阿里乌派才在法兰克人的征服之下日渐式微。

17. 基督教的群体生活：崇拜与仪礼

　　基督教的思想发展和组织体系的建设，都是在一个基本的教会生活处境中形成的。而教会生活的核心，又是围绕着崇拜而形成的一整套的仪文与仪礼。就其本质而言，基督教是一个崇拜的群体（worshiping community）。脱离教会的崇拜生活处境，对基督教的思想与制度的理解都会有所偏差。

　　从犹太教创立开始，犹太人就把自己的群体性界定为"祭司的国度，圣洁的国民"，是一个对上帝的救恩做出回应的崇拜群体。早期基督教继承了这一根本性的理解，在崇拜仪式上吸收了犹太教的做法。早期教会设立礼拜日，乃借鉴犹太人的安息日。为入教者设立洗礼，可能也来自于公元前后犹太教的某些教派，如在死海的库兰社群中就发现了用于洗礼的水池。圣餐是纪念耶稣的受难，其思想、操作与犹太人的逾越节密切相关。犹太人还以一些唱诗或歌咏来配合这些崇拜仪式，例如，《诗篇》150篇就表示"要用角声赞美他，鼓瑟、弹琴赞美他；击鼓、跳舞赞美他，用丝弦的乐器和箫的声音赞美他"，早期教会的崇拜活动也继承了这一传统。甚至《新约》的某些经文，因为它们富于韵律，可以和乐吟唱，很可能就来自于早期教会的歌咏赞美。例如，《路加福音》1章46–55节的

"圣母尊主颂"、68-79节的"救恩降临颂"等节律都很整齐。在保罗书信中如《以弗所书》5章14节、《帖撒罗尼迦前书》5章16-22节、《彼得前书》1章3-5节,也都有歌咏的痕迹,而《腓立比书》2章6-11节则显然来自于群体崇拜的场景:

> 他本有神的形象,不以自己与神同等为强夺的,
> 所倒虚己,取了奴仆的形象,成为人的样式;
> 既有人的样子,就自己卑微,
> 存心顺服,以至于死,且死在十字架上。
> 所以神将他升为至高,又赐给他那超乎万名之上的名,
> 叫一切在天上的、地上的和地底下的,因耶稣的名无不屈膝,
> 无不口称耶稣基督为主,使荣耀归与父神。

一些史料也表明,最早期的基督教崇拜仪式是在星期日鸡鸣和日出前的彻夜祈祷,继以白天集会,全天被称为"主日"(Day of the Lord)。夜间的祈祷包括读经、祷告、吟诵诗篇;白天的集会除了读经外,也包括布道、奉献和圣餐。整个活动的高潮则是圣餐活动。例如,公元113年,小亚细亚总督普林尼(Pliny)上奏说:这些基督徒"在日落前的一个固定的白天集会,唱歌赞美基督犹如赞美神灵"。而150年前后,教父查斯丁在《第一护教篇》中写道:"星期日,有一个地方供城里人和乡下人集会。使徒们的回忆录和先知著作被长久地诵读。读完后,主持者劝诫大家效法那高贵的德行。然后,一起站立,开始祷告。……之后,就取来饼、酒和水,主持者祈祷感谢上帝,大家高颂'阿们'应和。这祝圣之物便分发给每个人,在享用它之前,大家都向神致谢。"可见,虽然此时基督教仍然属于非法,崇拜是在信徒的家中举行,仪式十分简单和纯朴,但是,它已经具备了教会崇拜的基本结构:圣餐前的读经、教会领导人的讲道、

在祈祷后分享圣餐。它的主要活动是赞美和讲道,中心则是信徒在一起领圣餐。它还表现出与传统罗马宗教的崇拜仪式的根本不同,即它侧重于信徒的群体集会,而不是杀生献祭。

从2世纪中叶开始,由于信徒数量的增长,教会实力增强,组织也不断完善,教职人员逐渐专业化,这推动了早期教会的崇拜仪式向着专业化、制度化的方向发展。例如,罗马的希波律图(Hippolytus)于210年撰写的《使徒统绪》(Apostolic Tradition)表明,到3世纪初,教会崇拜的许多细节已经定形,礼拜主持者与信众间的对答已经程式化。希波律图和亚历山大里亚的克雷芒(Clement of Alexandria,卒于215年)都提到"诵经者"(lector)这一专职的角色和唱念经文的程式(formulas)的存在。更重要的是,他们还提到了"诵经学校"(schola lectorum)这一名称,这可被认为是老底嘉公会议(Council of Laodicea,360—381年间)后开始出现的"圣乐学校"(schola cantorum)的前驱。由此可见,至少在3世纪初,仪式的发展已经专业化到要由专业的培养机构来提供人才了。

尤其在313年《米兰敕令》颁布后,教会崇拜合法化,罗马帝国的贵族们也开始捐助教会的发展,崇拜场所从家庭转移到大型的巴西利卡(basilicas)会堂中,崇拜活动有了稳固而庄严的场所,原先简单的仪式也变得富丽堂皇。基督教的节期成为罗马帝国的节日,321年,星期天(Dies Solis)被定为圣日,用来纪念耶稣的复活。这标志着教会历法制定的开始,复活节、五旬节、显圣节等宗教节日及更多的圣日逐渐确立。在基督教被定为国家宗教后,基督教的崇拜仪式成为所有罗马人都要参加的活动。如一份4世纪晚期的文献所示:"在第七日,这是主日,所有人都在鸡鸣前集中到巴西利卡,就像在复活节时一样……赞美诗被唱起,还有交替歌,每篇祈祷文都伴随着赞美诗和交替歌。神父和执事总是在这里为晨祷做准备。"基督纪元开始取代罗马纪元,教会仪式也有了可供依循的日历。

总之,基督教的崇拜与仪礼的变化是早期基督教发展的一个缩影,它从简单随意到固定规范、从业余自发到专职专业、从自由散漫到最后皆以罗马教会的程序与形式为准,这既是早期教会在罗马社会中逐渐成熟的外在标志之一,又是推动早期教会的制度化、组织化和专门化的内在动力。毕竟,崇拜生活反映了教会的本质所在,基督教在思想、组织和制度各方面的成熟和发展,都在崇拜生活中反映出来。

18.《新约》的写作与成典

基督教成熟的另一个标志是《新约》的成典(canonization),今天人们使用的由27部书按顺序排列的《新约》,是直到公元4世纪在亚大那修的著作中才第一次清楚地提到。因此,应该在《新约》的写作与成典之间作出区分。新约作者在写作时,并不把自己的著作理解为正典,而是针对当时教会的现实情况而作。这些文献成为正典,则既非一个人亦非某一群体的作为,而是一个持续了将近三百年的过程的结果。正典的成立使得基督教有了一个更为清晰的身份边界。

按今天的正典顺序,《新约》可以分为福音书、保罗书信(其中《提摩太书》和《提多书》又可单独称为"教牧书信")、大公书信(由各使徒所写,又可称为普通书信)、启示录。但是,这并非它们的写作时间顺序。一般认为,最早写成的文献是《加拉太书》,完成于公元48年。保罗书信在时间上可能是最早写成的,即在他从公元40年左右开始传道至64年殉道之间完成。当然,作为正典的(canonical)保罗书信是否都由保罗所写,无论是基督教早期还是今天,人们都有争议。保罗书信的大部分内容都是针对某地教会的具体情形而写,他以通信的方式来施展他的使徒权柄,因此,他的书信从一开始就被早期教会视为普遍适用的权威文献。他写给歌罗西教会(Colossians)的信，也被要求在老底嘉教会(Laodiceans)念诵(《歌罗西书》4章16节)。

福音书虽然未必为使徒所写，但早期教会流传的关于耶稣基督的言行，被视为出于使徒的见证。因此，它们在一开始也有极大的权威。它们最初可能只是以口传的方式流行，第一代使徒相继去世之后，人们认识到将使徒见证书写下来的必要性，几部福音书陆续问世。人们普遍认为，《马可福音》成书最早，因为《马太福音》与《路加福音》显然都以它为底本。此外，人们还认为可能存在一个逸失的Q底本，它是《马太》与《路加》多出《马可》的那一部分的共同来源。除了依据《马可》与Q之外，《马太》与《路加》又根据各自早期教会群体的传统加上新内容，并最终成型。因此，《马可》约成于公元60年前后，《马太》与《路加》约70年前后。由于这三部福音书十分相似，被称为"对观福音"(Synoptic)。而《约翰福音》则出自另一传统，可能成书最晚，当在公元1世纪末期。其他一些以使徒为作者的新约文献，如《希伯来书》、《启示录》、《彼得后书》、《约翰二书》、《约翰三书》、《犹大书》等一直有争议，人们很难断定它们就是使徒的作品。

《新约》文献的写作时间前后持续了约一百年，而它的成典时间则持续了近三百年。而且，由于成典的过程与早期教会复杂的异端与正统的纷争结合在一起，所以整个正典《新约》的成型尤为复杂纷乱。很早以来，保罗书信就享有很高的地位，例如在《彼得后书》3章15–16节，就说："就如我们所亲爱的兄弟保罗，照着所赐给他的智慧写了信给你们。他一切的信上也都是讲论这事。信中有些难明白的，那无学问、不坚固的人强解，如强解别的经书一样，就自取沉沦。"可见，在《彼得后书》的写作时间即公元2世纪初期，保罗书信就有了"经书"的地位。在公元95年罗马的克雷芒(Clement of Rome)的信中，就以尊敬的口气谈到保罗的《帖撒罗尼迦书》、《罗马书》、《加拉太书》、《以弗所书》、《腓立比书》等。而早期教父查斯丁在他的《第一申辩篇》说："使徒们的回忆录，被称为福音书。"这时，他已经用复数来表示福音书。他的弟子塔堤安(Tatian)还编修了一部"四福音合参"(Diatessaron)，来调和四部福音书。可见，到公元2世纪中期保罗的大部分书信以及四部福音书已经广为流传，并有很高的地位了。

在两件事的推动下，早期教会确定地把某些使徒文献定为正典即《新约》。一是公元1世纪末期，犹太人可能意识到新生的基督教群体对于犹太教的冲击，于公元90年前后确定了犹太教的经典即《希伯来圣经》(亦称《塔那赫》Tanahk，基督教称之为《旧约》)；二是基督教内部异端即马西昂主义(Marcion)的冲击。马氏激进地要求与犹太教脱离开来，认为所有那些强烈犹太色彩的使徒文献都不具有权威地位，因此基督教的"经书"只应包括保罗的十封书信以及《路加福音》。公元144年，马西昂被开除出教。但他"制经"的努力却推动了教会制定"大公教会"(Catholic church)所普遍认可的《圣经》。为保持与马西昂的距离，大公教会要求：《圣经》书卷包含的内容要更广泛(more comprehensive)、不那么特立独行(less idiosyncratic)。因此，四部福音书都被包括进去了。为了表明在对保罗书信之权威的看法与马西昂不同，如《提摩太书》和《提多书》这样的教牧书信也被包括进去了。同时，由于当时教会盛行诺斯替主义，强调"灵知"的救赎，出现了大规模假托使徒之名的福音书或书信等，因此大公教会必须以确定的、写成的"经书"(scripture)来反对神秘的"灵知"。于是，确定正典的两个原则被提了出来：一是必须是由使徒本人或由使徒身边的人所写；二是其内容必须不与"使徒教导"(apostolic teaching)相冲突。

如果说是由于马西昂异端推动教会去"制经"的话，那么从170年开始兴起的孟他努异端(Montanism)则迫使教会把"经"变成一个"封闭的经"(closed scripture)。因为孟他努主张耶稣时代之后的人们生活在"圣灵时代"，如果信徒被圣灵充满，其话语就带有权威，所以，大公教会必须拒绝孟他努派的"灵言"，而将"圣言"的权威限定在某些书卷，否则必将引起混乱。因此,在2世纪下半叶的教父文献中,《新约》的地位突显出来。在以爱任纽(Irenaeus)为代表的教父那里出现一个特别的现象:以往教父著作以引述《旧约》为主,但此后,开始大量地引用《新约》上面的经文,这表明《新约》的地位已经开始超越《旧约》。

技术革新还影响到《新约》成典的另一个重要方面即经卷的顺序问题。过去,人们以整张的羊皮卷为书写工具,不必考虑顺序问题。而由于人们开始用一张一张的抄本(codex)来书写圣经,因此必须给经卷排出顺序。18世纪在米兰发现的一份古卷残片上,列出约公元170年人们对《新约》的排序,史称"穆拉托利清单"(Muratorian list),即:四福音书、使徒行传、保罗的十三封书信、雅各书、约翰的两封书信、犹大书、约翰的启示录、彼得启示录和所罗门智训。综合古代教父如亚历山大里亚的克雷芒(约190年)和德尔图良(约195年)所引用的经文,可以说,到公元2世纪初期,教会内部已普遍认可了福音书、使徒行传、保罗书信、约翰启示录、彼得前书、约翰前书和犹大书等。

这样的局面大致持续到教会合法化之后,到尤西比乌(Eusebius of Caeswrca)开始写教会史时(约325年),他仍然说诸如雅各书、犹大书、彼得后书、约翰二书和三书是有争论的。可见,直到4世纪初,今天所谓"大公书信"的地位仍不确定。直到亚大那修教父(Athanasius of Alexandria)在他公元367年的一封书信中,才在教会史上第一次明确地提到27篇《新约》文献,他说:"它们是救恩的源泉,那些渴慕真理的人,在这些书带有的生命之道中可得饱足。只在这些书里面,上帝神圣的教义才被宣告。不要让人再添加什么,也不要让人从中削减什么。"(*39th Festal Letter of Athanasins*)30年之后,即公元397年,在奥古斯丁亦参与其中的第三次迦太基大公会议(the Third Council of Carthage)上,各地主教们一起认可了基督教《圣经》的目次,即《旧约》包括:创世记、出埃及记、利未记、民数记、申命记、约书亚记、士师记、路得记、列王纪、历代志、约伯记、诗篇、所罗门五书、十二小先知书、以赛亚书、耶利米书、以西结书、多比传、犹滴传、以斯帖记、艾斯德拉两书、马加比两书，以及《新约》27部：四福音书、使徒行传、保罗书信十三卷、希伯来书、彼得书两卷、约翰书三卷、雅各书、犹大书、约翰启示录。

可见，《圣经》的成典是一个持续时间非常长的过程，很难说某一个教会英雄或权威机构制定了《圣经》。相对而言，它是一个自然的产物。如果考虑到基督教的《圣经》所接纳的《旧约》本身是一个更加漫长的过程的产物，那么，基督教在公元4世纪确定下他们的正典，实际上是对自己所处的信仰统绪、文化源流的一个确认，而不是制定或构建。但是，封闭的正典却标志着基督教确定了自己的边界，标志着基督教已经成熟。

第三编
中古前期基督教

"中世纪"的概念来自于文艺复兴时期人们的发明。当时人们将自己理解为一个"新时期",同时又是对古典希腊罗马时期的复兴,因此,处于两个时期之间的4世纪到15世纪便被称为"中间的世纪"(The Middle Age)。

中世纪历史对于基督教与欧洲文化来说,具有双重意义。对基督教来说,它在地理上从地中海地区延伸到整个欧罗巴,在文化上则通过一波又一波的传教运动,深入到社会和精神的每一个层面,使欧洲完成了基督教化。对欧洲来说,正是在中世纪,基督教成为欧洲各民族的共同的文化身份,形成了"统一的欧洲"的观念和机制。大致来说,以再次引发欧洲进入黑暗时期的10世纪北欧蛮族入侵为中点,中世纪又可分成前后二期。公元4世纪到10世纪,为前期;11世纪到15世纪,为后期。

19. "欧洲"的雏形：从地中海到欧罗巴

地理对于古代文化圈的形成有着关键作用，西方古代文明就是以多瑙河、莱茵河作为北部边界，以伊比利亚半岛作为西部边界，以高加索山脉作为东部边界，以撒哈拉沙漠作为南部边界。因此，以地中海为内海的亚非欧交界处，是西方古代文化圈的核心区域。但这个古代文化圈，随着公元4世纪北部蛮族越过多瑙河、莱茵河入侵罗马帝国，被彻底打破。蛮族的入侵，颠覆了传统的"文明"与"非文明"的界线，使得文化区域进一步扩展开来，西欧和北欧加入到"希腊—拉丁—基督教"的文化圈内。文化区域从地中海转到欧罗巴，**欧洲**文明的雏形才真正形成。

为了防止蛮族大规模入侵，罗马曾在边境地区设立集团式的边防军。但实际上，罗马人与蛮族之间有频繁的贸易和人员往来，蛮族甚至是罗马军队的重要兵源。罗马人与蛮族之间的平衡被打破，很可能是由于在遥远的亚洲大汉帝国与匈奴之间的战事。公元1世纪，北匈奴在东汉的挤压之下，被迫西迁，于公元4世纪左右进入欧亚平原。匈奴人的到来迫使生活在德涅斯特河地区的东西哥特人大规模进入罗马帝国东部。376年，向罗马政府交纳了一大笔赋税之后，他们得到罗马皇帝瓦伦斯(Valentius)的允许，在色雷斯一带居住。哥特人越来越多地涌入，罗马军队试图阻击，但于公元378年在亚德里亚堡(Adrianople)战役中遭到惨败。哥特人长期定居帝国东部，并要求罗马帝国分配土地、提供钱粮。由于要求得不到满足，他们进一步西进，进攻希腊和意大利。公元401年，哥特人直逼罗马，西罗马皇帝不得不逃往军事重镇拉文那(Ravenna)，以之为陪都。公元410年，西哥特人在阿拉里克(Alaric)的带领下，攻陷罗马城，整个帝国一片哀声。圣哲罗姆(St. Jerome)感叹说："一个只知攻陷别人城池的伟城，自己也被别人攻陷了。"对这一事件进行神学解释，是圣奥古斯丁(St. Augustine)构思《上帝之城》的基本起点。而在进攻意大利的东

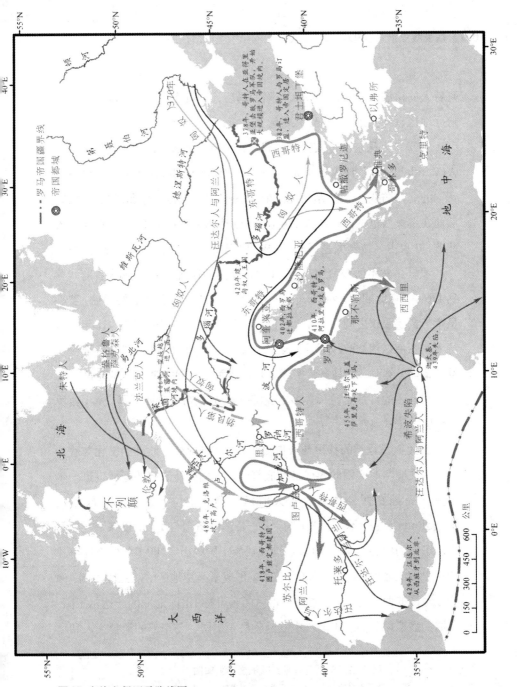

图27 蛮族入侵罗马路线图

对整个基督教史而言,蛮族入侵罗马的意义十分重大,类似于中国历史上的"五胡乱华"。表面看来,蛮族入侵是对罗马帝国和基督教的打击,但实际上,它促进了罗马人与日耳曼人之间的交流,也为基督教向日耳曼各蛮族的深层次传播提供了机会。它将基督教的文化场景从地中海转移到"欧洲",是中古时期基督教与欧洲之间全面而深入地融合的开始。同时,它也进一步地证明:宗教文化传播与政治军事入侵往往是逆向而行的。

哥特人的挤压之下，西哥特人攻陷罗马后，继续西进，经过高卢进入西班牙地区，在图卢兹(Toulouse)建立政权。

在哥特人从东部进入帝国的同时，406年，北部的日耳曼人如汪达尔人(Vandals)、苏尔比人(Suebi)、勃艮第人(Burgundians)也开始突破罗马帝国的北部防线，越过结冰的莱茵河，进入高卢、西班牙和意大利北部。然而在继续西进的西哥特人的挤压下，汪达尔人不得不于429年渡海进入北非，并攻占名城迦太基，建立政权。他们还不时渡海北上，侵扰意大利。

罗马虽然不断被蛮族攻陷，但西罗马帝国仍然以拉文那为首府残存到476年。在此期间，西罗马皇帝仍然是各蛮族王国名义上的领袖。罗马皇帝与蛮族政权之间，维持着一种同盟制的关系。例如，公元418年西哥特人在图卢兹建立政权后，乃娶罗马皇帝之女为妻，宣称哥特人要保护罗马帝国。然而，罗马皇帝实际上是蛮族军队首领的傀儡。直到476年，意大利地区的日耳曼酋长奥多亚克(Odoacer)宣布废黜西罗马皇帝，西罗马帝国才正式终结。

公元4、5世纪的移民与入侵浪潮，永久地改变了欧洲的文化与政治格局。文明与非文明的界线被彻底打破，人们所能想象的疆域也进一步扩展。帝国在西部消失了，人们以族群为单位，建立起民族王国(kingdoms)。皇帝不在，国王则无数。帝国的概念与实践，仅保留在以君士坦丁堡为中心的东罗马地区。这些民族王国经历了100多年的彼此争斗和历史淘汰之后，到公元520年左右，形成了高卢地区的法兰克王国、西班牙地区的西哥特王国、意大利地区的东哥特王国、北非的汪达尔王国、北欧的盎格鲁萨克森王国、中欧的勃艮第王国，与东部的斯拉夫人和拜

(右页图) 图28 公元6世纪欧洲蛮族列国图
　　蛮族入侵后，众多的日耳曼蛮族王国取代罗马帝国，成为欧洲历史的主角。蛮族元素如部落传统下的民主制、贵族分封制、日耳曼习惯法等，成为中古欧洲文明的基本内容。但另一方面，罗马所代表的普世、统一亦是人们挥之不去的梦想。中古时期的查理曼帝国、神圣罗马帝国是它在政治上的表现，而罗马公教则是这一梦想在宗教上的延续。

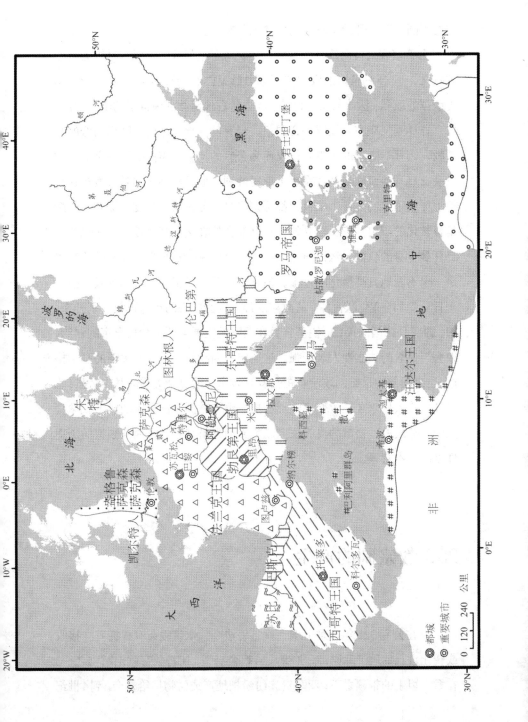

占庭王国一起，开始了真正的"欧洲"历史。

　　由于蛮族入侵而改变的西欧历史，对于基督教的发展有着极其重要的意义。一、罗马帝国的政治与军事力量灭亡了，而以公教(Catholicism)为载体的政制、法律与文化传统，成为从古代延续到中世纪的唯一遗产。二、日耳曼蛮族在入侵罗马帝国前，已有部分部族皈信了阿里乌派的基督教，因此，蛮族的军事入侵反而为公教的反向传布提供了一个恰当的机会。日耳曼蛮族虽然在军事上取得胜利，但是罗马人的基督教却在精神上征服了他们。整个中世纪都可谓是日耳曼民族在广度与深度上不断基督教化的历史。三、独立的各日耳曼蛮族在接受基督教时，又保留了日耳曼自身的政治、法律与经济模式，可以说，基督教在西欧的传布也是一个不断地日耳曼化的过程。最终，西欧形成了一个"基督教—拉丁—日耳曼"的文化联合体，从而与以拜占庭为中心的东部正教区别开来。四、西罗马帝国的灭亡，使基督教在西欧的发展摆脱了强权皇帝的制约，教会与主教的独立性大大增强。这奠定了西欧的政教二元关系的基本格局，也是理解中世纪的政治君主与罗马教宗之间复杂关系的基本背景。总之，蛮族入侵永久地改变了欧洲历史，近代欧洲民族国家的雏形就孕育其中。分裂的、松散的民族王国成为人们理解基督教在西欧独特的历史性格的基本背景。

20. 教宗制的产生

　　早在公元321年，君士坦丁就签署法令，承认教会有权拥有、接收或转让自己的地产和财产，并带头给教会捐赠，拉特兰宫就是赠物之一。在君士坦丁的带领之下，罗马贵族纷纷把地产或财物捐给教会。到4世纪晚期，罗马皇帝主持的尼西亚会议就授予教会免税以及拥有自己的法律和法庭的特权，教会具有特殊的地位，被称为"国中之国"。罗马主教逐渐取得在普世教会中的优先地位。

伴随着蛮族的入侵，控制意大利本土的政权更替频仍，罗马主教斡旋其中，罗马教会不仅成为一个宗教中心，而且成为一个有着自己疆界的政治实体。最早占领意大利本土的是东哥特人，以拉文那(Ravenna)作为首府，实际上把罗马留给了当时的罗马主教。此后，东哥特王国一直成为远在君士坦丁堡的查士丁尼(Justinian)王朝打击的对象。到公元6世纪中叶，意大利被东罗马帝国收复，由东罗马派遣节度使(exarch)治理。但其政治中心仍然在意大利北部的拉文那。因此，东罗马帝国仍未能对罗马进行有效的控制。这一情形对罗马主教政治权力的增长十分有利。

西罗马帝国崩溃时，罗马主教的地产已经遍布意大利，是当时最大的地主和财产所有者。西罗马帝国灭亡后，以罗马主教为首的教会接续了原来政府的许多功能。其财产收入不仅用来维持教会的运作，建立一个以神职人员为主体的管理机构，而且用来供应人民的需要。尤其是在公共服务方面。它为罗马供应食物，修建了众多的穷人院、医院以及遍布帝国境内的休养所(hospices)，也直接或间接地帮助穷人，将被掳为奴隶的罗马人赎买出来等等。因此，罗马主教实际上成为各方都必须重视的政治人物。罗马主教也多次代表罗马人与蛮族领袖进行交涉，如大利奥(Leo the Great)将匈奴人逼退到多瑙河，格拉修斯主教(Gelasius)与东哥特国王西奥多里克(Theodoric)之间的政治交涉，迦修多儒(Cassiodorus)在东哥特人治下时也一直担任意大利中部地区的实际最高领袖"地区最高长官"(praefectus praetorio)，如此等等。

罗马主教的影响在大格列高利(Gregory the Great)时达到鼎盛，他可以说是奠定中世纪教宗制度(papacy)的关键人物。在其担任罗马主教(590–604年)期间，东罗马在意大利的影响日衰。又一支日耳曼部族——伦巴德人(Lombard)入侵意大利，控制了北部地区，同时又不断骚扰罗

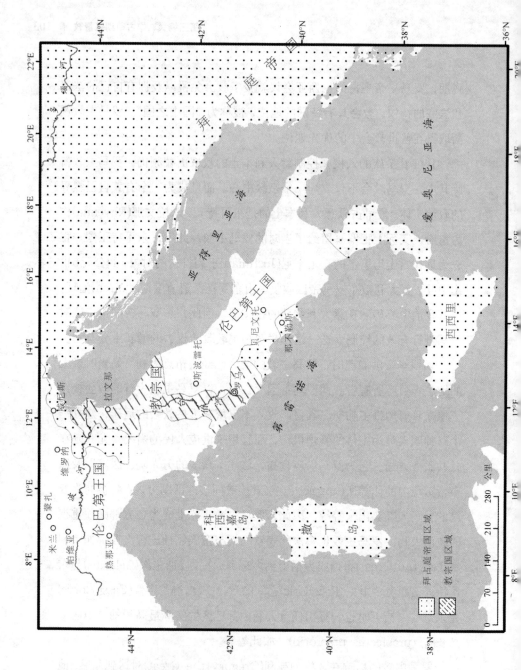

图 29 公元 8 世纪的教宗国

经历蛮族入侵之后，意大利本土四分五裂。罗马教宗获得部分领土，并拥有其世俗统治权。但伦巴第王国对教宗国形成南北夹击之势。查理曼兴起之后，消灭了北部伦巴第王国，承认教宗对其领地的世俗权力。罗马教廷亦发明"君士坦丁赠礼"等文件，成为教宗国（Papal State）的法理依据。

马。592年，伦巴德人入侵罗马，格列高利扮演着军事领袖的角色，组织罗马人抵抗。在与伦巴第人媾和后，格列高利取得罗马统治权，兼任行政长官，将政权与教权合二为一。他力图摆脱东罗马皇帝的控制，并不断扩张，使管辖范围延伸至意大利中部及西西里等地。他反对君士坦丁堡宗主教以普世大牧首自称，竭力提高罗马主教的地位。同时，他严厉整顿教会组织，严饬教规，厉行教士独身制。他还推行修道院制度，强调修士的苦修和绝对服从。这样，格列高利初步建立起一个以罗马为中心、以罗马主教兼为世俗与宗教领袖的国家——教宗国(Papal State)。

罗马主教权力上升的一个重要标志就是"教宗"(Pope)头衔的专用。"教宗"一词的原意是"父亲"，本来是对广义的神职人员的尊称。从4世纪开始，它开始成为罗马主教的专用名词，如当时的罗马主教西里修斯(Siricius，398年卒)就被人称为 Pope Siricius（教宗西里修斯）。从5世纪开始，其他主教也开始用这个词来表示罗马主教的教宗身份，如帕维亚的主教伊鲁丢斯(Ennodius of Pavia，473年卒)就以此称呼 Pope Symmachus（教宗辛玛古）。

西部公教还发展出一套论证罗马主教的教宗头衔的理论，其核心就是罗马教会乃由彼得所建立，而基督曾亲口说彼得是教会得以建立的磐石。按照公教的使徒统绪理论，即主教们的权柄来自于耶稣亲自拣选的门徒，那么，彼得在十二门徒中居首的地位，也被罗马主教继承下来，因此他就应该是整个教会的领袖。利奥一世曾说："教宗地位就是彼得自己的职位，彼得不仅是罗马教会的开创者，而且通过当前的教宗，现在也治理着整个教会。"格拉修斯一世(Gelasius I)则认为，"教宗是由上帝和彼得所引领的，因此，不仅教士要服从教宗。任何世俗统治者包括君王亦如此"。教宗制及其理论根基，在中世纪的政教相争中，为教权至上的辩护起到至关重要的作用。

21. 修道运动的兴起

修道运动(Monasticism)既是对制度化的基督教会的反动，又是对教会极其重要的补充。一波又一波的修道运动，是中世纪社会文化保存和发展的重要动力。简要来说，参加修道运动的修士(monk)是一批"以改变天下为己任"的人，他们以专注于宗教生活为外在形式，通过向外传教、专注于祈祷和学术、从事慈善事业，乃至为教会提供高级教士等方式，对中世纪社会产生了深刻影响。

修道主义产生于早期基督教的后期。受到从260年至303年的和平时期以及后来君士坦丁皈依的影响，大批人加入教会，导致教会的道德状况普遍下降。另一方面，殉道成为不可能之事，为宗教献身的理想需要以另外的方式来实现。隐修便成为个人追求宗教崇高、摆脱教会繁杂和腐化的当然选择。从其起源来说，隐修运动是由普通信徒发起的，是对基督教世俗化潮流的反动，代表了基督教对纯粹宗教生活的追求。

在其最初的意义上，隐修要求人们离群索居，追求个人与上帝的合一，多采用沉思冥想的办法。因此，最早的隐修完全是个人式的。有史可据的第一位隐修士名为安东尼(Anthony，约生于250年)，他隐退至埃及的沙漠，以严格的自我克制来过禁欲生活，展示出"为基督而舍弃一切"的隐修精神。著名神学家亚大那修为之所写的《圣安东尼传》，为修道运动的推广起到重要作用。而在帕科米乌(Pachomius，292—346年)的带领下，隐修才真正地成为一种运动，因为他引入了集体隐修的制度。多

(右页图) 图30 修道主义西传图

地中海东部是孕育基督教的文化母体，它在文化上比西部要发达先进。它们也是中古基督教深化发展的动力之源。影响整个中古欧洲的修道运动即从东部获得文化动力。小亚细亚和埃及是修道运动的起源地，远至不列颠的整个西欧都深受其影响。但修道运动亦分别与本土的社会文化相结合，形成三大派系：罗马的本笃修院制、法国图尔的主教修院制、爱尔兰的族长主教制。

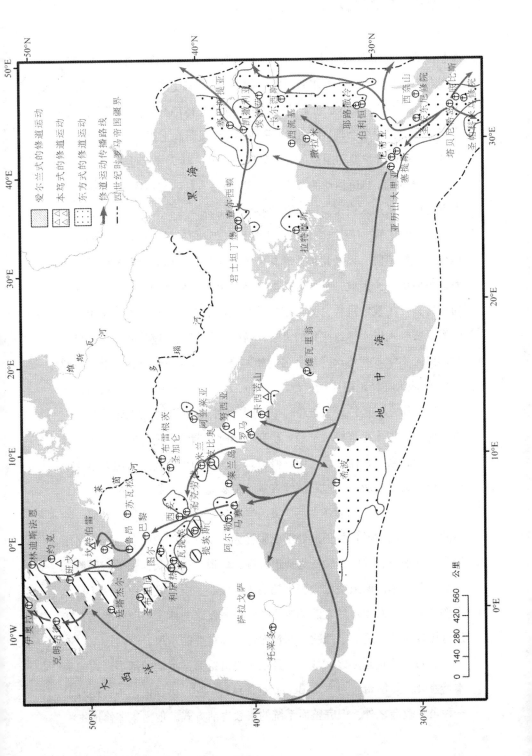

个修士在一起组合成团体，按时举行崇拜，着统一服饰，并接受修道院长的领导。帕科米乌还要求修道团体能够自养，修士须进行日常劳动。公元4世纪下半叶，在小亚细亚已经出现了规范集体隐修生活的规章，最著名的就是《巴西勒会规》(Basil's Rules)，它强调修士要劳动、祈祷和读(抄)经，并要求帮助和服待他人，如照顾孤儿、病人或其他善行。

总体而言，修道运动的源头在东部，而在它往西部传播的过程中，一些新的因素又加入进来。在法国的图尔，一位名叫马丁(Martin of Tours，397年卒)的主教，由于当时法国的乡村地区仍然流行传统的民间宗教，所以他建立修道院，以劝化那些非基督徒。而且，他以修道院作为培养主教的主要机构。因此，从此修道院又衍生出两个另外的功能：一是城市向乡村进行传教的跳板，另一则为教会培养主教。而在意大利本土，由于遭受蛮族入侵而导致文化的衰败，所以人们创建修道院的动机来自于对古典人文学术的传承。最著名的如迦修多儒(Cassiodorus，490-583年)，他认为在修道院应该进行古典的人文教育(liberal arts)，认为修士的主要工作之一是抄写《圣经》，并对古典时期(包括教父时期)的作品进行研究。他主张应该将《圣经》研究与当时所谓的世俗学问，即人文科学，结合起来。在他心目之中，修道院应该成为如古代亚历山大里亚学院一样的文化场所，通过它接续古典希腊罗马的人文教育传统。

修道运动传入到爱尔兰后，又与当时爱尔兰的社会生活结合成一种新的方式。当时爱尔兰仍然处于氏族社会，基督教的主教制与氏族制相结合的成果是：教区制转变为修道院制，修道院的院长、主教与部落领袖结合在一起。修道院成为整个社会中的核心，既是教牧中心，又是学术教育中心。而爱尔兰人的巡游习俗，也激发这些修士们前往欧洲大陆进行传教活动，这对于西欧的基督教化起到重要的作用。

集古典修道运动之大成，并开创了中世纪修道运动的基本形式的是本笃修会，其创始人为本笃(Benedict，547年卒)。可以说，本笃创造了一种虽在教会之外、但完整而系统的宗教生活方式。他为集体修道生活制定了会规，即《本笃会规》，它体现了罗马文化对社会组织的强调与基督教对于人性的深刻理解的完美结合。在他看来，修会是与世俗生活隔绝、自给自足的集体宗教修行。它应该能够提供一切生活所需的东西，因为修士们为了生存而在外面游荡会对他们的灵魂修炼不利，这样，修会有必要成为一个独立的、纯粹的"小社会"。它的总目标是："在修会中，沿着上帝的诫命前进，心灵在爱的甜蜜中扩充，信仰生活不断得以提升。"(Rule of Benedict, Prologue) 它一方面倡导在修会成员之间是兄弟般的情谊，另一方面又把修道院长视为会规的化身，对其应绝对服从。本笃修会认为修士生活的三个中心是：崇拜(praise)、劳作(work)和学习(reading)。在它看来，"无所事事是灵魂的最大敌人"，因此，它对修士的日常生活做出了非常细致的规定，使修士生活完全基督教化。大的方面，它按基督教的节期把一年分成不同阶段，分别念诵不同的《圣经》篇章，从事不同的劳作；小的方面，把每一天的生活细化到小时，每天祈祷七次。通过对日常生活的细致控制，本笃修会真正地实现了隐修运动"把自己完全献给上帝"的理想。中古时代，在各种各样的修道运动将整个西欧加以基督教化的过程中，多多少少都沿袭了本笃修会的做法。可以说，本笃修会是影响中世纪精神和社会生活的"修士基督教"的样板。

22. 王室基督教：法兰克人与基督教

法兰克人最初生活在离莱茵河边界较远的地区，受罗马文化的影响较小。当日耳曼部落普遍接受阿里乌派(Arian)基督教之时，他们的宗教仍然是某种原始的自然崇拜。公元3世纪，法兰克人开始越过莱茵河进入罗马的高卢地区。罗马军队驱逐他们未遂之后便默认其存在，并结成盟友关系。从此，他们以和平的方式定居在高卢。也许就在这一时期，法兰克人开始与罗马人有所接触，并受到基督教的一些影响。

法兰克人的崛起是由克洛维(466—511)开始的，他发动了针对罗马人与其他蛮族的战争，不断获胜而扩充版图。因其出身于墨洛温家族(Merovegian)，故史称墨洛温王朝时期。关于克洛维及其王朝的史料，主要依据于图尔主教格列高利(Gregory of Tours)的《法兰克人史》一书。然而，该书对克洛维及其归信基督教的叙述，刻意地模仿基督教史家尤西比乌(Eusebius)对君士坦丁皈信的记载，似乎并非信史。按其所述，如同君士坦丁受其母海伦娜影响而对基督教有所了解，克洛维从其妻子处知道基督教。在公元496年的一次战争中，他在将要战败之时，因呼求耶稣基督而反败为胜。故此率兵在兰斯大教堂受洗，接受正统基督教。这是日耳曼蛮族中最早归信正统基督教的民族，代表了西欧文明以"日耳曼—拉丁—基督教"作为文明基质的开端。尤为重要的是，它将开辟一条蛮族国王与基督教会逐渐缔结联盟的道路，深刻而长远地影响到中世纪的政教关系。

克洛维皈信基督教后带来了新的基督教形式，可称其为"王室基督教"。在蛮族世界，部落首领的宗教就是整个部落的宗教，克洛维归信后，他也要求整个法兰克人接受基督教。这样的举动意义重大，因为当时的高卢地区受罗马正统基督教的浸染，多数居民都属于正统教会，主教们的影响巨大，克洛维归信后，其军事和政治行动可以得到他们的支持。而在别的蛮族王国，作为征服者的蛮族信仰阿里乌主义，被征服的罗马人信仰正统基督教，两者常处于张力之中。法兰克人皈信正统基督教恰好弥补了这一缺陷，共同的宗教使蛮族与罗马人形成一个完整的国家，在针对其他蛮族的战争中更具有政治优势。同时，克洛维和法兰克人归信正统的基督教，也便于他们发动对当时信奉阿里乌异端的其他蛮族的战争，使得消灭或驱赶其他蛮族具有了宗教和道义上的合法性。

克洛维的"王室基督教"开辟了教会与国家相结合的道路。皈信之后，他开始组建由他管辖的加力克(法兰克古代教会名)。511年，他在奥尔良召开第一次宗教会议，会上通过的法律是对国家与教会之间关系的调整和确定，所以既是宗教法，又是国家法。它首次将法律同等地适用于作为征服者的法兰克人和作为被征服者的罗马人。它确定教会财产和教堂的权利；认为教会有庇护犯罪之人的权力，如果抓捕者不按《圣经》起誓不伤害罪犯，那么教会可以拒绝交出犯人；如果奴隶被授予圣职，那他就获得了自由；教会财产有豁免权；主教有照顾病人和穷人的义务；在授予自由人以圣职时，须征得国王的同意和授权；同时，它还对修士与修道院长、修道院长与主教的关系做出调解。此后，在奥尔良召开宗教会议便成为惯例，教会法也具有国家法的权威。第三次奥尔良会议还规定了神职人员选举的方式，即大主教(archbishops)要从省内主教(bishops of the province)中选举产生，并得到神职人员和人民(citizens)的同意；而主教则由大主教、神职人员和市民(the people of the city)选举产生。而在549年的第五次会议，则要求主教的选举必须征得神职人员、全体人民和国王的同意，教会成为法兰克王国的整个政治架构中重要的一部分。教会逐渐享有特权，其力量不断扩展。

克洛维死后，他的四个儿子平分王国，并积极推行其父的扩张政策，向东推进到今天的德国中心地带，向南灭亡了勃艮第(Burgundia)蛮族王国，兼并了东哥特的普罗旺斯地区(Provence)，甚至一度攻占了伦巴德人控制的意大利。而中欧的萨克森和巴伐利亚也相继成为法兰克的属国。法兰克在西欧的胜利，既是政治与宗教的结合体的胜利，又是这一结合体的进一步推广。墨洛温王朝所到之处，普遍要求其他蛮族亦接受正统的基督教信仰。正统基督教的推广，进一步弥合了蛮族与蛮族之间、蛮族与罗马人之间的差距，为西欧在更深层次上、更大范围内的整合起到了重要作用。

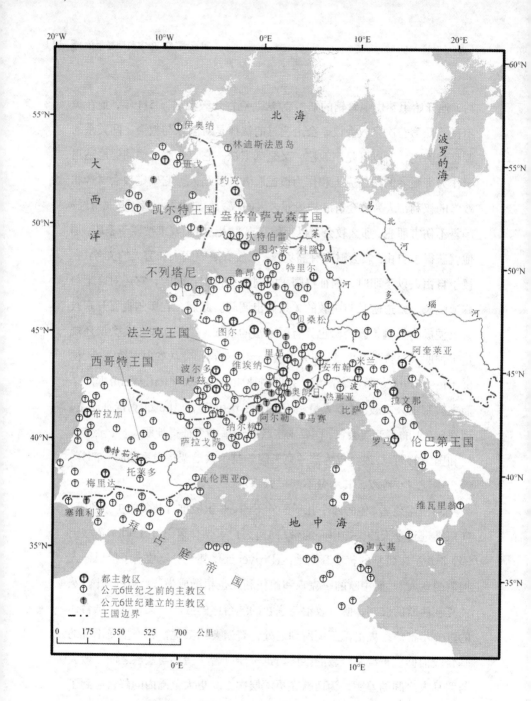

图 31 公元 6 世纪西欧教会分布图

　　蛮族入侵后，基督教会仍然有一定发展。尤其是墨洛温王朝的克洛维，在入侵高卢后，由于所治臣民以公教为主，因此放弃其原有之阿里乌信仰，改宗公教，法兰克王国成为西欧重要的教会区域，法国教会也因此而被称为"天主的女儿"。

23．西欧早期的基督教化

蛮族入侵罗马，带来了社会的大动荡和人口的大迁移。在罗马帝国体内蕴孕着的基督教，如同蒲公英一样，也借着由此引发的人口大迁移，散入欧洲各地。除了法国式的"王室基督教"外，在西欧基督教化过程的早期，修士基督教也起了重要的作用。而在欧洲大陆与不列颠群岛之间的互动性宗教传播，更直接地与中古前期的民族迁徙密切相关。

不列颠曾经是罗马帝国最西部的行省，早在君士坦丁归信之前，基督教就进入了不列颠。314年，约克、伦敦可能还有林肯三地的主教就聚集起来召开地区性的宗教会议。在蛮族进入罗马的浪潮中，盎格鲁—萨克森人攻入不列颠，蛮族传统宗教成为主流，基督教则微弱至无。但是，爱尔兰的修士们挺身而出，一度成为向苏格兰、英格兰乃至欧洲大陆的传教主力。

为爱尔兰奠定基督教基础的是帕特里克(Patrick，389-461年)。他生于一个基督教世家，后往欧洲大陆，在法国南部的修道院居住多年。432年，他被按立为爱尔兰的传教主教。此后，他就一直在爱尔兰建立教会。他将主教制传入爱尔兰时，把它与爱尔兰传统的氏族制结合，从而创造出修道院院长、部落领袖和主教合一的独特制度。爱尔兰的修士们还从爱尔兰出发，前往邻近的当时由蛮族宗教主导的苏格兰和英格兰传教。前往苏格兰的是科伦巴(Columba，521-597年)，他于563年进入苏格兰的伊奥拉岛(Iona)，建立修道院，并以此为据点，前往占据苏格兰大部分的皮特人(Picts)中传教。最终通过皮特国王的皈信而使苏格兰成为基督教文化圈的一部分。苏格兰的教会制度与爱尔兰相仿，伊奥拉修道院的院长是最高领袖，主教们亦听命于他。同时，爱尔兰的传教士亦前往欧洲大陆，著名的科伦班(Columbanus)是爱尔兰班戈修道院的一位修士，他和12名修士一起于585年出发，到达大陆中心的勃艮第地区，分别建立吕瑟耶勒(Lunceuil)、圣加仑(St. Gall)和波比奥(Bobbio)等修道院。

罗马教廷与英格兰之间的互动传教,则更为有趣。当时,英格兰的肯特国王艾希尔伯特要娶法兰克的一位基督徒公主为妻,大格列高利教宗于596年派遣由奥古斯丁(Augustine)带领的修士传教团前往英格兰,以盎格鲁—萨格森人为传教对象。果然,次年,肯特国王就接受了基督教。于是,601年奥古斯丁被任命为英国大主教,由他设立12名主教管辖整个英格兰,并且以伦敦和约克作为教会的两个首府。此后又经过了半个世纪的反复,到公元651年,基督教在英格兰牢固地建立起来。

这样,在不列颠实际上存在着两种形式的基督教。一种是古代式的,即与不列颠的部落制相结合,以修道院院长作为领导核心;另一种则是后来由罗马传入的,采用主教管区制,并认为远在罗马的教宗对教会事务具有司法权。他们在一系列问题如复活节的日期、洗礼的仪式、教区体制等问题上存在争议,其核心乃是对罗马教宗权威的服从与否。直到663年,在惠特比会议(Synod of Whitby)上,以同意采取罗马的复活节日期为标志,英格兰的教会才一致承认罗马的权威。668年,罗马的修士德奥道罗被教宗任命为坎特伯雷大主教,英格兰教会从此被纳入罗马公教的系统之内。公元8世纪初,爱尔兰和苏格兰也都承认教宗的权威。

不列颠教会继承了古爱尔兰修院式基督教和罗马公教的两大传统,从前者那里继承了传教热情和对学术的热爱,从后者则继承了公教的教会制度。这两个传统结合起来,有力地推动了不列颠教会反哺回传至欧洲大陆,并扩大了罗马教宗的影响。随着法兰克王国的东进,德国西部由盎格鲁—萨克森人控制的区域也归入法兰克。为归化这些盎格鲁—萨克森人,墨洛温王朝支持从不列颠来的传教士向他们传播基督教,因为这些不列颠传教士同属于盎格鲁—萨克森人。首先到德国西部传教的是威利布罗德(Willibroard,约657—739年),但效果并不大。其继任贝尼法斯(Boniface,680—754)才是德国教会的真正奠基人,后被称为"德国

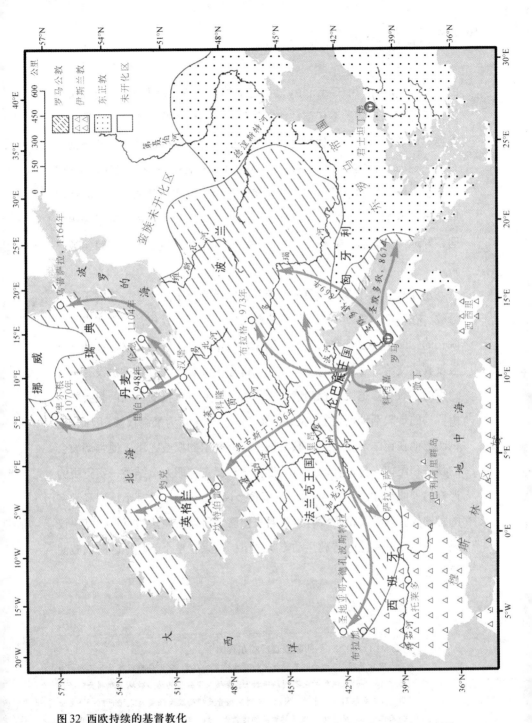

图 32 西欧持续的基督教化

罗马是推动西欧基督教化的重要力量。英格兰、西班牙北部和波希米亚地区都是它传教的主要区域。而德国则成为向北欧地区传教的基地。

的使徒"(Apostle of Germany)。他是盎格鲁—萨克森人，先在英国做修士，后受罗马教宗的委任前往德国传教，并得到墨洛温王朝的支持。他在弗里西亚、黑森、图林根、巴伐利亚的传教都十分成功，因此分别在722年被任命为传教主教，在732年被任命为大主教。他在富尔达(Fulda)建立了一座很大的本笃修院，成为整个德国中部和西部的学术中心和神职人员培养中心。后来他又被任命为美茵茨大主教，使该地区成为德国居领导地位的教区。晚年他试图前往弗里西亚进行传教时，于754年被杀害。

从某种程度上来看，贝尼法斯建立的教会很不同于法兰克的王室基督教。在墨洛温王朝治下，法兰克教会附属于国家政权，主教和修道院院长的任命主要出于政治考虑，国家政权常常干涉教会，财产和地产常被没收或交给王室政府掌管。教会内部亦十分腐败。罗马教宗没有对法兰克的主教和修道院的控制能力。但贝尼法斯所承接的不列颠教会既是由罗马的传教活动所建立，又在制度上以罗马教宗为最高权威。因此，他试图把他在德国建立的这些教会纳入罗马教宗的权威之下。他强调教会的秩序和纪律，抨击神职人员的世俗气，谴责神职人员结婚，实行更为严格的神职纪律。在741年的一次宗教会议上，与会主教都承认罗马教宗的管辖权。虽然，由于没有世俗君王出席，所以按照法兰克法律其决议无效；然而，在他的传教活动影响之下，教宗在整个西欧地区的权威明显加强。

(右页图) 图33 不列颠福音反哺东传图

中古早期，推动西欧基督教化的有两股重要力量，它们分别以罗马和不列颠为中心，尤其引人注目的是不列颠传教士。蛮族入侵引起的动荡破坏了欧洲大陆的文明，而不列颠则得以幸免。因此，不列颠福音反哺西欧大陆成为7、8世纪一个突出的文化现象。从中涌现出一批著名的传教士，如称为"苏格兰使徒"的科伦巴、从爱尔兰到欧洲传教的科伦班、称为"德国使徒"的贝尼法斯等。他们建立起众多修道院，培养修士，并依托已有主教区向外扩展。

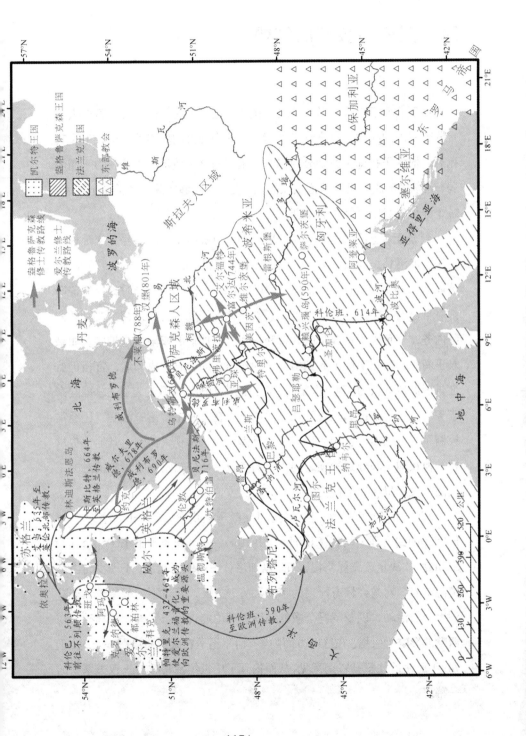

24. 王权与教权的结盟

按照日耳曼蛮族的传统观念，国王的后裔都是神的子孙，每个人都有分享王国的权力。克洛维虽然建立了一个强大的墨洛温王国，但在其死后，他的子孙却不断地分封出去。王朝的分裂使得国王的权力不断削弱，地方贵族成为真正掌握实权的人。没有人能够实际上统治整个国家，各个分封的封臣之间矛盾不断。

到公元7世纪时，墨洛温王朝的国王只拥有空洞的名号，实际权力为来自加洛林家族(Carolingian)的宫相所把持。所谓宫相(major domus，英译为mayor of the palace)，其原意为"总管家"。当时的权贵普遍都有自己的总管即major domus。在墨洛温王朝，宫相最初主要管理宫廷内务，也负责王室成员的教育和护卫。但他们的权限逐渐扩张。如果君王尚幼，宫相实际上起到摄政王的作用。即使君王成人后，宫相仍然会试图保持此权力。到7世纪时，宫相已成为国家行政的首脑，总理国家事务。他参与伯爵和侯爵的任命，国王不在之时主持皇家法庭，还经常控制军队。当然，宫相的权力并不是固定的，常视人而定。其地位也常视乎他在国王和分封贵族之间扮演的角色。他们常常挑唆贵族反对国王或国王反对贵族，从而突显自己的第三方地位。

加洛林家族三代为相，经过祖父赫里斯塔尔·丕平(Pepin of Heristal)到查理·马特(Charles Martel)，一直到矮子丕平(Pepin the Short)，才决定废黜墨洛温王朝，以加洛林王朝取而代之。丕平少时由修道院培养，对教会怀有严肃的情感；另一方面，经过不列颠传教士在欧洲大陆的活动，以及罗马公教的制度和理论的进一步完善，罗马教宗在西欧的影响力大增。在这两方面的影响下，丕平在废黜墨洛温国王时，于749年遣使前往罗马咨询意见，从而揭开了中世纪基督教与王权关系新的一幕。

749年，丕平问教宗撒迦利亚(Zachary)说，应该由实际统治法兰克的人做国王呢，还是有国王之名而无真正权力的人做国王？教宗回答说，真正掌握权力的人更合适。教宗的回答，在丕平的政治军事实权之外，又加上了宗教和道义上的认可。于是在751年，丕平登基为法兰克国王，其仪式是先按法兰克习俗由各部落选举其为王，再由神职人员(据说是贝尼法斯)为其加冕。在当时的环境之下，这只是一个普通事件，然而将它置于整个中世纪的政治史之中，其意味却十分深远。它表明：教宗拥有授予和废黜王位的权力，世俗君王须得到以教宗为代表授予的宗教合法性。754年，教宗亲自前往巴黎，为丕平及其子重新举行加冕礼，在神学上意味着圣彼得将世俗权力赐予丕平。同时授予他"罗马人大贵族"头衔(*patricius Romanorum*，英译为patrician of the Romans)，这一头衔曾为罗马帝国驻扎在拉文那的总督所有。它的含义是模糊的，既代表中古前期的人们对于古代罗马世界的怀念，又意味着教宗对法兰克王朝的世俗权力的认可，并把它视为护卫圣彼得在人间权力的世俗保护者。这样，教宗又规定了法兰克国王应负的保护罗马教宗的义务。丕平分别于754年和756年出兵意大利，夺回被伦巴第人占领的拉文那地区和其他城市，将它们交给教宗。这样，在丕平的帮助下，罗马教宗拥有了拉文那总督区和罗马周围的大片土地，"教宗国"真正地建立起来。当然，罗马教廷为表明教宗国古已有之，乃发明《君士坦丁的赠礼》(The Donation of Constantine)这一文件，宣称古时君士坦丁大帝已经把拉特兰宫、王冠、主教法冠、紫色斗篷都已转给当时的教宗西尔维斯特(Silverster)，并把罗马城、意大利和西部地区的区域都交割给神圣罗马教会永远拥有。这表明，罗马教廷在意大利已经完全站稳，开始进入中古时代与欧洲君王的长期博弈之中。

25. 加洛林王朝的基督教文化复兴

加洛林王朝的巅峰是查理大帝(Charlemagne, 742—814年)，无论是在武功，还是在文治上，他都开创了法兰克历史上的"查理盛世"。公元771年，他成为法兰克境内唯一的国王，开始扩张他的领土。他在西南先征服阿奎丹和加斯科尼，又进军意大利，彻底击败伦巴第人，终结伦巴第王国，甚至在787年，使意大利南部的贝内文托(Benavento)降服；在东南区域，他又使原来的属国巴伐利亚和弗里西亚并入法兰克的版图。最为突出的是，经过30年的持续战争，他制服了东北部的萨克森人。他把从父亲那里继承下来的领土扩大了一倍以上，其统治范围包括现代法国、比利时和荷兰、现代德国、奥地利和匈牙利的一半、意大利的大半和西班牙的东北角。这个版图令人们想起西罗马帝国的鼎盛时期。

伴随着法兰克王国的扩张，基督教也进一步得到推广。弗里西亚和巴伐利亚本来就有教区，他的征服则将它们纳入到法兰克的教会系统之中。在征服萨克森人时，由于萨克森人在当时是唯一一支没有归信基督教的日耳曼蛮族，为此他专门颁布了《萨克森法令》(Capitulary for Saxony)，宣称他要在萨克森地区建立许多"光辉的教会"，在其全境设立主教区和修道院；对那些施暴、偷盗或焚毁教堂者，蔑视基督教、不遵循教会节期、杀害教士或执事者，拒不接受洗礼者，阴谋反对基督教的人都处以死刑；规定当地人有义务向教会提供房屋、土地和仆人，如此等等。据称萨克森人是日耳曼人中最有天赋和能力的部族之一，他们最终的归信为西欧的基督教化带来了持久的益处。至此，征服罗马的日耳曼蛮族，最终在精神上被罗马的基督教完全征服。

查理曼也是一个制度设计的天才，基督教会成为他的王朝政治制度中的一个重要环节。他采用委任制，分封领地给伯爵或边侯，但同时又将王国分成几百个县或行政单位，有效地制衡封臣们的权力。同时，他又发明了巡使制度，组建巡使团(missi domini，英译为messengers)巡游各地。巡使团由神职人员和平信徒组成，直接向国王负责。他们的核心任务就是指导人们按照正确的法律生活，并监督法律执行的情况。其中详细地规定，所有12岁以上的人都应当公开宣誓效忠皇帝，不得袭击或攻击教会、寡妇、孤儿和朝圣者，不得逃避兵役等等。查理曼甚至没有固定的首都，他按照日耳曼人的习俗，通过四处巡游的方式来保证封臣们对他的忠诚，他亦以此方式监视封臣们的动向。

查理曼还直接对教会进行制度设计。西部本来采取的是与罗马政治建制相同的教会制度，即农村依附于城市，乡村地区依赖于城市主教及其委派之人。然而，随着蛮族入侵和基督教的北传，农村的面积扩大，乡村的重要性变得突出。于是，西欧追随东方教会的传统，设立乡村主教，并由大地主及其继承人任命主教。这样，在城市中的主教实际上就失去对教区的控制，大地主也就会拥有世俗与宗教的双重权力。这对于查理曼的王国和罗马教宗的权威都是一种威胁。于是查理曼规定，主教除了有封立神职人员的权力，还有权在其教区内巡视和执行惩戒。为了制衡分封公侯们的权力，查理曼规定司法权由各地主教掌握，而他又拥有任命主教的权力。这样，查理曼对于整个帝国的控制能力大大加强。

查理曼征服并消灭了横亘在法兰克与教宗国之间的伦巴第(Lombard)王国，这使他能更直接快捷地介入罗马的事务。799年，罗马人迫害利奥三世(795—816年在位)。在教宗求援之下，查理曼亲自前往罗马，并且整个冬天都待在罗马，恢复被破坏的教会秩序。当他800年圣诞节去圣彼得教堂祈祷之时，教宗把罗马皇帝的冠冕加在他的头上，并授予他奥古斯都(Augustus)的称号。这一称号本为罗马帝国的皇帝所特有。这一举动的意义是多方面的。首先，一个蛮族国王开始拥有罗马皇帝的头衔，标志着法兰克王国成为帝国，是罗马帝国的继承人；其次，它表明罗马教廷正式摆脱拜占庭帝国的控制，不是以东罗马帝国，而是以西欧的皇帝作为自己的世俗保护人；最后，它表明了西部教会对于完美政教关系的理

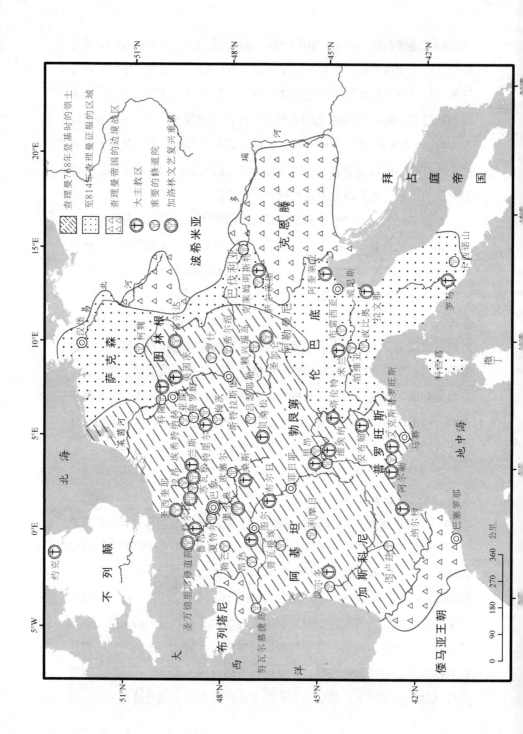

解,它不是东方式的由皇帝担任教会的最高首脑,而是强调教会与国家是同一硬币的两方面,后者引领人们得到现世的幸福,前者则引领人们得到永福,两者互相补充。教宗以自己作为基督在尘世的代表的身份,授予君王统治的权力;而君王则用刀剑保护教会的安全。政教关系的结构性差异,是导致东西方教会渐行渐远的决定性因素。

查理曼的文治亦堪称一流。在他的推动之下,欧洲出现了中世纪的第一次文艺复兴,史称"加洛林复兴"(Carolingian Renaissance)。他以基督教的思想文化建设和推广作为核心,依靠遍布于西欧的主教府和修道院,延揽西欧的著名教士学者,建立学校,倡导教育,整理古典文化,支持文字改革。其目标是要在法兰克建设一个"新雅典"。蛮族社会本来缺乏教育和学术传统,公元5至8世纪的社会动荡又摧毁了古代文明,因此,法兰克的文化水平普遍低下。据查理曼说,当时他收到几封从修道院写来的书信,"其中有正确的思想,却有不雅的表达;这些虔敬之人听从他们的心灵,却由于他们未受教育的言辞,不能无误地表达出来"。因此,在他787年写给弗里西亚地区的主教与修道院院长的谕令中,就要求每一座教堂和每一所修道院都要设立学校和建立图书馆。在一封《致富尔达修道院长包高夫的信》(Letter to Baugulf of Fulda)中,他如此写道:

人所共知,你的虔敬是那样地为神所悦。正由于此,既然基督将这些主教区和修道院交付在我们的手中,我们也应当尽

(左页图)图34 查理曼帝国的政治宗教格局图

查理曼崛起后,东征西讨扩张领土。公元800年他进入罗马,被教宗加冕,开创欧洲政教关系新时代。在统治方式上,主教府或大修道院也成为查理曼的主要行政中心,教士或修士是查理曼统治帝国的官僚体系中的重要组成部分,查理曼拥有任命主教的权力。主教府与修院也是重要的文化中心,是查理曼开创的"加洛林文艺复兴"的重要基地与载体。

上帝所赐予我们每个人所拥有的能力，去同样热心地学习那些人文学术。正如我们对教法的遵从，使我们的诚道之心能得到秩序和恩典一样，我们也应该同样地对待人文的教育与学习，这样那些因他们的生活为神所悦之人，也要因他们的言辞为神所悦。经上说："因从你口中所出的话，你被神所悦；因你口中所出的话，你也被神所谴。"虽然正行比正识要好，但知识却先于行为。因此，每一个人都应该学习他试图达到的东西，这样，心灵就更能充分地知道什么是该做的，而我们的舌头在赞美全能上主之时能够不被错误所搅扰。……你们既是教会的战士，就应当名副其实，思想虔诚，谈吐文雅，行为端正，语言流利，不要忽略文字的学习，应当用最谦卑的态度热烈钻研，以求能更容易地、更正确地探索《圣经》的奥秘。……也请你不吝笔墨，将此信发往所有的主教和修道院。

简要来说，查理曼的文化事业包括以下四方面：一、修订基本的《圣经》文本，初步规范基督教教义。在位期间，他制订了《加洛林书》，规范了基本的教义和仪式，使各处对教义的自发解释和凌乱的宗教仪式得以定型统一。他还指派阿尔古因(Alcuin)组织人员对当时收集到的各种《圣经》文本进行了校勘，统一了《圣经》文本。二、延请欧洲最杰出的一批学者，请他们创办宫廷学校或主持修道院，培养法兰克的宗教学者。这些人包括爱尔兰的阿尔古因、东法兰克的艾因哈德、意大利比萨的彼得、卡西诺山本笃修院的保罗、西班牙的迪奥多夫等。为倡导学术风气，查理曼本人就在阿尔古因主持的宫廷学校里作学生。三、在教会学校里延续古典人文学术的传统，用拉丁文传授"七艺"(liberal arts)即算术、几何、音乐、天文、文法、修辞和逻辑，以培养教士与俗人的读书、写作能力。四、改革拉丁文，学习新文字。查理曼下令对古典拉丁文进行改革，以促进文化的普及与传播。在阿尔古因的主持下，创造出用大写字母作为一个句子的开头，句子的结尾用句点结束。这种新的书写方式，改变了古典拉丁文句子与句子之间不分的书写习惯。同时，形成一种字体优美清晰的小楷书写体即"加洛林字体"。

总之，查理曼的文治武功将中古前期的欧洲带到一个前所未有的高峰，造就了一个政治复兴与文化昌盛相结合的时代。在政治上，它唤醒了人们对于罗马帝国的记忆；在文化上，利用基督教对欧洲进行整合，同时通过对政教关系的确定奠定了中世纪的政治基础。法兰克不再是一个纯粹的蛮族王国，毋宁说，在他的手中，完成了基督教、罗马与蛮族传统的完美结合。此后，基督教在西欧的发展便走上迥异于东方的道路。在此意义上，西部教会即公教(Catholicism)正是一种"蛮族的"罗马基督教。

26．东部基督教的发展

对罗马帝国来说，无论是文化传统的深厚程度，还是社会经济的发展程度，东方都远高于西方。公元330年，君士坦丁迁都拜占庭，称之为"新罗马"(Nova Roma)，又名君士坦丁堡。在文化上，东部以希腊语作为主要语言，在哲学上受到浓厚的希腊—小亚细亚神秘主义的影响，与西部差异巨大；而君士坦丁的首都东迁，又从深层次上影响到东部的政教关系格局，加深了东西方教会的差异。

公元5世纪初的蛮族入侵，对于西罗马的影响远甚于东罗马。就根本而言，蛮族进入罗马并非有意识的、有组织的入侵，而更类似于一股汹涌的移民浪潮。因此，东罗马帝国凭借丰富的政治经验、充足的府库，或者以接纳蛮族首领作为高级军事将领，或者交纳相当的贡金，在很大程度上化解了蛮族入侵的危机，基本上保住了帝国的政权。公元5世纪君士坦丁堡与罗马的政治力量此消彼长，也反映在这两个城市对于基督教会领袖地位的争夺上。

按公元325年的尼西亚决议，罗马在几大教会中名列首位，其次为亚历山大里亚和安提阿。而在君士坦丁堡成为新都后，君士坦丁堡教会的地位亦开始上升，在公元381年的第二次大公会议上，它的地位被认为是在罗马教会之下而在其他教会之上。经历了蛮族入侵之后，罗马的政治地位一落千丈，终于在公元451年的第四次查尔西顿(Chalcedon)大公会议上，决议"与罗马教会同样的特权授予最神圣的皇都新罗马(注：即君士坦丁堡)，因为这个拥有皇权和元老院的光荣，并享有与帝国故都罗马同等特权的城市，理应在宗教事务中享有与其地位相符的权力"。君士坦丁堡大教长取得了与罗马主教同等的地位，也正是由此拉开了东西方教会互争领袖的序幕。

查尔西顿大公会议本来是为解决当时教会中存在的基督论争论而召开的。在《尼西亚信经》确定圣子与圣父具有"同质"(homoousia)的神性之后，又浮现出基督论的问题，即在基督这一个位格的身上，既有完全的神性，又有完全的人性，那么，神性与人性之间是一种什么样的关系呢？解决的办法有两个：一是强调基督的统一性，以至于人性与神性之间"属性交流"，人性实际上融入他的神性之中，即所谓"一性论派"；二是保持神性与人性各自的完整性，从而坚持基督的"一位二性"(one person, two natures)，即所谓"二性论派"。前者的代表是亚历山大里亚学派的奚利耳(Cyril)，后者则是安提阿学派的聂斯脱利(Nestorius)。这两派势力的消长，很大程度上受制于他们与皇权关系的疏密。远在罗马的教宗利奥一世于449年也发布了对这一教义的看法，即"在基督里有两个充分的、完全的本性，两性结合于一个位格中，却无损于其中任何一个的属性和实性"。稍后不久（450年），东罗马皇帝去世，新即位的王室为稳定局势，便于451年在查尔西顿召开大公会议，通过了《查尔西顿信经》，在关键的基督神人二性的问题上，接纳了罗马教宗的意见，并采取了"四不"的方式，即"一个基督具有二性，不相混乱，不相交换，不能分开，不能离散，二性的区别不因联合而消失，各性的特点反得以保存，会合于一个位格、一个实质之内，而并非分离成为两个位格，却是同一位子，独生的，道上帝，主耶稣基督"，对一性论和二性论都进行批判。

可见，与其说《查尔西顿信经》解决了问题，毋宁说它反而使问题更为突出。它的解决模式起于西方，很难使东方的大部分教会感到满意。更严重的是，这一信经使东罗马帝国一直存在的首都与东方行省的矛盾突显出来。君士坦丁堡民众是《查尔西顿信经》的支持者，而东方行省尤其是叙利亚和埃及、亚美尼亚则坚持一性论。因此，后来即位的皇帝又在此问题上反复不定。查士丁尼(Justinian，527–565年在位)即位后，他在政治与军事上建立起显赫的功勋，将东哥特人从意大利赶走，重新占领了北非，版图几乎回到罗马帝国时期。他本人赞同《查尔西顿信经》，凭借他的政治军事威望，确定了《查尔西顿信经》的地位。但由于东部行省对于一性论的坚持，以及查士丁尼的皇后西奥多拉(Theodora)也是一个一性论者，同时为了不触怒罗马所代表的西部教会，他巧妙地发展出一种对于《查尔西顿信经》的一性论解释，把《查尔西顿信经》解释成与安提阿学派的二性论毫无关系，建立起所谓的奚利耳—查尔西顿(Cyril–Chalcedon)正统神学思想。

在东罗马帝国，教会与教士是整个国家的行政系统的一部分。虽然在皇帝即位时，除了接受军队与人民的列队欢呼外，还要得到君士坦丁堡牧首的加冕，但是，由于皇权没有像西部那样受到彻底的打击，因此，皇帝具有对教会极强的控制能力。皇帝有着"祭司与君王"(priest and king)的双重身份，他基本上控制了上层教职的任命权，像查士丁尼这样的强势皇帝，甚至可以自行宣布什么是健全的教义，并在相当程度上控制着教会的行政管理。在查士丁尼主持下编修而成的《民法大全》(The Corpus Juris)中，对教会的地位与活动范围做出了法律规定。同时，四

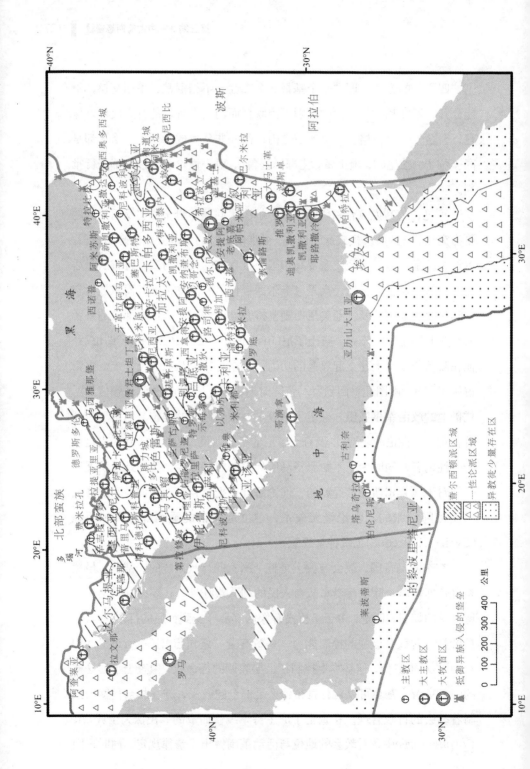

次大公会议通过的宗教文件也都属于民法。因此，在东罗马帝国，传讲与大公会议通过的宗教教义和行政法规相违背的东西，就是异端，是国家法律惩处的对象。这严重地限制了基督教思想在东部的自由发展，即使是主教们包括君士坦丁堡大主教，也不得不小心谨慎。

公元6世纪查士丁尼的统治是东罗马文化的一个转折点，它使基督教成为帝国的统治文化。在《民法大全》中，充斥着打击其他宗教的条款，背教(apostasy)是要被处死之罪。公元529年，他还下令关闭新柏拉图主义的学园，禁止传授哲学，据说雅典的七位新柏拉图主义哲学家不得不因此流亡波斯。而他主持修建的圣索菲亚大教堂以无比宏伟的气势，使君士坦丁堡成为东方世界无可争议的中心。

与西部一样，东罗马也受到北部蛮族部落的持续侵扰，但是，这些蛮族从来没有获得大规模的彻底胜利。在它们之间的拉锯式的斗争中，东部教会也逐渐传入这些蛮族之中，使它们基督教化。尤其是从公元9世纪后半期开始，这些斯拉夫民族的政治体制日益成熟，开始从部落制向君主制演变。他们发现自己需要选择一种适宜发展君主权力的宗教。此时，基督教在东罗马帝国的发展已有八百多年的历史，早期教会那种敌视或冷淡对待帝国的因素已消失殆尽，曾经有过的"教权高于王权"主张也被打压至边缘，教会成为帝国政府的一个有机组成部分，起着稳固君权的重要作用。而且，对于东欧的那些蛮族部落来说，基督教已是东罗马帝国的象征，要进入像东罗马那样的帝国政治，就有必要接受基督教。因此，东欧北部的这些蛮族部落对基督教的政治需要，与东罗马帝国向外派遣传教士的运动，不谋而合。在公元9世纪后半期，东欧和罗斯人开始

(左页图) 图35 查尔西顿论争时的东部宗教格局图

查尔西顿论争的主要问题是耶稣的神性与人性的关系问题。东部的叙利亚和埃及等行省倾向于支持一性论，而安提阿则主张二性论。最后，人们接受罗马提出的"既不混合、又不分开"的折衷方案。但对于基督的神人二性关系的理解分歧，仍然是决定东罗马政治派别之间分分合合的重要因素。

皈信基督教，其中最著名的传教士就是君士坦丁(Constantine，教名奚利耳Cyril)。据称863年，他们接受大摩拉维亚(Moravia)王公拉斯迪斯拉夫(Rastislav)的邀请，来到其宫廷。这些传教士懂得斯拉夫语，并着手创制斯拉夫字母，使他们第一次拥有书写文字。这是东罗马帝国宗教、文化和政治扩张的关键时期。公元865年，保加利亚国王伯利斯(Boris)受洗皈信基督教，在罗马与君士坦丁堡之间，他接受了后者的权威，因为后者承认保加利亚教会的自治权。这种东部模式的王室基督教，后来又延续到基辅大公和罗斯人的皈信之中。在这些东部蛮族皈信基督教之时，也建立起与拜占庭帝国的政治关系。通常而言，东罗马皇帝在洗礼上成为这些蛮族首领的"教父"。通过洗礼建立的拟血缘关系构成了统治者之间的某种等级关系，并形成了以东罗马皇帝为中心的东部政治体系。

然而，与西部相比，东部教会与其境内各民族的关系却更为复杂。在西方，由于日耳曼民族的东征西讨，人口充分流动，极大地消弭了民族间的界限；而由修士们推动的传教运动，进一步地推广了所谓容纳所有民族、不受地域和政治限制的"一个普世教会"(a universal Church)的观念。而在东方，传教活动虽然也取得了很大成绩，出现了埃塞俄比亚、印度、两河流域和亚美尼亚的教会，并且传教士被派遣到斯拉夫人中传教。然而，民族因素仍然深刻地沉淀在东方教会之中。也许是由于东方宗教强烈的异质性，也许是由于东方各民族在亚历山大东征以来一直存在的反抗希腊的深厚传统，这些东方民族对于基督教的接受都有着强烈的民族主义立场。其中的民族主义因素，又常常借助于基督教教义的模糊性、不确定性、不可验证性而爆发成分离主义的运动。叙利亚、埃及和亚美尼亚教会都先后从以希腊语为官方语言的东部教会中脱离出去。而随着伊斯兰教的兴起，东部教会的危机日渐加深。

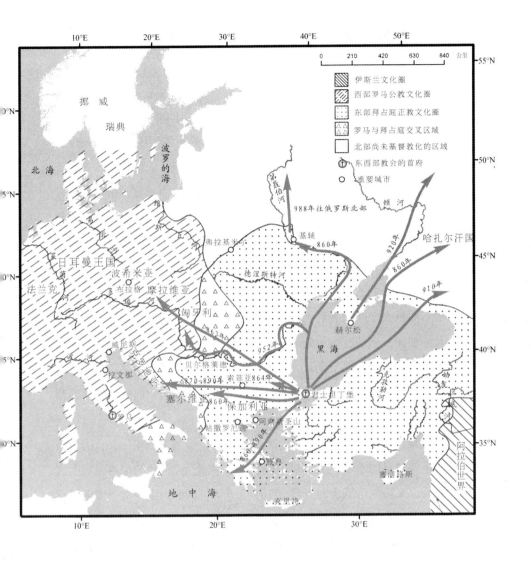

图 36 正教东方传布图

东罗马帝国没有被蛮族入侵所摧毁,政教关系仍然沿袭罗马帝国的基本格局。制度化、科层化、官僚化的教士体系构成东部正教的基础。西部那种以中下层修士带动的传教运动、在贵族或王室之外独立发展的教会系统,在东部都找不到社会土壤。东部伊斯兰世界兴起之后,东部正教受到极大的冲击,只能向北部斯拉夫等蛮族进行传教。斯拉夫人成为正教的主要力量。而东部正教在波希米亚、摩拉维亚等地的传播,正好进入罗马公教的扩张前沿。东南欧洲成为两大宗教文化圈的交叉地带,甚至引发较大的冲突。

27. 圣像争论与地中海宗教格局

公元8世纪最著名的事件是由圣像毁坏运动(Iconclasm)而引发的关于圣像崇拜的争论,它是东罗马帝国(亦称拜占庭帝国)历史发展的一个决定性阶段,同时是当时亚欧文化圈基本格局的反映。表面看来,关于圣像崇拜的有效性的争论是一个纯粹的神学问题,然而,它却是东罗马帝国的古典文化与基督教信仰的紧张关系、罗马教会官僚体系中的以大教长为领袖的教会势力与修道士势力之间的对立、首都"新罗马"的中央权力与各行省之间的抗衡以及与之相对应的希腊文化与各少数民族文化之间的紧张关系的总反映。对整个基督教世界来说,圣像崇拜之争也反映出东西教会之间的裂痕,并且这一裂痕由于各自所处国际环境的改变而日渐加深。东部教会所处的国际环境是伊斯兰教的兴起和逼进,而西部教会所处的国际环境则是一个试图与罗马教宗结盟的法兰克王国的兴起。最终,圣像崇拜的争论不再仅局限于东罗马帝国,而成为同时深刻影响东西部教会的重大事件。

圣像崇拜的争论起于公元726年拜占庭皇帝利奥三世(Leo III)发布禁止圣像崇拜的谕令,然而其间屡有反复,到公元787年的尼西亚第七次大公会议又恢复了圣像的崇拜。726到787年可以称为第一次圣像毁坏运动。从813至843年,又掀起了第二次圣像毁坏运动。843年后,圣像崇拜运动又最终复兴。因此,圣像毁坏运动是一场历经数个阶段、持续一百多年的屡有反复的运动。

利奥三世于726年发布禁止圣像崇拜的谕令,并下令拆掉皇宫大殿青铜大门上的基督像,以一枚十字架取而代之,开启毁坏圣像的运动。毁坏圣像的神学依据包括:一、崇拜圣像是一种偶像崇拜,在《圣经》中是明确禁止的。二、在逻辑上人们不可能描绘上帝,因为他超越于万有之上。圣像不可能描绘基督的神性。而基督的真正圣像应该是"圣餐",

而不是那些以人形表现的形象。至于圣像表现的另一个主要内容：圣母马利亚，他们则认为，马利亚只是一个普通的妇女，在生出基督后，就失去了内在价值。因此，对圣像的崇拜"降低人的心灵，使它从对上帝的崇高的崇拜下降为对被造物的卑俗的崇拜"。三、按东部教会中流行的基督一性论(Monophysitism)理论，基督的人性只是神性逻各斯的被动工具，并最终消融于神性之中，而神性是不能用图像来加以限制的，因此，耶稣基督的真正本体是不能用圣像描绘的。四、实在的世界是理性的、属天的、纯粹的精神世界，圣像将人们的注意力引向可见的物质世界，因此，圣像是人们通往实在世界的阻碍，而非阶梯。

在这些神学论证的后面，更直接而有力的原因可能是世俗性的。首先，东罗马帝国的东部边境有众多的犹太教徒与穆斯林，对来自于这两大宗教传统的人们来说，圣像崇拜就是宗教上的大罪——偶像崇拜，为争取他们加入东罗马军队，需要清除这一基本的障碍。其次，长期以来，支持《查尔西顿信经》的君士坦丁堡中央王权与支持一性论倾向的东部行省之间矛盾很深，毁坏圣像是转向一性论的一种姿态，有助于吸引这些东部行省帮助君士坦丁堡抵抗伊斯兰教的扩张。毁坏圣像运动后，东罗马帝国的东部前线取得节节胜利，就是一个证明。最后也可能是最重要的原因是，毁坏圣像是对帝国境内的修道院势力的打击，从而加强中央集权。由于修道院享有许多豁免权，其财产不用纳税，修士可以不当兵、不担任公职等，成为游离在东罗马帝国官僚体系之外的庞大群体。通过毁坏圣像，国家开始没收修道院的财产和地产，或者直接将修道院关闭，禁止士兵、军官和文官在退休之前进入修道院，强令修士、修女还俗。同时，通过毁坏圣像，打击形形色色的"圣人"和著名修士在民间的威望。按照毁坏圣像派的理论，教会只能关心抽象的、精神的事物，而帝国和皇帝才是基督和上帝在物质世界的代表，因此，圣像应该废除，而以皇帝与帝国的一些象征物取而代之。总之，目的就是加强帝国对整个国家的控制能力。

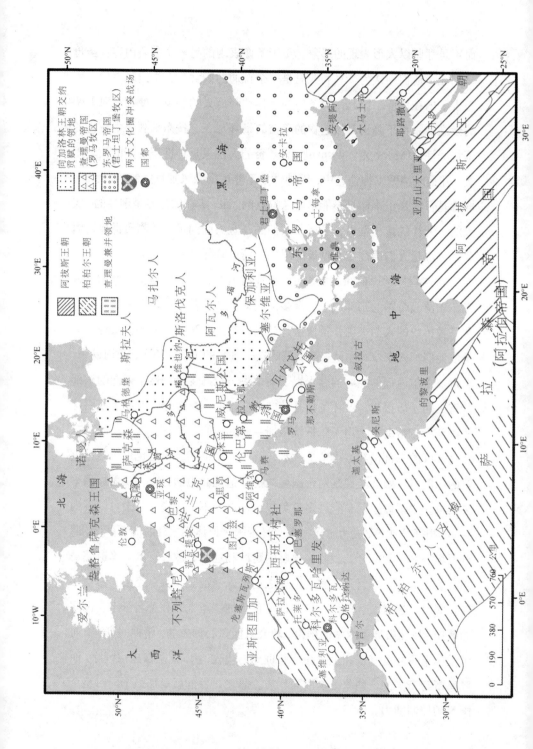

然而，无论是对基督圣像还是对圣母的崇拜，在教会中都已是一个悠久而深厚的传统。因此，毁坏圣像运动激起了人们巨大的反抗。支持圣像崇拜的人们也提出了充分的神学证据，包括：一、在神学原理上，正如基督是上帝之道所成之肉身一样，人们通过基督而见上帝，同样，物质性的圣像也可以是人们接近基督和上帝的中介；二、如《查尔西顿信经》所言，基督既是"真正的神"，又是"真正的人"，福音书记载的是真实的历史事件，圣像对作为人的基督以及他的活动的描述是真实有效的；三、圣像是那些不能阅读《圣经》的未受教育之人，接近和崇拜上帝的最直接方式。在公元787年的尼西亚第七次大公会议上，以教令的形式规定："圣像、十字架和福音书都应该受到应有的敬意和尊崇，虽然这并非真正的崇拜，因为真正的崇拜只能给予神……但对图像的崇敬可传递给圣像所象征的。对圣像表示崇敬就是对圣像中所代表的实质表示崇敬。"因此，公元843年东罗马恢复圣像崇拜后，毁坏圣像的活动很快就销声匿迹。皇宫的金色大殿又恢复了原样，基督像再次被悬于皇位上方，圣母与皇帝、大教长及众圣徒们的圣像也放置在门厅之上。

圣像毁坏运动可谓东罗马帝国的内部政治，但它涉及的宗教实践却跨越边境，对东西部方教会的关系产生了深远的影响。远在意大利的罗马教宗，对圣像毁坏运动加以强烈抵制。731年，罗马教宗格列高利三世(Gregory III，731-741年在位)召开宗教会议，把反对圣像崇拜者革除教籍。当时，东罗马帝国仍然是罗马教宗名义上的世俗保护人，因此，利奥三世也收回东罗马帝国所控制的西西里和其他地区，不准罗马教宗管辖。这样，罗马教宗与东罗马帝国的关系彻底破裂。这迫使罗马教会最终掉头向西部的蛮族王国寻求结盟。756年，罗马教宗司提反二世(Stephen II)与

（左页图）图37 公元9世纪地中海三大宗教文化圈

公元9世纪，环地中海地区的三大宗教文化圈基本形成。以查理曼帝国为主要载体的罗马公教区、以东罗马帝国为主要载体的东部正教区、以阿拉伯帝国为主要载体的伊斯兰文化区，它们甚至奠定了今天地中海地区基本的宗教和政治格局。

矮子丕平在奎埃兹(Quierzy)订约结盟。此后，罗马教宗就获得了政治独立，与东部教会彻底分道扬镳，公元800年为查理曼加冕的事件，开启了中世纪西欧的教权与王权共存的新模式。在西部，没有像东部的君士坦丁堡、亚历山大里亚、耶路撒冷和安提阿等在基督教历史上具有重要地位的教区，没有别的主教能够挑战罗马的尊贵权威。法兰克的蛮族传统政治结构也为罗马教宗实施对西部其他教会的管理和裁决提供了宽松的政治环境，使之逐渐拥有对整个西部教会的最终裁决权。

28．后查理曼时期的教会与国家

查理曼的加洛林帝国是一个蛮族与基督教的结合体，关于君王的权力来源的政治理论亦混杂着日耳曼与基督教的因素。在经历了800年的教宗加冕事件之后，君王兼具了两种身份：一种是基督教式的；另一种则是日耳曼的部落习俗式的。按前者，君王与教宗并列而为上帝在世间的代理人，受上帝之拣选而统治国家，其权力不来自于世俗的社会共同体，因此他也不受共同体的控制，共同体也无权剥夺和反抗他的权力。按后者，君王只是部落的首领，其权力来自于他与共同体的其他成员的契约，其他部落领袖同意他按照法律对整个国家实施管理。因此，他只是共同体的一员，虽然他处于最高等级，但并不超越于共同体之外。其君王身份需要得到共同体的同意和认可。在君王的加冕仪式上，教宗的膏油和加冕，与人民和士兵的欢呼，一起仪式性地表明君王的这两种身份。因此，查理曼虽然建立起一个强盛的帝国，但其远非中央集权的君主专制，其统一随时处在分裂的危险之中。

按照日耳曼的部落传统，国王的后裔都具有神性，在老国王死后，其后裔对王位都有继承权。因此，在查理曼死后，皇帝的称号由"虔诚路易"(Louis the Pious)继有。他在宗教上以虔诚出名，但却没有统治的权术。他死后，三个儿子于843年在凡尔登(Verdun)订立条约，把帝国瓜分了。划分国土的原则包括：依据宗法血缘关系，由长兄继承帝位；三方利益均等；各方领土集中于一处；尊重此前存在的三个小王国的完整性，即阿奎丹、意大利和巴伐利亚。这一方案是贵族与君主之间巧妙妥协的结果。其中，罗退尔(Lothair)继承帝号，分得法兰克、意大利和罗讷河河谷一带、紧靠莱茵河西岸的地区，是今日意大利的雏形。路易则获得莱茵河以东地区，得到"日耳曼人"(Germany)这一绰号，是今日德国的雏形。"秃头"查理(Charles the Bald)则分得法兰克的大部分地区，是今日法国的雏形。《凡尔登条约》奠定了中古后期政治格局的基本形态，是教权与王权关系之展开的大背景。

即使是分裂后的三个国家，内部仍然处在进一步的分裂之中。加洛林王朝在对外征战扩张之时，采取的是日耳曼部落传统的分封方式。国王将攻下的土地作为战利品封赠给身边的战将或亲兵，受封者则以向授封者宣誓效忠、服兵役等作为回报。这些受封者一般都是国内的大贵族，他们与国王之间结成领主和附庸的关系。依此类推，这些大贵族又层层向下分封，领主和附庸的关系又向下推演，一直到最底层依附在土地上的农奴。一方面，整个社会织成一张层层依附、等级森严的网络，每一个人都嵌入其中。另一方面，这张网络又是松散的，国王并不拥有对其他贵族的绝对权力，他没有高高在上的地位，只是其他贵族的领头羊而已，甚至无法领导和指挥贵族。贵族们常常迫使国王授予他们领地的世袭权，免除其各种义务，或获得在领地上的司法权和行政权。这样，每块领地都是一个独立王国。日耳曼民族还盛行"我的附庸的附庸不是我的附庸"的观念，这样，国王不能越过贵族而对下一级的附庸行使权力。此外，领主与附庸的关系又是契约性的，双方同等地遵守封建契约的约束，如领主没有履行义务，附庸可以免除自己的义务。在中古前期，由

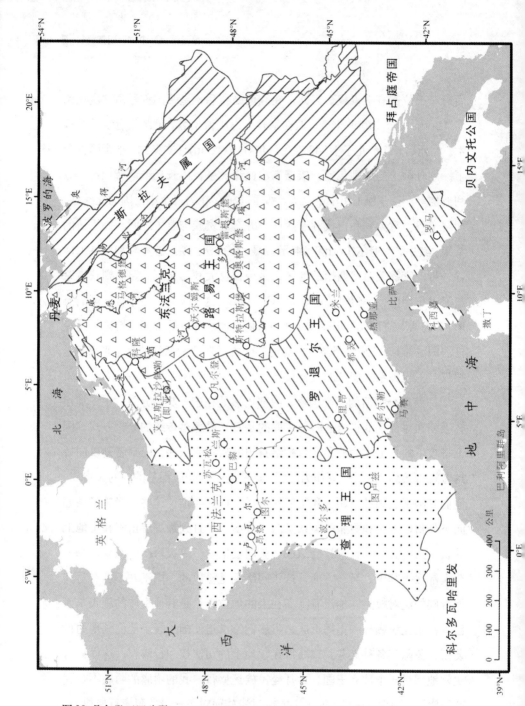

图 38 凡尔登三国分裂

　　查理曼死后，其帝国裂分为三：查理王国、罗退尔王国、路易王国，可谓今天法国、意大利与德国的雏形。三国继续分裂为更多的小公国。但它们在文化上是一个共同接受罗马公教的宗教统一体。主教领地、修院属地等也星罗棋布地分布这些公国之中。

于西欧还没有明确的继承制度，贵族的谱系含混不清，地产和财产继承也复杂而混乱，个人魅力胜过制度决定着人际关系的实质内涵。封君与封臣之间不存在制度化的上下关系，等级的森严程度常常因人而异。因此，所谓国家，不过是一个由拥有相当独立的领主贵族们组成的松散联合体罢了。

所以，查理曼之后的西欧就呈现为一个矛盾的混合体。一方面，从814年到924年，虽然名不符实，但一直都存在着一个超越于王国之上的帝国观念，也一直有人持有皇帝(Augustus)的称号；另一方面，整个西欧陷入四分五裂的封建割据之中，大大小小的贵族们凭个人实力建立起自己的独立王国。西部基督教会混迹于其中，也深刻地打上这样的矛盾烙印。

首先，罗马教宗成为帝国观念的强力保证，由他来捍卫西部基督教世界在精神上的统一。查理曼死后，教宗更加频繁地运用自己为皇帝膏油和加冕的权力，使皇帝、帝国等观念变成由教宗来维护的理想。在走马灯式的皇帝更换中，教宗为皇帝加冕的频率变得密集。823年，罗退尔一世被教宗加冕；850年，路易二世被加冕；875年，秃头查理被加冕；881年，胖子查理被加冕。教宗拥有垄断这些仪式举办权的特殊地位。由于这些加冕仪式和皇帝称号，教宗才在西欧广泛地树立起罗马帝国而非法兰克王国的观念，使人们虽然在人身和地域上属于某个贵族，却在精神上认同远在意大利的罗马主教。一个统一的西欧的观念，不是由一个实际的中央集权的君主来维护，而是由精神领域的教宗来维护。教宗也指导着西欧人，强调他们与东部讲希腊语的拜占庭帝国之间的不同，使他们敢于对抗东部的拜占庭帝国。公元871年，路易二世虽然实际上只是控制着意大利，但因罗马教宗的加冕，在致拜占庭帝国皇帝瓦西里的书信却敢于这样说："我们是仁慈的上帝和教宗所承认的先皇的继任者。"所以，正是罗马教宗使得查理曼的大帝国不仅是一段辉煌的记忆，而且是一个强有力的观念，或者说一个统一的"日耳曼—拉丁—基督教"

的理想。

然而，另一方面，封建制度使得帝国的皇帝并不具有实际权力。在与大贵族的斗争中，国王的权力被严重边缘化。他们被迫向大贵族和封臣们保证，不以武力方式强制收回他们的封地，实际上就是默认了契约式的君主统治而非君主专制统治。自公元9世纪晚期开始，西欧又面临多股外族力量的入侵。一股是来自于斯堪的纳维亚的诺曼人(Norman)，一股是从南部进攻的穆斯林，另一股则是从东部进攻的玛格亚人(Magyars，或匈牙利人)。由于缺乏统一的中央政权，无力抵御外敌，更加刺激了地方封建主义的发展。大贵族一方面向国王们要求更大的自主权，一方面接受小贵族的归顺，开始形成等级制的贵族集团。西欧从11世纪开始进入封建制的兴盛期。在贵族集团的板块之间，教会的处境其实十分艰难。教堂和修道院大多成为地方贵族争相竞夺的对象，修道院长和主教如同各地堂区神父一样被世俗权力所控制。贵族在宗教上本来只具平信徒身份，但他们却掌控着神职的任命权。神职变成贵族之间权力妥协的交换品，神职买卖(simony)成为普遍现象。甚至是罗马教宗也受地方势力的操纵。由于教宗实际上就是罗马主教，由罗马的神职人员和罗马市民选举产生，因此，谁控制了罗马，实际上就控制了教宗。在司提反六世去世(897年)到约翰十二世即位(955)年短短58年时间里，由于罗马地方政治势力的消长，教宗就换了17个人。

总之，在蛮族的入侵之下，公元10世纪是西欧历史的又一个转折点。这一个转折期蕴涵着一对非常深刻的矛盾。一方面，在罗马教宗的维护之下，人们仍然持有一个统一的欧洲的观念。这个统一的欧洲既存在于人们对罗马教宗是西部教会的最高权威这一理解之中，也存在于人们对于罗马教宗可以把一个地方国王加冕为一个帝国皇帝的政治盼望之中。另一方面，实际的生活经验却是，没有所谓的帝国皇帝，只有掌握实权的地方贵族，和一个常常被地方贵族摆布的罗马教宗。被封建贵族割据的西欧在10世纪走到了谷底，但它也为自己积蓄力量，试图重新走向一

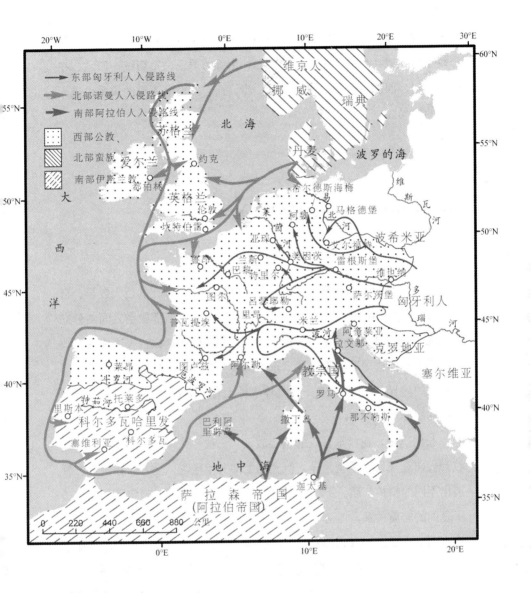

图39 公元10世纪蛮族再侵欧洲路线图

公元10世纪,西欧再一次遭受蛮族的入侵。这一次入侵是全方位的,北部的维京人、东部的匈牙利人、南部的阿拉伯人在西欧烧杀掠夺。欧洲文明再一次进入凋蔽、黑暗的时期,贵族权力大大增长,封建制进一步加强。基督教会在这样的社会变局之下,也多被贵族或大封建主所控制。

个统一的西欧。在它面前有两个方向：一个是由基督教会带动统一，抬升教宗的权威；另一个则是政治性的，由强力君王来重新统一西欧。在这一时刻，西部教会率先走出了第一步，而它与西欧王权的关系也进入了新的格局。

29．东西部教会的彻底分裂

由于罗马帝国东西部在文化传统和社会经济上存在的巨大差异，自公元330年君士坦丁迁都君士坦丁堡后，东部教会与西部教会之间的分立倾向也日益明显。西部经历了蛮族入侵、查理曼加冕称帝等事件后，政教关系的总体格局迥异于东部。东西部教会在教义、教制、政教关系等问题上的差异，导致双方在一些具体事件上有不同看法，并最终引发1054年的彻底分裂。

长期以来，在对基督教的核心教义"三位一体"的理解上，东西部教会表面看来只有毫厘差异，但实际上却大相径庭，全方面影响双方发展出不同的精神气质。公元325年通过的《尼西亚信经》确定了圣父与圣子之间的同质关系，但对于第三个位格即圣灵与圣父与圣子的关系，却没有明确界定。一直到公元381年的君士坦丁堡大公会议对《尼西亚信经》的修订中，才明确地提到"圣灵是主及赋予生命者，由圣父所发出。它和圣父圣子，同受钦崇，同享光荣"。但是，西部教会神学传统的形成深受奥古斯丁的影响，倾向于认为圣灵就是圣父与圣子的爱的关系。圣灵不只是由圣父所出，而是由圣父与圣子共发。因此，对于"三位一体"关系的看法是：圣子从圣父受生(begot)，圣灵由圣父呼出(proceed)，圣灵由圣父与圣子共发。而东部教会则认为圣子与圣灵皆由圣父而出，但圣父是神性的单一源头，不能在谈论圣灵的源头时加入"和子"(Filioque)一词。这就是历史上著名的"和子句争论"。

对于"和子"句的不同看法，实际上反映了东西部教会神学气质的总体差异。东部教会是圣父中心论的，即圣父是神性的唯一源头；圣子与圣灵角色互异，并因互异而互补。西部教会则主张把"和子"加入进来，是基督中心论的，强调基督在"三位一体"中的核心地位，因此，圣灵既是圣父之灵，也是"基督之灵"。在它看来，强调圣灵亦由圣子所发，才能保证圣灵与圣子之间的相关性。由于神学基本原则的不同，东西部教会相互指责。在东部教会看来，西部认为圣灵发自于圣父与圣子，是他们之间的爱的关系，是把圣灵做了约化处理，从而取消圣灵的位格性和独立性。而西部教会则反诘说：东部是以三位的位格性即独立性，去消解圣"三位一体"的关系性，并且导致圣子基督失去其特殊地位。

在"三位一体"上的上帝中心论与基督中心论的差异，又进一步衍生出对于人如何得到救赎的不同理解。在东部教会看来，人在神秘的修行中直接地经验到上帝，是基督教真理的最高境界。上帝使人"神化"(deification)，是人得救的方式。而西部教会把重点放在基督的身上，强调基督对于神人关系复合的作用，人的罪性使人与上帝疏离，但是基督在十字架上的受死为人赎罪，因此，人的得救就在于因着恩典与信心而分享基督的义。东部是神秘主义式的，强调信徒的得救是一种本质的改变；而西部则是律法主义式的，强调得救主要是神人关系的转变。

由于东西部在蛮族入侵后走上不同的政治道路，因此教会在整个社会文化中的地位也很不一样。在东部，东罗马皇帝的权威没有遭到彻底的打击，教会属于整个国家管理体系的一部分。它的角色是较为固定的，在社会中主要处于超越的地位，担当着社会的精神领袖的角色，为社会和文化的发展指引大方向。它并不能对社会文化事务形成无所不包的管辖力。在西部则不同，西罗马政治体系被蛮族彻底摧毁，教会填补了社会管理的真空。主教既是宗教领袖，也是世俗和社会领袖，常常扮演世俗领导人的角色。罗马主教的权威逐渐抬升为整个西部教会的教宗，更形成了笼罩整个西欧的教会体制，教会既是在世俗政府之中，又在其之外，甚至在其之上的权威体系。由于西部特殊的封建制度，罗马教宗对皇帝的加冕权常常成为一种实际的政治权力。

神学总体气质和政教关系基本格局的差异，加上长期以来罗马主教与君士坦丁堡主教之间互争高下而引起的不和，使得东部与西部教会之间的矛盾越来越深。公元8、9世纪的圣像之争，罗马教宗格列高利三世(731—741)与东罗马皇帝利奥三世直接对抗，宣布把反对圣像者革除教籍。从公元9世纪后半叶开始，东西教会又由于在传教区域的划分以及意大利南部等区域的归属等问题上，争端升级至白热化。公元9世纪，西欧基本上基督教化，西部教会需要向东推进；而东部教会在伊斯兰教崛起的冲击之下，也需要向西和向北传教。在日耳曼人与拜占庭帝国之间的摩拉维亚(Moravia)，就成为双方力图争取的焦点。在查理曼帝国时期，摩拉维亚是加洛林王朝的属国，由日耳曼人和西部教会所控制，但摩拉维亚人属于斯拉夫人，因此于862年趁着查理曼帝国的分解而取得了独立。他们试图向拜占庭靠拢，来摆脱东法兰克人即德国人(German)的控制。于是，拜占庭派人于863年进入摩拉维亚，按东部方式建立教会。但是，德国（即东法兰克）又于870年在摩拉维亚发动政变，占领该地区，并将它纳入德国教会的范围。接着，德国又向南推进到保加利亚地区，并要求保加利亚承认罗马主教的权威。但是，保加利亚希望拥有设立自己的大主教的权力，被罗马教宗否决后，它转向拜占庭，成为东部教会的一部分。

（右页图）图40 东罗马帝国萎缩图

伊斯兰教在西亚的兴起，永久改变了地中海世界的政治—宗教格局。阿拉伯人攻占了拜占庭帝国在亚洲的大部分领地，同时，蛮族如保加利亚人、斯拉夫人等也越过多瑙河，进入帝国北部。有趣的是，虽然蛮族得以攻占东罗马帝国的部分地区，但正教却借着人口流动得以传入保加利亚、罗马尼亚、波希米亚等地区，不过它在东部和南部却没有那么幸运，因为阿拉伯人已经有了成熟的宗教系统——伊斯兰教。

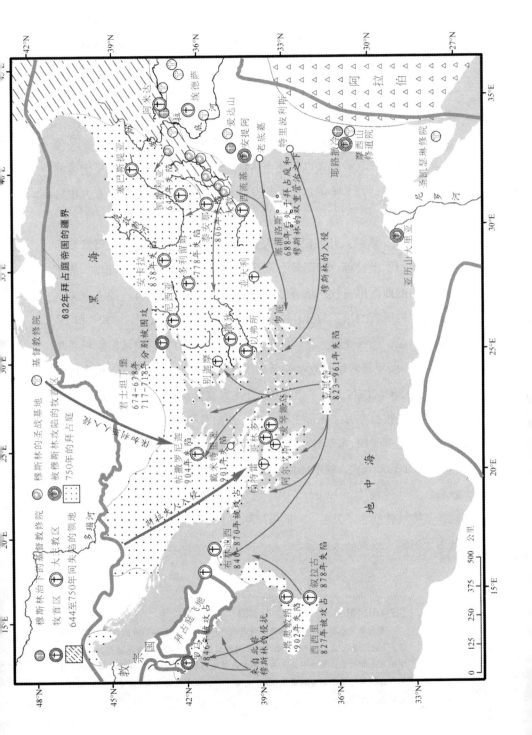

在关于圣像崇拜的争论中，拜占庭的利奥三世宣布将意大利南部、西西里和巴尔干半岛的小块区域收回，西部教会对此耿耿于怀，并伺机夺回。861年，由于君士坦丁堡的皇帝米哈伊尔三世(Michael III)试图亲政，废弃其母后所立的君士坦丁堡大牧首伊格纳修(Ignatius)，起用一个平信徒为大牧首，受到拜占庭人的质疑，故此米哈伊尔三世转向罗马教宗寻求支持。罗马教宗就以归还上述领地作为条件，认可那位平信徒牧首。可事情过后，米哈伊尔三世却没有将那些区域归还西部。双方积怨进一步加深。

11世纪，诺曼人开始侵入意大利南部。由于当时的西西里仍然效忠东部君士坦丁堡牧首，西部教会就开始与诺曼人联合，密谋进攻，甚至任命自己的西西里主教。这激怒了当时的君士坦丁堡牧首，他下令关闭拜占庭境内所有的拉丁教会，并全面谴责西部教会的做法，诸如"和子"句加入信经、圣餐要用无酵饼、要求神职人员独身等。罗马教宗利奥九世则反击说，罗马教宗是教会的至高权威，有决定一切的权力，并于1054年，派遣特使前往君士坦丁堡，声称开除大牧首及其所有追随者的教籍。君士坦丁堡牧首亦召集东部主教会议，开除罗马教宗的教籍。至此，双方矛盾已不可调和。东部教会声称自己完整地延续了使徒以来的正统，为"正教"(Orthodoxy)，故中译为东正教。西部则声称自己是"大而公"之教会，为"公教"(Catholic)，中译为罗马公教，然而由于其传入中国之时，坚持以独创之"天主"一词来指称"上帝"或"神"，故中文又通译其为天主教，或罗马天主教。

(右页图) 图41 东西部教会分裂图
　　基督教的地中海世界本来就分裂为西部的拉丁区和东部的希腊区，两者之间语言、文化差异巨大，西罗马帝国的覆亡更使它们走上了不同的发展道路。西欧的封建制与东部的集权制分别构成东西部教会所处的不同政治格局，罗马与君士坦丁堡都声称拥有对整个教会的最高权威。两者于1054年的最终分裂，奠定了欧洲东西分立的基本格局。

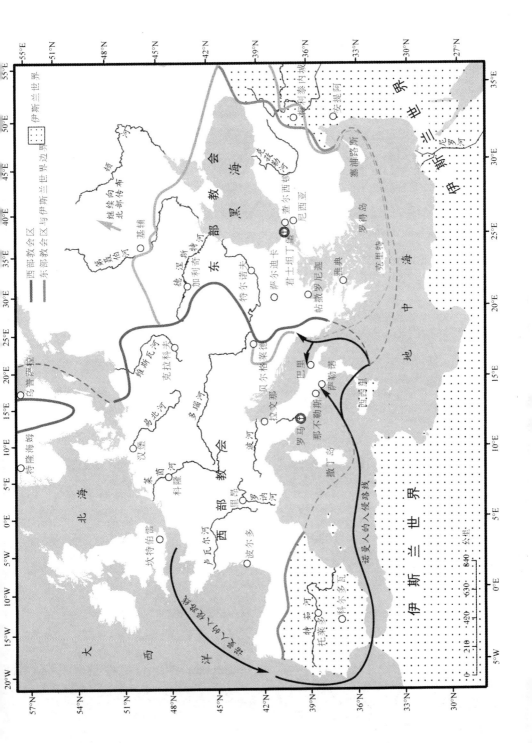

第四编
中古后期基督教

　　到11世纪，中古基督教在欧洲经历了近500年的发展、沉淀、整合之后，开始进入它的高峰期。中古欧洲为基督教的发展提供了较稳定的社会环境。在政治上，封建制趋于成熟，等级制逐渐清晰，王权的更迭稳定；在经济上，庄园经济充分发展，同时，独立的城市与乡镇也开始出现。因此，中古教会发挥了它在制度建设、民众整合、文化发展等方面的独特作用，催生出灿烂的基督教文明，系统的教会法、活跃的大学、蓬勃的修道运动、宏伟的教堂、精深的经院哲学等都是这一时期的文化产物。

30. 西部教会的整合运动

　　查理曼帝国只是西欧历史上的短暂的、不稳定的统一时期，分封继承的习惯法使它在查理曼之后又恢复到类似于部落联盟的政治状态。国家与教会都处于分裂割据的状态。北部与东部蛮族在公元10世纪前后的入侵，促使领土和权力向地方贵族集中。以德国为例，巴伐利亚、斯巴比亚、萨克森、弗兰克尼和洛林等侯国成为政治实体，这些部族的公爵成为真正有权力的人。在他们之间，没有制度性的从属关系。他们依靠婚姻等血缘纽带，构成彼此联结却又互不从属的联盟。基督教会在封建制的社会结构之中，处于分散而被孤立的状态。它们如同附庸一般，从属于地方贵族或公爵。

　　公元10世纪欧洲的基本格局是分裂与割据，但是中古前期播下的一体理想却也在其中孕育。这一理想可以通过中世纪的两个动态因素，即教权与王权，实现出来。有趣的是，在具体的历史发展道路上，首先是在教会中出现了这种追求一体的运动。

　　在11世纪之前，所谓"教宗治理公教会"主要是一个理想，西部神职人员包括主教、教士和修士都处于国王和贵族们的统治之下，他们不是由教宗任命，而是由这些世俗统治者任命。教会职位与土地紧密相关，一个主教职位通常是一笔巨大的封建地产，更低级别的教士则有资格分享农产品和各种劳役所产生的收入。当时出现了所谓的"地产教会"（proprietary church），封建领主拥有对自己地产上教会和修道院的神职人员的处分权。教职成为一种可用钱财交换的有价物，买卖或交换圣职（Simony）的现象十分普遍。国王与贵族不是单纯的"俗人"或平信徒，而是"基督的代理人"，由于教士们为他们施行了膏油或洗礼，他们本身也具有神性，并声称自己具有为教士授职的权力。因此，西欧的世俗贵族控制着西部教会神职人员的任命，即所谓"俗人授圣职的权力"（Lay

Investiture)。这样，教士实际上是封建统治集团中的重要成员，与世俗统治者有着千丝万缕的联系。由于中世纪人们之间的紧密和持久关系主要通过婚姻来维持，因此，教士结婚也是十分普遍的现象。

10世纪欧洲的封建程度的加深，实际上深化了教会被地方贵族控制的程度，针对这一情形，教会采取了"尊教宗，抑主教"的策略，因为在封建制下，地区大主教是国王或贵族控制教会的关键。抬高教宗的权威，实际上是为了打击地方贵族对教会的控制，而其客观结果则是促进了教会的统一，在人们心中激发出由罗马教宗来维护一个大而公之教会的理想。有两个运动对这一理想的实现起到了关键作用。

一个是通过假托古代教会法的形式，宣称罗马教宗对于整个西部教会的至上权威。公元847至852年编成的著名的《伊西多尔教令集》(Isidorian Decretals)就假托一个名为伊西多尔(Isidore Mercator)的人，将从罗马的克雷芒主教(Clement of Rome)到大格列高利(Gregory the Great)所发出的教宗谕令编辑成册，成为教会法。后人将此法令集称为"伪伊西多尔教令集"，但它并非全然伪造，而是由一些圣经片断、罗马法、教宗谕令、公会决议、法兰克人法、西哥特人法等组合而成的大杂烩。它主要托借这些古老的罗马主教们的声誉，声称教宗自古以来就拥有对整个教会的管辖权，是各地主教可以上诉的最高权威。所谓的"君士坦丁赠礼"(Donation of Constantine)也列于其中，它授予教宗以管辖整个西部教会的权力。《教令集》的两个基本精神是：主教不可以被控诉，它规定的一系列条件使主教几乎不可能被控诉；大主教(metropolitans和archbishops)对主教的处分权几乎被剥夺，所有主教均可直接、随时上诉罗马教宗。它还宣称教宗和主教都不受世俗政权的辖制。《伊西多尔教令集》的意义在于，它直接在主教与罗马教宗之间建立起活跃的互动关系，通过诉诸于远在罗马的教宗的权威，各地主教大大增强了摆脱地方贵族控制的独立性；另一方面，教宗对基层教区具有实际的控制力和影响力，罗马公教成为超越王国边界的"超级国家"。这一法令集刚刚编成时，并没有产生多大的效力。但后来尤其是11世纪，它在加强教宗权力的过程中起到了极大的作用。

另一个显著地促进公教的整合、加强教宗权威的运动，是新一波修道运动，尤其是发源于法国东部的克吕尼(Cluny)运动。在查理曼治下，修院的主要作用是教育和文化。其子虔诚路易(Louis the Pious)则更具宗教性，加强修院中崇拜、默想和克己的活动。他强令法国境内的所有修院，均以本笃修会的会规作为准则。然而，在西欧崩溃的浪潮中，修院亦不能幸免。修道运动的重新兴起，始于910年威廉王公在克吕尼捐出土地兴建修院。其《建院纲领》(Foundation Charter of Cluny)可谓中世纪后期贵族与修院关系的一般反映：

> 既然因着上帝的恩宠，我们拥有这些易逝的财产，那么，如果我们运用得当，它们也能给我们永恒的回报。从这些我拥有的属世财物之中，为我灵魂的永生，我应该拿出一部分。当上帝终有一天收回本属于他的一切之时，我仍然有所存留。我要用我的财物，来供养一个修士的群体。我相信，虽然我自己不能撇下我的一切，但是，通过我收留那些愿意撇下一切的修士们，我能得到公义的回报。我要所有同信同望的人们知道，我从我的领地上将克吕尼小城以及由它而产生的一切收益，依附它的一切农夫、水流、草场和森林，都交给圣彼得和圣保罗。我把它交出来，首先是为了爱上帝，其次是为救我的灵魂，我的一切亲属的灵魂，也为了大公教会的推广。最后，由于所有基督徒都因一信一爱而成为一体，这样的捐献也是为所有的人，无论过去还是现在的正信者。我捐出这些，将在克吕尼建立一座修院，为尊崇圣彼得和保罗，为所有修士能够在此按本笃会规而一起生活。愿在此，人们以最诚之心祷告，以最敬之心对待那些穷困之人、朝圣之人。在这里的所有修士，都要听从

院长的管辖。在他死后,又能按照教会法规选出新的院长。每五年,他们都要向罗马主教交纳贡金,反之,罗马的诸圣徒们、罗马主教要保护他们。我还要说,在这里聚集的修士们不属于我们的管辖,也不属于我们的亲属,也不属于皇家,不属于任何在地上的权力。任何世俗统治者、任何主教、包括罗马主教和教廷,都不能侵犯、割让、贬损或交换这个修院的财产。如有违者,愿上帝、诸圣徒们的恩惠永离他们。

可见,从会规上来说,克吕尼修院只是本笃修会的一枝。但它具有强烈的自治精神,贵族们在捐出领地后,便不再有管辖该地的权力。修会领有领地后,附着于它的一切收益亦归修会所有,以形成经济上自足的单元。它还有选举修院院长的权力。不受一切主教或世俗法律的管辖,其土地亦不受一切侵犯,不得成为世俗财产。在它最初几位院长的领导之下,克吕尼修院因为它严格的禁欲主义而著称。一时成为效仿的典范,据考证,通过建立新的修院或者把老的修院吸收进来的方式,到12世纪,克吕尼修会已经有314座修道院,到15世纪,有825座修道院。

克吕尼修院在组织体制上还有它的创新之处。在它之前,某些修院虽然按同一会规建立而同属于某一修会,但它们在当地受地方主教的管辖,彼此之间只保持一种松散的联合关系。但当克吕尼修会向外扩张,或者收编其他修院时,那些子修院都要从属于某一核心修院,这些核心修院又都从属于克吕尼修院。这是它与本笃修院的最大区别。每个修士的入会誓言,哪怕他在十分边远的修院,也要得到克吕尼修院院长的许可,而且每个修士都要在克吕尼修院待一段时间。这一新组织形式颠覆了传统修院之间松散联合的家族式理想(family ideal),而代之以某种兼具封建等级制与中央集权的组织方式。它的结果是:由一个中央式的集权修院,和散布在各地的随从型修院所组成的等级制修会。克吕尼修院院长被称为"众院之长"(Grand Prior of Cluny),有权任命各地修院的院长

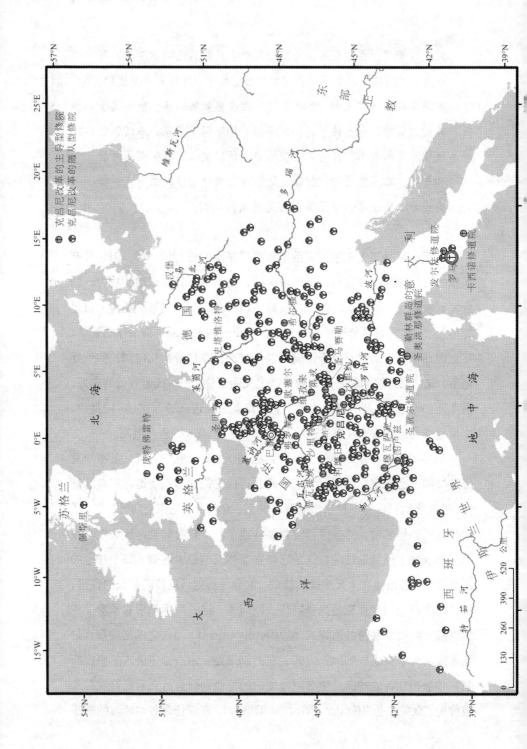

(prior)，每年由他本人或他的代表巡游各附属修院。

克吕尼修会不单纯是一个隐修组织，毋宁说，它是中世纪的一种特殊政体。这表现在它以基督教的理念具体地介入到对社会的干预之中，其中最著名的就是它推行"上帝的和平"(Peace of God)及"为上帝而休战"(God's Truce)的运动。所谓"上帝的和平"，是为避免中世纪封建贵族之间的战争对于社会的过度伤害，在时间和空间上都划出一条战争不能逾越的边界。它规定在教堂附近的某个区域，不能发生战争；不允许侵犯神职人员、朝圣者、商人、犹太人、妇女、农民等特定人群；不允许侵犯教会财产；保护非战斗人员；教会有权庇护战斗的俘虏和伤员等。在时间上，它规定宗教节日不得进行战争，后来又把休战时间延伸到每周从周三的傍晚到周一的早晨，在大斋节、圣灵降临节和各种圣徒节日都须停止战争。如有违这些条款者，教会有权开除其教籍。这些运动使得一定阶层的人免服兵役、免遭人身或财产侵犯，并把战争局限在一定的

（左页图）图42 克吕尼运动欧洲传布图

修道院代表了对更纯粹的宗教理想的追求，是基督教会的一个当然组成部分。在中古前期，人们也不断地建设修道院，但是，作为一个运动，并成为基督教介入社会的一种模式或一个渠道，却是由克吕尼修道运动所开创的。它建立起一个有着领导核心、组织严密的修会。相对而言，它的禁欲主义、出世理想不是很强烈，与教会、教士的关系较为和谐，因此，它成为罗马教宗整合西欧教会的重要力量。它对于集权的教宗制（Papacy）的形成，起到重要作用。法国是克吕尼运动的策源地，也是其影响的主要区域。

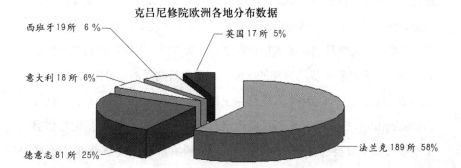

克吕尼修院欧洲各地分布数据

西班牙19所 6%
意大利18所 6%
英国17所 5%
德意志81所 25%
法兰克189所 58%

时空中，极大地限制了中世纪无政府状态下的暴力行为。在更深层次上，它意味着基督教的修会组织找到了介入中世纪社会的独特方式，它凭借着基督教在西欧社会的精神主导地位，运用克吕尼修会统一集权的组织构架，对封建贵族的活动进行道义上的限制，无论是介入方式还是其实际内容，对中世纪都有重要的意义。

对整个中世纪来讲，克吕尼修会意味着一个新型组织的出现——一个单一的修院首脑超越了各个分封贵族，一个统一的修会超越了四分五裂的封建领土。对西部公教来说，它意味着教会摆脱地方贵族控制的新方式。在经历了10世纪蛮族再次入侵的动荡之后，西部教会首先实现了初步的联合和一体化。克吕尼修会成为一个模式，它为西部教会的神职人员形成一种共同的统一体的新意识奠定了基础，成为教宗革命的动力和榜样，也为后来的教权干预王权打下了基础。

31．教宗革命

从公元9世纪到11世纪，处在西欧动荡局势之中的教宗，其角色是矛盾的。一方面，如同尼古拉一世(858-867年在位)所主张的：不经教宗的同意，大主教和主教都不能就职；国王没有资格裁判教士，教士不受世俗权力的管辖。另一方面，这些都只是一种理想，实际上，从9世纪后期到11世纪前期，正是罗马教宗的威信最低之时，世俗权力主导着教会神职人员的任命，上至教宗受罗马贵族的支配，下至主教则受地方贵族的摆布。

查理曼的宗教助手曾称法兰克王国为"基督教帝国"(*Imperium Christianum*)，但它的含义不是说由宗教领袖来管理国家，而是说世俗君王是管理整个教会的首脑。中古前期的西欧没有所谓政教分离的观念，教会(*ecclesia*)不是政治权威之外的一个实体，而被认为是由世俗统治者(*regnum*)与神职统治者(*sacerdotium*)共同管理的基督教信众的集合体。法兰克、德意志以及英格兰的国王，都像东部拜占庭皇帝一样，支配着主教们的任命。教宗只是"圣彼得的代理人"，而皇帝或国王却被称为"基督的代理人"。国王还具有祝圣权力，即在仪式上向主教授予象征宗教身份的标记物即权戒和牧杖，并对主教托付说："接受教会吧！"(*Accipe ecclesiam*)。11世纪之前，在人们的观念中，国王只有一个，而主教却有很多个，罗马教宗只是其中之一而已。但是，11世纪之后，这一观念却被颠倒过来，人们开始认为：教宗只有一个，而国王却有众多。使人们观念发生转变的就是11世纪持续百年的、综合性的、带有革命性质的"教宗革命"(Papal Revolution)。

教宗革命与克吕尼运动关系密切，其间几任教宗都出身于克吕尼修会，克吕尼修会试图摆脱地方贵族的控制，强调教会自治，抬高教宗的权威等理念对教宗革命也有深远的影响。如前所述，随着运动的发展，克吕尼修会一改只着力于改革隐修制度的初衷，开始广泛地改革当时弥漫在神职人员中间的世俗气息。他们强烈批评教会中流行的"西门主义"(Simony)即用金钱买卖圣职，以及"尼哥拉主义"(Nicolaism)即神职人员娶妻或纳妾，而这二者恰恰是教会受到地方贵族摆布的集中体现。前者将圣职理解为一种世俗益处，后者则通过与神职人员的联姻，来实现贵族的政治或经济目的。显然，如果只能以宗教理由来任命神职人员，并且教士独身导致教会职位无法通过血缘来继承，而只能由教宗来任命，都将大大地提高罗马教宗的权威。

推动11世纪教会改革运动的第一个教宗是利奥九世(Leo IX，1049—1054年)，他最显著的改革是针对教宗的直接顾问——枢机主教团的组成。由于教宗实质就是罗马主教，按照教会法，他的产生也应由邻近主教、神职人员和信众选举产生。据教会传说，古罗马城的每一个区都有一座教堂被认为是最重要的教堂，它们被称为"教区教堂"，其任职神父被称为

"枢机神父"。从3世纪起，罗马被分成若干个慈善区，其首脑被称为"枢机执事"。后来，邻近罗马的地区即罗马郊区也有了主教，他们被称为"枢机主教"。与其他主教区一样，罗马主教即教宗的选举乃由这些"枢机"们来决定。这种方式导致的严重问题是：如果这些"枢机"(cardinal)的职位被当地的罗马贵族所控制，那么教宗的选任与废黜等于由罗马贵族来掌握。利奥九世的改革方法就是从西部教会的其他地区选出合适的人，由他们在名义上担任罗马的枢机，并由他们来选举教宗。这样，枢机主教团就不只代表罗马这一个地区，而是代表整个西部教会。

此后，尼古拉二世(1058–1061年)进一步推进教宗改革，1059年他发布了一条关于教宗选举的著名谕令。它规定，教宗去世后，先由枢机主教们(cardinal bishops)考虑继承人选，然后再同其他枢机协商。在他们选举后，其他的神职人员和信众才能投票。这样，选举教宗的权力主要由枢机们所掌控，尽管它需要得到更低级的神职人员和平信徒们的认可(laudatio)。由于枢机实际上不限于罗马地区，而来自于广泛的西部教会，因此教宗选举实际上已经有广泛的普世性了。更有力的规定在于，教宗可以在任何地方的教会中产生，如有必要，选举可以不在罗马而在其他地方举行，教宗不管在何地当选，一旦选出就立即拥有其职位所赋予的各项权力。虽然该谕令也谈到选举时应该尊重(regard)世俗的帝国皇帝，但它又要求皇帝亦应同样地尊重教廷。这一选举方式对于教宗的独立性而言是革命性的，它从制度上彻底摆脱了教宗选举由地方势力控制的局面。

在教宗革命运动中一直扮演"推手"角色的希尔德布兰德(Hildebrand，生卒1020–1085年，在位1073–1085年)登上教宗位置后，称格列高利七世，更强劲地推动教宗权力的集权。他宣布：教宗在法律上超乎所有基督徒，所有主教均由教宗任命，并最终服从于他，而不是任何世俗权威。他倡导两个基本的原则：一、教宗集权，即教宗高于所有神职人员；二、教权超于并高于政权，即整个教会的管理体制独立于并高于社会的整个世俗部分。1075年，著名的《教宗敕令》(*Dictatus*

Papae)传布开来,虽然它的实际作者可能并非教宗本人,但它用法律的形式确定了教宗的绝对权威,其中包括:

1. 罗马教会由上帝独自建立;
2. 只有罗马主教才能正当地被认为具有普遍管辖权;
3. 只有他能废黜和恢复主教职位;
4. 在宗教会议上,他的使节高乎众主教之上,并可做废黜主教的决定;
5. 教宗有权废黜那些缺席审判之人;
6. 只有他一人可以根据时代需要制定新的法律,组建新的修会,或将富有的主教区分开,或将贫穷的主教区合并;
7. 只有教宗才是众世俗君王应该亲吻其脚之人;
8. 只有教宗的名字才应该在教会中念诵;
9. 他可以废黜皇帝;
10. 他可以改换主教;
11. 他有权按其意愿任命任何教会的神职人员;
12. 没有奉他命令所开的教会会议不得称为公会议;
13. 未经他的许可,任何条款或法典都不得成为教会法;
14. 任何人都不得修改他的判决,而只有他才可以修改所有的判决;
15. 他自己不能被任何人所审判;
16. 罗马教会永不犯错;
17. 罗马教宗,只有他是按教会法所选任,并由于圣彼得的功效,而成为一个圣徒;
18. 他可以不经教会议会而废黜或选任主教;
19. 与罗马教会不合者,不得被称为公教会;
20. 他可以解除臣民对邪恶君王的忠诚。

格列高利七世的这一教宗法规是革命性的。此后,他就依据教会法,对西部教会拥有普遍的立法权和司法权。他宣称教宗法庭是"整个基督教世界的法庭",教宗对于任何人呈交给他的案件都拥有普遍的管辖权。教宗成为直接管辖所有人的法官。由他来统治整个教会。他是普遍的立法者,其权力只受自然法和实在神法(即《圣经》中的律法)的限制。他召集并主持大公会议,其决议的实施须经他的批准。他是法律的解释者,他的教令是结束争论的决议。他还是最高的法官和执政者。

11世纪是中世纪的一个转折点,其关键之一就在于教宗革命的展开。在此之前,教会是分裂于各个封建公国之间,而此后,西部教会统一于罗马教宗之下,国家众多,而教会唯一。对照成熟的中古后期文明来回溯它的意义,可以看到:一、教士在西欧第一次成为跨地方、跨部落、跨封地和跨国家的"阶级",它在政治、法律和行政体制上都实现了统一。此后,成为一个统一体的教士体系具有了挺身而出、抵抗甚至击败那个亘古以来的权威——国王或皇帝的能力。二、它几乎使西部教会具备了近代国家绝大部分的特征。它声称自己是一个独立的、等级制的、公共的体系,其首脑有权立法,并通过它的行政管理系统去执行法律。总之,教会在中古行使着一个近代国家才拥有的立法权、行政权和司法权。三、通过对古代教规和法令的汇编,教会产生了一个教会法体系,它既与世俗法紧密地结合在一起,又因为它的宗教性而超越于世俗法之外。它既是近代西方法律体系的母体,又隐含着教会法与世俗法体系之间二元紧张的格局。

32. 神圣罗马帝国

凡尔登会议之后,查理曼帝国一分为三。至911年,加洛林王朝在东部德国的统治结束。封建制迅速发展,权力落入各个分封公国的手中,如巴伐利亚、斯巴比亚、萨克森、弗兰克尼和洛林等。但此时，在政治层面，北部诺曼人和东部匈牙利人的入侵，迫使这些分散的公国联合抗敌；在宗教层面，由于各地主教试图摆脱地方贵族的控制，希望以一个更高的王权来抑制贵族的力量，因此，德国仍普遍渴望推举出一个国王。919年，萨克森公爵亨利成为德国国王，他打败北部的丹麦人，征服易北河以东的斯拉夫人，并击败来犯的匈牙利人，奠定了一个强大君主国的基础。

936年，王位传给其子奥托一世。奥托在亚琛(Aachen)登基为帝，似乎延续着查理曼的中央集权的理想，但随即他就卷入到与不愿臣服的强势的分封公国的斗争之中，巴伐利亚、弗兰克尼、洛林等公国先后都起来反对他。奥托制服他们的一个重要办法是依靠主教和大修道院长的帮助，而在当时，能够实际地帮助这些教士们摆脱地方贵族控制的力量也只有君主。奥托任命自己的心腹担任主教或修道院长，由于他们掌握着大片的土地，因此联合他们能够制服地方贵族的联盟。这样在德国就产生了特殊的政治制度，即主教们既是宗教上的领袖，又是世俗统治者。国家的权力建立在君主对主教委任权的基础之上，这也是后来神圣罗马帝国与罗马教宗在主教任命问题上冲突的原因所在。

与查理曼帝国相似，奥托建立了一个政权与教会密切结合的制度。如果说教会赋予加洛林王朝某种神圣色彩的话，那么不同的是，奥托建立起一个"国家教会"(a state church)，等级化的教阶结构被纳入帝国政府的民事机构之中。国家始终高于教会，国王有权任命主教和修道院长，主教须服从皇家法庭的裁决。而且，只有得到君主的许可，才可以召开宗教会议(synod)。在国家制度框架内，教会也起着特别的作用。由于教会的特殊身份及其宗教理念，主教可以保护商业贸易的开展，而在教会的庇护之下，封建制度中的较低阶层也可以借助教会来保护自己免受贵族的欺凌。

奥托继承了查理曼的帝国理想，不断地推进他的统治疆域。他先后使法国、勃艮第成为德国的附属国(vassal)。951年，他又进军意大利，征服意大利北部。同时，他还不断地向东部推进。在处理边疆问题时，他充分利用了教会在同化异族方面的作用，使东部斯兰夫人基督教化，与他使东部德国化(Germanization)的工程同时进行。他在斯拉夫人中设立了勃兰登堡、哈韦尔堡主教区，在丹麦人中设立了石勒苏益格等主教区，并设立马格德堡大主教区等。在东南部，他还将德国的影响力拓展到奥德河(Oder)并进入波希米亚地区。在955年的莱希菲尔德(Lechfelde)战役中，他彻底击败了匈牙利人，将匈牙利人局限在一定的区域之内，使德国最终摆脱了从东部受蛮族攻击的危险。

奥托的战功唤起了他的帝国理想，而单纯依靠武力及在部落王权制的框架内所能拥有的等级，并不能保证他的君权不受其他王公(duchies)的挑战。于是他把目光转向罗马，希望通过罗马公教的权威及其理念，确立他作为一个帝国的皇帝，而不是诸王公之首领的地位。公元961年，他应罗马教宗约翰十二世的邀请，进入意大利，并直抵罗马。次年2月2日，他在罗马被教宗加冕，立为皇帝。是为"神圣罗马帝国"(Holy Roman Empire)。此后，虽然皇帝只是或大或小的德意志国王，但他们在统绪上却继承了罗马奥古斯都和查理大帝以来的罗马皇帝的帝位。直到1806年，这一头衔才被拿破仑废除。这次加冕确定了奥托王朝拥有教俗特权，一方面，他通过与罗马公教联盟的方式来确定他的神圣地位，他是各基督教国家的世俗首领，并以教宗加冕的方式来表示他的帝位的正当性，当然，帝国反过来又要确保教会自加洛林王朝以来所拥有的各项权力；另一方面，其他公国的王公除非向神圣罗马帝国的皇帝宣誓效忠，否则不得被立为王公。

在奥托的强力之下，罗马教宗实际上被他所控制。963年，在他侵入罗马之时，他甚至强迫罗马人发誓：未得到他本人或他的子孙的许可，不得选举教宗。他发现约翰十二世与他的敌人相串通之时，立即将他废黜，并任命他中意的新教宗。他前后几次干预教宗的选立，以德国人的

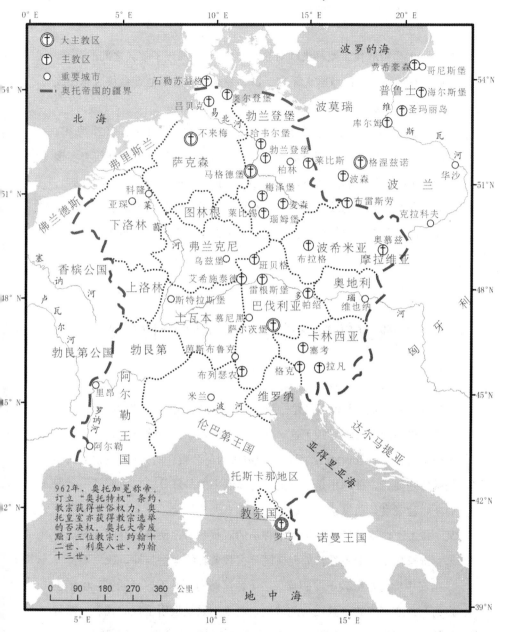

图43 神圣罗马帝国的扩张与教会东进图

奥托在欧洲中部建立起一个强大的国家,为在法权上确立他的皇帝地位,他重归查理曼式的与罗马教宗结盟的道路,由罗马教宗为其加冕。教会与王权的结盟,几乎使罗马公教成为德意志人的民族宗教。德意志向东部的扩张,与罗马公教的东进相伴随。奥德-维斯瓦河流域相继建立主教区,在宗教文化上与莱茵-易北河区成为一体。

(German)皇帝取代了罗马贵族对教宗的控制。他加强了政教之间的关系，然而，在他所创制的政教关系中，罗马教宗只不过是他整合德意志民族的一个纽带而已。

奥托家族的王权并未维持多久，帝位由亨利二世(1002—1024)所得。但奥托开创的整个帝制却被继承，尤其是他通过掌控主教叙任权来实现对于整个国家的控制的政策，一直延续了下来，并与西欧的封建制结合，成为神圣罗马帝国的政治基石。当罗马公教经历了教宗革命而走上集权道路之后，对主教叙任权的控制便成为中世纪政教相争的焦点所在。

33. 主教叙任权之争：《沃尔姆斯协定》

在中古后期，主教不只是一个宗教职位，它还拥有世俗方面的权力。西欧历史的两个因素导致了这一情形的出现：一、西欧整个是一个"基督教王国"(Christendom)，所有人皆被认为是公教会的一员，王权被认为是基督的委托，神职也是王国的管理体制中的一部分；二、西欧中世纪后期封建制度日益发达，主教们开始拥有大片领地，成为领主而从属于某一位国王。主教们兼具世俗与神圣的双重身份，使得一些问题突出出来：谁有权来任命主教？如何来区分主教兼具的世俗与神圣权力呢？

在中世纪基督教王国的背景之下，这些问题并不容易回答。由于中古前期西欧形成的政教相合的政制，君王不只是世俗王权的代表，而且是整个基督教群体的领袖。他们被称为"基督在世间的代理人"(Vicar of Christ)，他们的权力是上帝所亲授的，在他们身上兼具属天和属世的各样性质。虽然他们不是教士，但他们也不是普通的平信徒，他们常被认为由上帝所膏选因而也拥有祭司的职责。换句话说，他们既是君王又是祭司，教士和贵族都是他的属下，他既对世俗事务，亦对宗教事务行使统治权。因此，他不仅有资格授予教士们以世俗权力，而且可以通过授牧杖(staff)和权戒(ring)的仪式，来授予神圣权力。这就是通常所谓的"平信徒授职"(Lay Investiture)。

在克吕尼运动和教宗革命浪潮的推动下，从11世纪开始教会对世俗君王拥有授予牧杖和权戒的宗教权力提出质疑。后来成为格列高利七世的希尔德布兰德就说："谁不知道国王和公爵们的起源？那引起人不认识上帝，通过骄横、强夺、不义、杀戮和几乎所有的罪行，使他们获得其权位。这个世界的王公们在魔鬼的唆使下，以盲目的冲动和令人不能容忍的傲慢统治与其平等的那些人。"要求世俗权力远离宗教事务的运动，甚至发展成为要求教士不得像封臣一样效忠于国王或其他世俗贵族。1074年，在罗马会议上，通过了对"买卖圣职"的谴责，宣布所有通过买卖而得到的圣职皆为无效。另外，还通过了禁止教士结婚的法令，认为"已婚的教士没有主持弥撒的权利，如果不遵守此法，人们也可以不受他们的掌管，并应使他们被世界厌恶，被人们唾弃"。这样就使得建立在血亲制度上的贵族阶层难以染指圣职，进而使西欧各地教会都转向效忠罗马。

教宗格列高利七世与德国皇帝亨利四世的斗争是中世纪政教冲突的高峰和集中体现。格列高利七世在当选为教宗之前，便是推动教宗革命的主要人物，具有与各种政治势力打交道的丰富经验，他于1073年当选为教宗，时年约50岁。亨利四世生于1050年，虽然他在6岁时就被推为德意志国王，但直到1070年才实际掌权。如前所述，格列高利七世就任后把教宗的权力推向顶点，他颠覆了中世纪前期对于世俗权力和宗教权力关系的理解。在他看来，恰恰是教宗而非君王是上帝封立的普世最高统治者，所有人不管是教士还是世俗贵族都必须服从他，尘世间的君王都得对他负责。这样既对君王们的灵性有好处，也有利于他们的世俗统治。他似乎意图在世上实现奥古斯丁"上帝之城"的理想，以罗马教宗

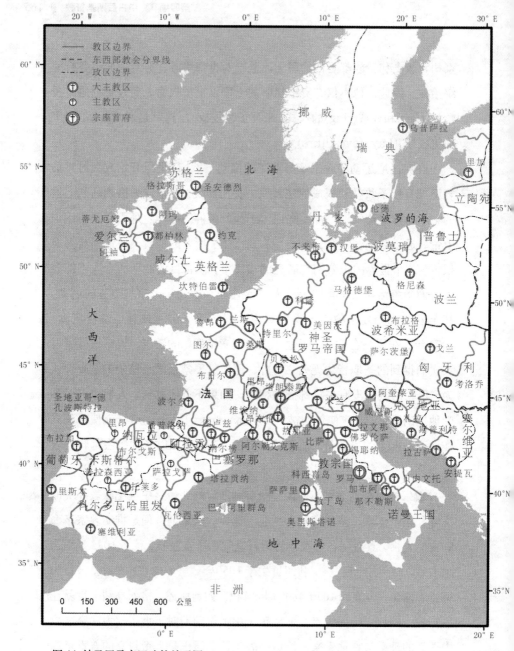

图44 神圣罗马帝国政教关系图

中古欧洲由众多分封的公国、侯国组成，它们对所谓的神圣罗马皇帝进行有力的制衡。与此同时，罗马公教亦将西欧分成诸多主教、大主教区，它们是按照教会历史或传教便利进行分界，与封建王国并不完全重合。它们服从罗马教宗的权威，形成了制衡封建王权的另一种力量。这些因素是中古欧洲未能形成中央集权体制的重要原因。

的精神性力量使人类得到新生，从而实现一种新的社会形态。但这一理想必然受到世俗君王的挑战。政教冲突就在格列高利七世与亨利四世之间展开，导火索正是对意大利北部的米兰大主教的任命。

米兰大主教的任命对于意大利北部至关重要，该地区是教宗国与德国之间的中间地带，因此，亨利四世与格列高利七世都任命自己的人选为米兰主教。格列高利七世对教廷的控制较为牢固，而亨利四世则穷于应付德国境内的贵族叛乱。因此，1074年亨利在教宗使节面前悔罪，表示服从教宗。1075年，格列高利重申禁止平信徒授任神职的权力，否认亨利有权任命主教。但此后不久，亨利暂时控制了德国的局势，又开始挑战教宗，委任了米兰大主教。格列高利七世做出强烈的回击，他于1076年2月在罗马召开会议，革除亨利的教籍，禁止亨利在德国和意大利行使权力。尤为突出的是，他还解除臣民对亨利的效忠誓言，由于神圣罗马帝国的帝位建立在地方贵族效忠的基础之上，所以，这等于赋予各公国和贵族挑战亨利帝位的权利。亨利在德国的统治基础并不牢固，在格列高利七世的鼓动之下，1076年10月，德国贵族们在特里布尔(Tribur)的会议上，宣布如果亨利的教籍一年内不能恢复，就废黜其帝位。亨利要稳定帝位的唯一方法就是解除教宗的绝罚令(excommunication)。于是，他在隆冬时节越过阿尔卑斯山，在意大利至德国的必经之路上守候格列高利七世。教宗不知亨利到底是求和还是宣战，便躲入卡诺莎(Canossa)城堡。据说，亨利就赤足站于门外的雪地达三天之久，以示忏悔。1077年1月28日，亨利四世的绝罚令被撤销。

由于这一事件富有戏剧性，人们常以之为中世纪王权在教权面前被羞辱的标志性事件。但是，实际情况远比此复杂。中世纪人们常用"两剑理论"来说明政治权力的运作，即对国家的恰当治理应该一边运用"灵性之剑"即教权，一边运用"世俗之剑"即王权。实际上，教权与王权常常相互冲突，教权所能运用的武器是绝罚(excommunication)或禁令(interdict)，对君王的威胁是抽象而间接的；而王权则常运用暴力，直接迫使教廷屈服，或者设立一些傀儡教宗或对立教宗来直接掌控教会事务。因此，格列高利七世避入卡诺莎城堡，实际上是躲避可能的武力威胁。而亨利站在卡诺莎城堡之外，对格列高利七世更是一个难题。按照公教的悔罪(penance)理论，教士应当接受罪人的悔罪。然而，如果格列高利接受亨利的悔罪，就意味着他前功尽弃，亨利则获得新的机会。因此，卡诺莎事件其实是亨利在政治上的胜利，他既使格列高利七世解除绝罚令，又使德国反对他的贵族们陷入混乱之中。

亨利获得喘息的机会，开始整顿德国内部的政治局面。1080年，亨利召开宗教会议，废黜格列高利七世，并选立另一位教宗，称为克雷芒三世。彻底击败了德国内部的挑战后，亨利又挥师南下意大利。1084年，攻入罗马，罗马人与教廷的枢机主教也倒向德国皇帝。格列高利七世只好向南部的诺曼人求援，这些人在11世纪上半叶赶走盘踞在意大利南部的穆斯林，皈依基督教，但他们实际上独立于罗马教宗，不受其支配。他们于1084年5月攻入罗马，名义是为格列高利解围，实际上是劫掠罗马的财宝。1084年，格列高利七世不得不与他们一直撤退，他们要求格列高利将他们的首领加冕为王，但遭格列高利拒绝，之后诺曼人自己又选立了一个教宗。在颠沛之中，格列高利七世凄惨去世。

此后，神圣罗马帝国与罗马教宗就主教任命权多次发生争执。正是在这样的争执之中，从12世纪初开始，西欧逐渐发展出神职与俗职相分离的理论。著名神学家安瑟伦就在与英王亨利一世的交锋中，认为国王无权任命主教，并迫使亨利一世放弃主教叙任权，交出牧杖和权戒，只保留国王的世俗叙任权，接受主教的效忠宣誓。1122年，教宗与神圣罗马帝国的皇帝亨利五世在沃尔姆斯达成协定，史称《沃尔姆斯协定》(Concordat of Worms)。它分别采用了教宗授权予国王，国王认可教宗的形式，表明双方的共同协定。它规定：德国的主教和修道院长不再由皇帝任命，而是按照教会法规，由教士组成的选举会议推选；在德国选举主教时，须在皇帝或其代表在场的情况下进行；选举中如有意见分歧，皇帝有权与大主教或邻近地区的主教们协商裁决。德国主教授任时，首先由皇帝授予以节杖(scepter)为象征的世俗职权；然后由罗马教宗授予以权戒和牧杖(ring and staff)为标志的宗教权力。在意大利和勃艮第等地，授予主教世俗权的仪式应在授予宗教权之后6个月举行，主教叙任权统归教宗掌握，皇帝不能干预。

这样，主教与修道院院长等关键神职都必须得到教宗与皇帝的共同承认。显然，一方面，它并没有实现教宗革命试图达到的以教会重整社会、以宗教生活来实现人类再生的理想；另一方面，相比于中古前期，教会处在王权的阴影之下，只是整个管理体制的一部分的情形，教会获得了相当的自由，取得了与世俗权力平起平坐的地位。这一社会结构深刻地影响了西部教会和社会的形态，是中世纪后期社会的一个基本结构。

34．大教堂的兴建与西欧文化景观

基督教发展初期，信徒采取的是家庭聚会的形式。一些较为富裕的基督徒开放他们的居所，容纳聚会崇拜的基督徒。因此，基督教最初并没有专门的教堂建筑。此后，随着基督教在罗马帝国的发展，在一些迫害并不剧烈的地区，专门用于崇拜的教堂发展出来。基督教获得合法地位后，信徒数量大增，对崇拜场所提出了更高的要求。人们尤其是王室、贵族捐献的地产、财物，为建造大型宏伟的教堂也提供了物质支持。

在选择建造教堂的建筑形式时，人们意识到，罗马传统宗教的庙宇并不适合，不仅因为它与异教崇拜之间的关联，而且因为基督教的崇拜有着迥异于罗马传统宗教的内涵，例如，罗马宗教以祭祀为中心，它需要在室外进行，神灵才能看见，庙宇只是收藏器物的背景性建筑。而基

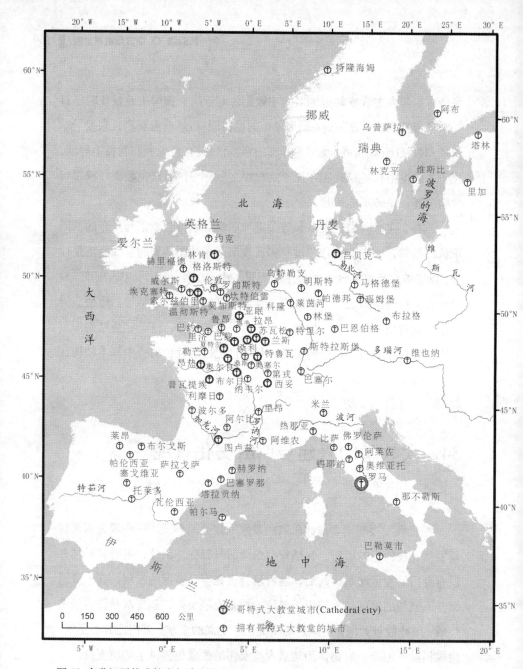

图 45 中世纪哥特式教堂与欧洲文化景观

中古欧洲城市的形成,与基督教有着密切的关系。城市公共生活是以教会为中心来组织的。正如对古罗马人来说,只有有了浴场、剧院等才能称为城市一样,对于中古欧洲来说,只有有了大教堂,一个地方才能称为城市。中古晚期,欧洲逐渐复苏,城市开始兴起,与此相伴的就是大教堂的普遍建设。哥特式大教堂代表了日耳曼蛮族文化与基督教的进一步融合。这些大教堂的兴建,带动了欧洲城市群的出现,也从地理上永久地改变了欧洲的文化景观。

督教强调周而复始的聚会，信仰者共聚一处，以听道和圣餐为核心。最适合的罗马建筑是议会堂(basilica,常音译为巴西利卡)，它通常有一个中央会场(nave)，由一边一排柱子分出两个走道(aisle)，在一头则有个半圆形的主厅(apse)。罗马官员通常站在主厅，管理会堂中的事务。从4世纪开始，这样的建筑形式就被教会所采纳，原来由罗马官员站立的主厅换成了主教的坐椅，议会堂也就成了教堂。到4世纪末，在教会中开始普遍出现对十字架(cross)的崇拜，人们在教堂的前半部分再分出一个走道，使整个教堂呈现一个十字架的形状。罗马式的民事议会堂就彻底转变成带有宗教含义的大教堂。Basilica甚至成为大教堂的专门用词。

　　罗马和君士坦丁堡是最早建成大教堂的城市。教会发展成层级化的组织之后，某一地区大教堂的规模与建制乃按其在普世教会中的地位而定。例如，罗马和君士坦丁堡的被称为"大教堂"(major basilica)，而其他三个牧首区如亚历山大里亚、耶路撒冷和安提阿以及一些大主教区的教堂则被称为"小教堂"(minor basilica)，而更低层级的教区只能拥有更小的教堂。

　　加洛林时期，教堂建筑的代表是亚琛大教堂，但普遍来说，教堂建筑并不兴盛。10世纪后，西欧进入新一轮兴建教堂的热潮之中，人们普遍把从10至12世纪的教堂建筑称为"罗马式建筑"，因为它所用的穹顶(barrel vault)与罗马式的拱门十分相似。它的特点是体积庞大、墙体厚重、圆形拱顶、教堂中央的交叉拱顶、拱立墙壁的大塔柱等。这一时期出现这样的建筑，其原因可能在于：经过10世纪的灾难后，欧洲人口稳步增长，信众数目增加，原来的巴西利卡建筑(basilica style)无法适应大量信徒聚集的要求。人们开始修建拉丁十字架形的教堂，教众可以直接从中央会场进入教堂，在十字型的交口处，在教堂顶部汇合成一种交叉拱顶(groin vault)，在教堂的祭坛之上则放着圣徒们的骸骨。中世纪人们开始用石料制作教堂的顶部，但这种顶部对下面支撑墙体的压力太大，人们不得不尽量缩小窗户的面积，并在墙外堆砌大量的石料。于是就形成了罗马式教堂独特的光线晦暗、墙体厚重的特点。

自12世纪开始，教堂建筑又出现了哥特式风格。所谓哥特式(Gothic)，意为"蛮族人的"，乃文艺复兴时的人们对这一建筑形式的嘲讽。虽然它延续了罗马式建筑的主要风格，但也形成了自己的三个显著特点：冲天尖顶(pointed arches)、层阶式的拱顶(ribbed vault)及飞檐外墙(flying buttress)。这样的结构使教堂的空间变得更大，在墙上可以开更多的窗户从而使内部更明亮。到13世纪，哥特式教堂已经成为西欧教堂建筑的主流。

建筑被称为是"凝固的音乐"或"石头的史书"，遍地建造的这些教堂永久地改变了欧洲的文化景观，是基督教在欧洲发展成熟的外在标志。对中世纪的人们来说，教堂是公共空间的代名词。一个地方能否被称为城市，也往往取决于这个地方有没有标志性的大教堂。大教堂通常又是主教府的所在地，是当地的政治、文化和教育中心。

35．新的修道运动：西妥修会

中古修道运动常常陷入悖论之中。在起初阶段，修道运动都主张回归纯粹的宗教生活，抵制教会中由于与世俗政权的密切交往而出现的世俗化倾向，以祈祷、读经或劳动作为隐修生活的主要内容。然而，正是由于它们纯粹的宗教理想，吸引了广大信众的捐赠与服务，于是这些修道院自身又成为一个富裕的机构，导致它们远离原初的宗教理想，最后又走向衰落。克吕尼运动就遭遇了这样的命运。到12世纪初，克吕尼运动在西欧已经没落。然而，新的宗教运动又接着在欧洲兴起，其中既包括秉承传统的修道主义精神的新修会，又包括与整个教会体制保持着相当张力的所谓"异端"运动。

最早出现的新修会名为西妥修会(Cistercian Order)，它起源于1098年的一位本笃会修士对当时纪律松弛的修院生活的反动。他特意到远离城市的西妥(Citeaux)旷野创建一座纪律极其严格的修院。在基本精神上，仍然采用本笃会规，以崇拜、读经及默想作为修院生活的核心。但它强调修士为成年信徒，厌恶世俗生活，同时修院要远离世俗城镇，每一位修士都要从事手工劳动，追求一种奋发克己的生活。因此，它的建筑、用具甚至崇拜的场所都具有朴实无华的特点。

1115年，西妥修院已经发展出4座分院，并在西欧迅速发展起来。到1130年，西妥修院增至30座，到1168年，增至288座，至12世纪末期，已达671座。这些分院都承认西妥修院的领导地位，并且每年一次聚集一起召开年会。这样的体制使得西妥修会的院长具有极高的威望，这也是为什么西妥修会的会长——明谷的伯纳德(Bernard of Clairvaux, 1090–1153)的演讲能够鼓动德法两国共同参与第二次十字军东征的原因之一。

明谷的伯纳德也是中世纪经院神学的一个代表人物。简要来说，中世纪经院神学有两大潮流：一个是所谓"辩证法家"(dialectician)，用正反矛盾相辩的逻辑方法推论神学真理；另一个可称为"神秘主义者"(mystics)，主张通过神秘的修炼方法达到神人契合。伯纳德代表了后面这一个潮流，其名著是《雅歌注释》(Commentary on Song of Songs)。他通过对《旧约·雅歌》的注释，将上帝比喻为新郎，人为新娘。新郎与新娘的亲吻，是神人之间的神秘契合。他将神人关系的三个阶段比喻为三次亲吻。首先是人亲吻上帝的脚，比喻人跪倒在上帝的面前，在造物主面前忏悔所犯的罪。这是洁净灵魂的阶段。接着是人亲吻上帝的手，渴望上帝以他的手扶起人软弱的脚，站立在上帝的面前。这是人的灵魂被上帝之光照耀加力的阶段。最后，人站在上帝的面前，不仅只是面见他，而且可以亲吻他的嘴，从而与他相合。这是人神合一的(unitive)最高阶段。

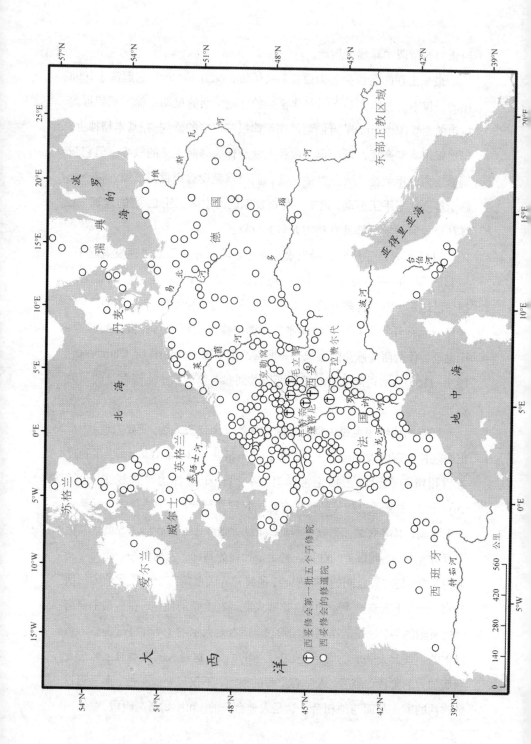

西妥会是以传统的修会形式,在罗马公教的建制内,反对教会的纪律松弛、生活腐化,另有一些人则以更激进、极端的方式反对建制性的教会,在神学、礼仪和组织上也与正统观点迥异,因此常被当做"异端"而被教会镇压。它们当中较著名的有:阿尔比派(Albigensian)和韦尔多派(Waldensian)。阿尔比派得名于它主要流传的法国南部的阿尔比地区,1200年前后影响最大。它坚持二元论的神学,认为世界有两个终极力量,一者为善,一者为恶。物质世界为恶者所造,并由恶者所掌管。信徒要得到拯救,除了洗礼、悔罪之外,还有所谓的"安慰礼"。它具有赦罪、使人回归善的上帝之国的功效。他们具有强烈的禁欲主义色彩,在他们看来,最大的罪就是亚当夏娃的罪,也就是由性活动而来的人类的繁殖。

(左页图)图46 西妥修道运动欧洲传布图

克吕尼运动衰微后,西妥修道运动再次发起。它们的区别在于:克吕尼运动的修士要从小培养,而西妥修士则多为追求更纯粹的宗教理想的成年人。因此,西妥修会的会规更严格,对掌权的教士们的批评也更直接而尖锐。但随着后期的制度化、等级化和财富的积聚,也逐渐失去了活力和在社会中的号召力。

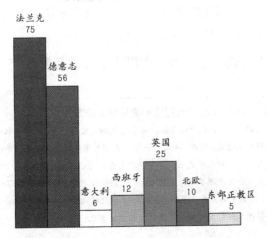

西妥修院欧洲分布数据图

因此，在接受了最重要的礼仪——安慰礼之后，他们就成为"完全人"。与此身份相称的生活应该是：独身、不拥有财产、不吃肉、牛奶和鸡蛋等。韦尔多派得名于其首领韦尔多，他本为里昂的富翁，但为修道运动的精神所感动，舍弃家产，四处布道，靠别人捐献为生。要求追随者坚守"使徒式的贫穷"，强调以《新约》作为信仰与生活的唯一准则。他们采用了游行布道的方式，两人一组到各处布道，穿着简便，甚至赤脚，以信徒的奉献为生，不宣誓，不杀生。他们否认罗马教会的炼狱理论，拒绝为死者做弥撒和祈祷等等。在12世纪末期其成员被罗马教会绝罚。这些所谓"异端"共同具有一些特点包括：反对教会与世俗政权的紧密关系，反对教会的富裕和奢侈，主张回归使徒时期的纯朴作风；在下层百姓当中传播他们所主张的信仰；在神学上坚持二元论，从而特别强调人世间的罪恶，要求信仰者努力摆脱这些罪恶。他们还直接以《圣经》作为他们的理论依据，试图用他们的神学重新裁定经文的权威，并且把《圣经》翻译成地方方言。这直接导致教会在1229年的图卢兹会议上规定，除《诗篇》和公祷书中的那些段落外，平信徒不得拥有《圣经》，并通告废除一切《圣经》方言译本。

为何这一时期出现众多的异端活动？首先，按照罗马公教的传统做法，各种修会都是先在民间发动，其后再申请罗马教宗的批准，因此，教会中存在各种各样的民间结社活动。将韦尔多与后来成为方济各会的创始人方济各的身世进行对比，可以发现他们的诸多相同之处。只不过由于这些异端后来的发展，与教会传统大相径庭，甚至反对建制性的教会，

（右页图）图47 公元12世纪欧洲的异端流传图

中古后期，基督教成为整合西欧社会文化的支配性力量，但其内部的传统与潮流亦是斑驳而生动的。所谓"异端"，代表的是那些未能被罗马教会接受和承认的传统。在宗教理念、组织形式上，这些异端与修道运动并无大的区别。可以注意到，它们的发源地和传布地多属于文化、政治上的边缘地带，如阿尔卑斯山区、波希米亚地区等。与后来的宗教改革相比，由于12世纪的欧洲社会政治结构尚未松动，因此这些异端并未能引发并带动欧洲宗教的整体变化。

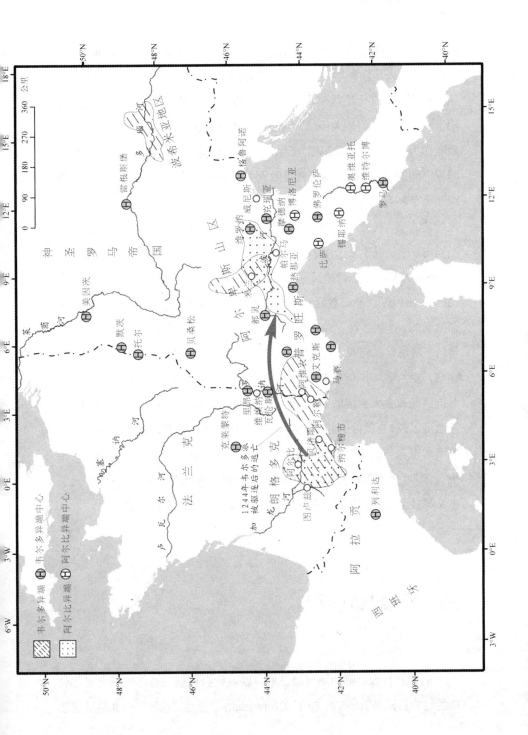

而不能被罗马教廷所容忍。其次，从11世纪开始，欧洲开始发动十字军东征，欧洲人接触到形形色色的东方思潮，并且用它们来理解基督教，例如阿尔比派的二元论就被认为是摩尼教影响的产物。最后，它还深刻地说明了欧洲的"基督教大传统"与各个"地方性小传统"之间的复杂关系。西欧作为一个"基督教王国"(Christendom)，教会法规定着个人、组织和国家之间的基本关系，基督教是欧洲文化的普遍形式，基督教的思想、组织乃至节期等形成一个总体性框架，成为欧洲人安排生活的共同依据。这是所谓的"大传统"。而另一方面，中世纪的人们都被束缚在本地的狭小空间内，或从属于某个庄园，或某个公国，人们处于相对封闭的生活圈之中，各地人们的思想情感又存在着极大的差异，欧洲各地各民族都有着自己的"小传统"。罗马教廷对于人们尤其是底层民众的控制能力实际上是很微弱的，这为各种异端思想在民间的传播提供了现实可能性。这些"小传统"常常以基督教"大传统"为外衣，进入人们的日常生活。但在中古晚期，这些地方小传统得不到其他社会文化因素的支持，从而发展出一种对抗罗马教会大传统的力量，因此，最终都被冠以异端之名而压制下去。甚至可以说，在信仰的基本内容上，后来16世纪的宗教改革(Reformation)的诸多主张与这一时期的异端有相通之处，宗教改革也是这两种"大传统"与"小传统"在新时期互动的产物，但时势已变，在民族主义、人文主义等社会文化潮流的支持之下，宗教改革成就了燎原之功。

36. 异端裁判所

由于基督教信仰的不可验证性，以及教会传播与具体的历史文化处境的结合，异端(heresy，拉丁文 *haeresis*，原意为"选择")一直是基督教发展中的现象。据奥古斯丁，5世纪的异端有88种之多。关于中古前期，基督教史料并没有提示多少异端。但从12世纪开始，基督教文献则大量地谈论异端问题，并发展出专门对付异端的裁判所机构和人员(inquisitor)。异端的大量出现，与罗马公教的集权潮流有着密切关系。它一方面意味着地方传统对于罗马集权的反动，另一方面，异端裁判所的出现又意味着罗马集权程度的加深，这一点在早期基督教与中古后期的罗马公教处理异端的手法差异之中体现得尤为明显。

12世纪产生的异端，或者是要纯洁教会如韦尔多派，或者是要提供另一种改编的信仰如阿尔比派。最初，只有地方性的主教或世俗贵族来压制它们。但到1179年的第三次拉特兰会议上，罗马教廷通过公会决议的形式，谕令世俗政权对异端进行打压，宣称：

> 虽然教会只应满足于祭司般的道义权力，而不应实施血腥的镇压，但是，那些同为公教信徒的君王们应该施以援手。……我们命令，阿尔比派及其追随者应当被各地教会谴责，我们也禁止任何敢于在他们的居所或领地上收容他们、或者与他们进行任何交易的人，这样的人也将被教会谴责。

在英诺森三世(Innocent III，1198—1216)这样集权色彩浓重的教宗治下，第四次拉特兰会议明确宣布：

> 被宣判为异端的普通人应该交付给他们的世俗领主，以获取相应的刑罚，他们的财产也应没收。……如果一个领主没有按照教会的命令行事，在他的领地上清洗这些异端，那么，当地的大主教和该省的主教们就应该绝罚他。在一年之内，他还没有纠正，那么罗马教宗将准许他的臣属们解除忠诚誓约。那些忠诚于清除异端的公教信众，享有与那些去圣地朝圣的人一

样的宗教权利,其罪已被圣教会所赎。

每一个大主教和主教,无论是他自己,还是他的大司祭(archdeacon),或者其他可靠之人,应该每年最少一次去探访那些据说有异端活动的地方。他应该要求教区中三个或以上的可靠之人,或者如果需要,要求整个的教区,起誓如果知道任何的异端分子,或者神神秘秘活动的人,都要向主教进行报告。主教应该召集那些被告之人,除非他们能够证明自己与异端毫无干系,或者声明放弃自己的错误做法,否则将受教会法的惩处。

在教廷谕令之下,各世俗君王都制定世俗法律对异端进行刑罚。这样,在格列高利九世(1227-1241年)治下,异端裁判所最终成型。它的基本原则就是:教会对异端进行裁判,最后交由世俗政权实施刑罚。著名神学家阿奎那曾经这样论证教会与政权合作对异端的镇压:

在关于异端的问题上,只有两个立场,一个是与异端,另一个是与公教会站在一起。异端是一种罪,不仅要用绝罚令使他们不玷污教会,而且应该将他们处死使他们从世上灭绝。它是比制造假币更为严重的罪行,因为钱币只是使我们肉身活着,而信仰却是关乎灵魂的得救。如果造假币者要被世俗君王处死,那处死异端不是更正当吗!

但另一方面,就教会而言,对那些从错误中回转过来的人,应该以恩典相待。因此,教会不应直接谴责他们,而应先劝告一次或两次。此后,如果他们仍然执迷不悟,教会看不到他们悔改的希望,那么,考虑到其他弟兄姊妹的安全,就应将他们绝罚,与教会隔离开来。然后,再把他交给世俗法庭,处死他们。(Summa Theologica, II:II, 11.3)

异端裁判所的特殊之处在于它不仅可以审判人的行为,而且可以审判人的意念。它通常由使节(delegates)、师爷(socius)、役员(familiars)、证员(notaries)等人组成。通常情况下,裁判团会突然出现在某个城镇,听取关于异端活动的报告,然后,被怀疑为异端的人被聚集起来,给他们一次主动交代或悔过的机会,此为"一般裁判"。然后就是"特殊裁判",把那些嫌疑犯拘押起来,直到审讯结束。异端裁判所采用的是"纠问式程序"(inquisition),而不是由原告与被告对质的"控诉式程序"(accusation)。裁判员集侦查、控诉、审判职能于一身。无论是否有被害人或其他控告,他都有权主动追究罪犯。裁判所负责调查事实,侦查和审判都秘密进行。被告只是诉讼客体,被告与原告不能当面对质,他没有诉讼权利,是被审问、受追诉的对象。被告人的口供就是最佳证据。在实际操作过程中,出现了较多的冤假错案。

在定罪之后,被告被判处悔罪或被宗教处罚。宗教处罚较轻,包括去听几场弥撒,或被命令去某个圣地朝圣,或被要求在衣服上写上某种记号,表明其有罪,其财产也可能被没收。收入裁判所监牢的,就属于较重的处罚。被定为异端的人,在民事上相当于"被处死",因为他不得担任公职,也失去了民事行为的资格。被最严重惩处的是那些不服审判、不愿悔改或重入异端的人,前两种还可不至于死,但第三种则通常被送上火刑柱。

需要注意的是,裁判所本身并不刑罚或处死异端,而是定罪之后,将异端送给世俗政权执行处罚。因此,它是中世纪后期教权与王权结合的一个产物。教廷运用它来加强对宗教思想的控制,而君主也利用它来打击政治异己力量。中古后期,随着民族意识的抬头和世俗君主的集权,异端裁判所更多地沦为专制君主操控的工具,用以打击分裂或闹独立的地方贵族。

因此,异端裁判所的影响力要视西欧各国的政治情形而定,包括君主与教宗的密切程度、中央集权的程度等等。例如,在西班牙、法国,由于王室与教廷的良好关系,以及中央集权的程度较高,异端裁判所的权力很大；而德国君主与教宗关系较多龃龉，异端裁判所的影响并不大；异端裁判所，在法国北部的影响力比南部强；在意大利，那些有着独立传统的城市国家(city-state)则抵制裁判所的进驻；而在英国与波希米亚这两个长期远离罗马的国家，裁判所的影响则十分微弱。

37．多明我会与方济各会

新的修道运动在中世纪晚期仍持续出现，其中最显著的两个就是多明我会(Dominician)和方济各会(Franciscan)。这两个修会分别以它们的创会者的名字命名。从13世纪至今，它们都是罗马公教中最有影响力、组织力的修会。它们兴起于13世纪，其原因大致包括：一、以西妥为代表的修会，在经历了12世纪的鼎盛之后，开始走向衰落。西妥修会强调修士们的手工劳作，经营的修院成为欧洲的农牧中心，拥有财富也显著增长。依附于修院的农奴数量也开始增加，修院日渐类似于庄园，而修士成为庄园主或管家，修士之间的等级差别进一步拉开。修院越来越像一个世俗机构，而不是一个祷告、默想和修炼的灵性中心。它们逐渐失去在欧洲宗教生活中的重要地位。二、以往的修道运动强调要远离世俗，到荒原建立灵性中心，做"沙漠中的信仰绿洲"，但从13世纪开始，欧洲的城市开

(右页图) 图48 多明我会欧洲传布图
城市和大学的兴起，改变了中古晚期的修道运动的开展方式。在城市托钵巡游劝化取代了在荒野离群索居的修行、在大学中传道授业取代了在修院中的抄经冥思、与教士合作牧养取代了对世俗教会的指责。修会的"入世"意味相当显著，教育、济贫和传教等成为其活动的主要内容。多明我会尤其重视教义的正统问题，因此，在辨析、讯问异端活动中较为积极，被称为"上帝的看门狗"(watchdog of the Lord)。

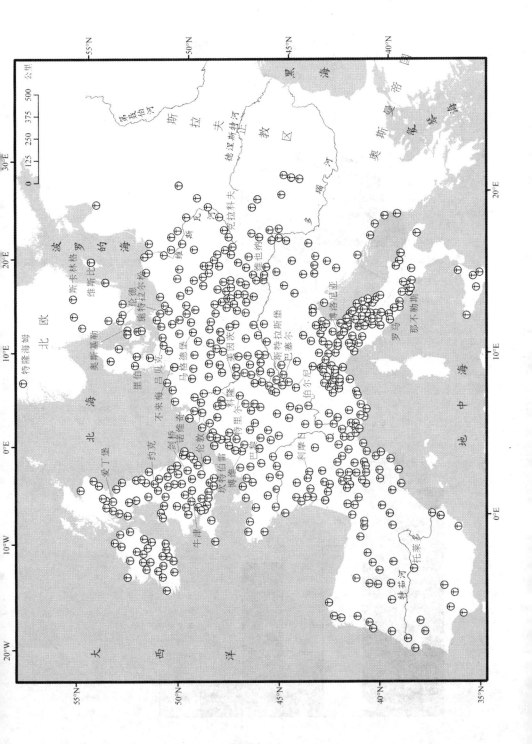

多明我会欧洲各国分布比例图

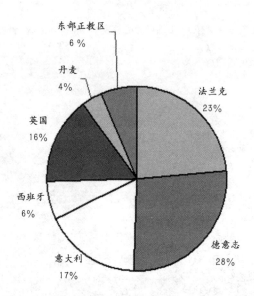

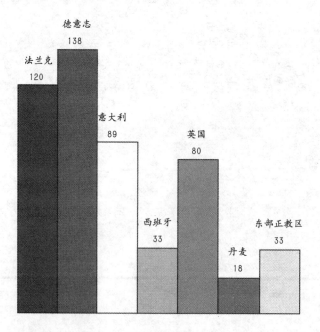

始兴起,城市人口的数量也持续上升,教会要发挥影响,就不能躲避社会,而是要主动地进入世俗社会,成为"在社会自身之内发挥作用的组织"。12、13世纪西欧社会安定,为修士们既在世俗之中,又能按宗教会规生活提供了基本条件。三、如上所述,12世纪各种异端勃兴,并且以"回归使徒般的贫穷"作为号召,冲击着建制性的教会,这时,罗马教会需要有一批同样具有献身精神、有宗教热情,忠于罗马教宗,却又能在学识上胜过异端的人们。多明我会和方济各会就是在这样的背景中应运而生的。

多明我会的创始人是西班牙贵族多明我(Dominic,1170—1221)。他曾到阿尔比派有着广泛影响力的法国南部旅行,见识到阿尔比派自我克制、谨守"使徒般的贫穷"、热心传道的品行。1215年多明我开始创办修会,但未能得到教宗批准,只得采取奥古斯丁会规。1216年,得到教宗正式批准而成为新修会。这一修会具有以下基本特点:一、以传教作为中心任务,重在劝化异教徒,并热衷于辨识和打击异端。被称为"上帝的看门狗"(Watchdog of the Lord)。修会成立后,即被委任主持异端裁判所,并掌管教会法庭和信徒诉讼事宜。直至今日,罗马公教的信理部和教会法庭仍多由该修会掌握。在明末清初罗马公教各修会到中国传教之时,挑起中国礼仪之争的也是该会修士。二、强调学术训练的重要性,热衷于学术活动,尤其注重在有大学的城镇活动,许多大学的著名教师就由该修会会士担任,著名的会士有大阿尔伯特、阿奎那、爱克哈特等人。这也使得虽然他们最初意图是建立一个谦卑、牺牲的修道团体,但结果却是主要在中上层贵族中传播,有强烈的知识趣味。三、在组织上,实行集权制与代表制相结合的方式。具体做法是:所有的教区被划分为"省",每省的省级会议选举产生一位"省分会会长",任期为4年。每一个修道院也选举一位院长,任期亦4年。省会长、修道院长及各省推举一名代表,组成全体会议,推举出一位"总会长",总管修会事务,是所有修士的领袖。由于该会修士穿黑色帽袍,又被称为"黑衣修士"。同时由于其特别重视讲道,又被称为"布道兄弟会"(*Ordo Fratrum Praedicatorum*,英译为 Order of Preachers)。

另一个非常有影响力的修会是由阿西西的方济各(Francis of Assisi, 1182–1226)所创办的方济各会。他本是意大利中部阿西西一位富商之子,年少时享乐奢侈。据说曾患重病,其后生活开始转变。后往罗马朝圣,据称被《马太福音》10章7–10节感动,即"随走随传,说:'天国近了!'医治病人,叫死人复活,叫长大麻风的洁净,把鬼赶出去。你们白白地得来,也要白白地舍去。腰袋里不要带金银铜钱。行路不要带口袋,不要带两件褂子,也不要带鞋和拐杖,因为工人得饮食是应当的。"立志终生贫穷,以民间布道、乞讨巡游、服务病人为志业。从此散尽财物,用来补给穷人,并修建教堂。1206年,他父亲剥夺他的继承权,他也声称除了天父,他没有人间父亲,从此效法基督,过赤贫的生活,以基督的爱心,谦卑地服务于世人和代表基督的神职人员。1210年,方济各获得教宗英诺森三世的批准,成立修会,称其为"小兄弟会"(Friars Minor, 英译为 Lesser Brother),因其成员穿黑灰色修衣,故称为"灰衣修士"。1212年,它还成立了女修会。但方济各本人并不擅长组织工作,因此他后来放弃会长职务,到阿尔维山(Monte Alvernia)隐修。据称在他身上出现了基督在十字架上所受的圣伤(stigmata),被称为中世纪最伟大的圣徒。在精神气质上,方济各带有强烈的神秘主义色彩,但其为人则极其谦卑,内心也十分恬静敏感,善于在万物之中发现创造主的旨意,相信万物皆当为人所爱之对象。因此,他从基督教的创造观念来理解人与自然的一体思想,把万物当成人的兄弟姊妹,据说在传道途中,他还向鸟与动物传讲爱与和平的福音。故被后世尊为"环保圣徒"。

方济各会的组织方式与多明我会相似,但其组织性略逊一筹。它设有总会长,任期12年,由选举产生。设有教省,由"省会长"领导。由于方济各会不置房产,因此最初并无修道院长,修士按组管理,每组设一位所谓"保管"。与多明我会相比,方济各会有如下特点:一、更强调服务和谦卑精神,因此,在贫民中有广泛的影响力。二、在神学上,不

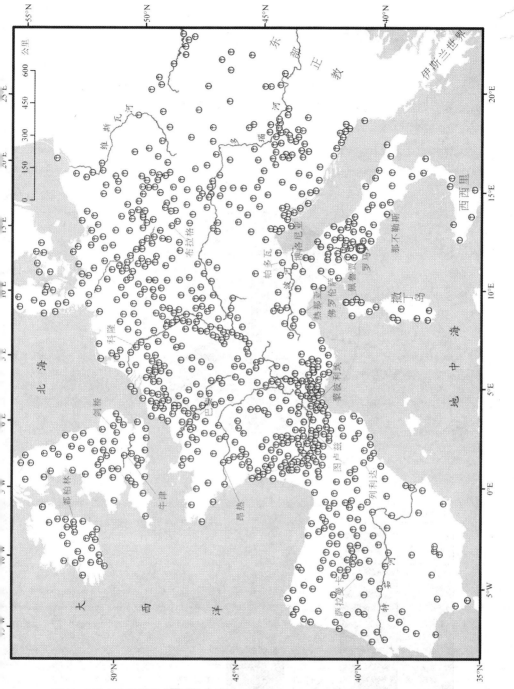

图49 方济各会欧洲传布图

与多明我会一样,方济各会也是中古修道运动的主要代表。相对而言,方济各会在对外传教和慈善工作方面,特色更为鲜明。方济各会与多明我会,是中古晚期经院哲学发达兴盛的制度基础。

多明我会欧洲各国分布比例图

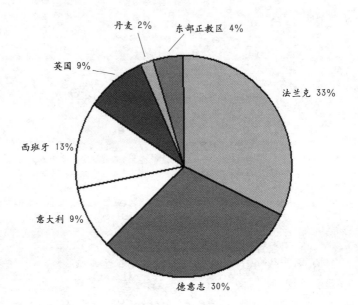

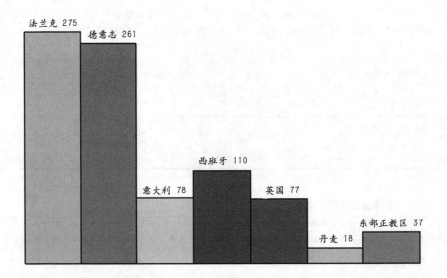

像多明我会强调精细论证和逻辑辩驳,有更强的神秘主义色彩,强调上帝与人之间的直接沟通,这一修会的著名学者如波那文图拉(Bonaventure)、奥康(William Ockham)的神学都有此特点。三、传教也被其视为核心任务,但方济各会的海外传教更为显著,方济各本人就曾前往中东地区传教。四、方济各会同样重视教育和学术的重要性,在它的修士巡游欧洲传道的过程中,也开始创办或进入欧洲的大学,成为中世纪知识群体的重要组成部分。

多明我会与方济各会是中世纪人们表达虔诚的众多方式中的一种而已,但是它们持续存在,并对中世纪乃至世界的宗教格局产生多方面的影响。其原因是多方面的,第一,在这些修会的会规中,蕴涵着强大的组织力量。方济各会规的第一条就是:"这是小兄弟会的会规,是生活之道:遵行耶稣基督的神圣福音,以顺服、贫穷和贞洁为准则。"即所谓"绝志、绝财、绝色"的三原则。这使得修会类似于现代社会的政党,专职于在社会中推行基督教的理念。第二,它与体制性的教会之间存在着彼此各异却又相互合作的关系。它一方面独立于教会体制之外,甚至批评教会过于世俗化的做法,是更为专注的宗教精英;另一方面它又与教会有着密切的关系,协助教会进行传道牧养、社会组织各方面的工作。第三,这两个修会专注活动的领域都是传教、教育学术、社会服务等工作,这正是基督教与社会交叉的边缘地带,是基督教得以进一步推广的前沿阵地。近代随着基督教进一步全球化和世俗化,修会长期在这些领域从事的活动也产生了显著的效果。

38. 基督教与大学的兴起

自古典时期开始，类似于学校的制度就建立起来，以实现知识的传递与创造，柏拉图主义的"学园"、斯多亚学派一词来自于"长廊"(stoa)都表明知识群体的存在。在古希伯来传统中，亦存在所谓的"先知门徒"，《希伯来圣经》中不断被编修和注释的痕迹也表明它们是在某种知识群体中流传的。《新约》时代，巴勒斯坦地区存在的"希律尔家学"(House of Hillel)也表明了犹太知识人的集结方式。

早期基督教在护教(apologetics)的大背景之下，开始融合希伯来传统和希腊传统，亦形成了基督教的学校教育传统，著名如克雷芒—奥利金主导下的亚历山大里亚学派，据说其盛时学生人数达几百之众，另外亦有在神学上与之相对的安提阿学派等。公元5世纪的蛮族入侵中断了基督教的学院教育，古典式的知识人群体没落了。欧洲各处，只有神职人员能够读书识字。经过加洛林王朝之后，欧洲的知识人实际上分布在两个群体之中。一个是由于王权与神权的结合，神职人员依靠自己掌握的文字和对法律的解释，亦成为世俗的统治者；另一个则主要在修院之中。因此，中世纪前期的文化中心或者说知识人的集结地主要有两个，一个是在修道院的抄写室，另一个则是在主教座堂的学校(cathedral school)。在这两个地方，学生主要来自于贵族子弟，接受知识主要是为了继承官职、出任军官或者在教会中担任职务。这些地方所传授的主要知识是《圣经》和基督教古代教父的著作，不能与教会的基本主张有什么矛盾。但是，由于它也要为统治阶层培养合适的接班人，因此，有关艺术、哲学、逻辑和科学的一些内容也渐渐加进来，成为古典知识在中世纪传承的唯一渠道。

11世纪后，基督教的知识传递与创新有了一个新的制度基础——大学。大学的产生有四个基本要素：主教座堂学校的传统、城市的兴起、行

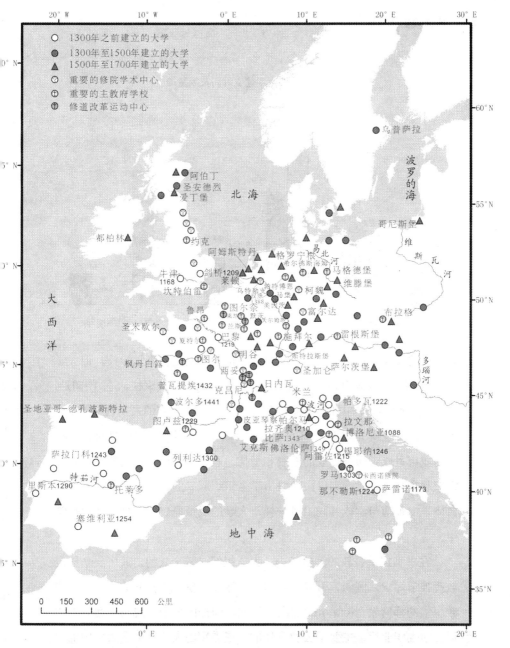

图 50 中古后期教会与大学的兴起

　　13世纪是欧洲知识生活兴起的世纪，而这离不开大学（university）为其提供的机构和制度的保障。一方面，大学不同于过去依附于教会或修会的教育机构和学术中心，具有较强的独立性；另一方面，它又与教会有着密切的关系，主要为教会培养教士或相关的知识群体。13世纪，大学兴起主要是在南欧，但15世纪后新成立的大学主要在北欧，这反映了知识中心的北移进程。大学的兴起是人们理解人文主义以及宗教改革运动的一个基本背景。

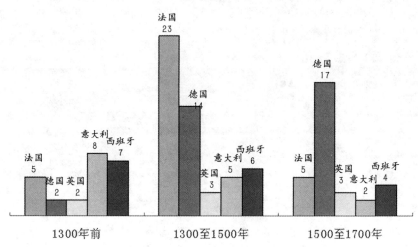

欧洲各国大学建立时间及数量图

会组织的发展和科学的萌芽。大学的直接前身是主教座堂学校。但大学(university)一词来自拉丁文 universitas,由介词 Versus(往,向,朝向)与名词 Unum(唯一,单独)构成,意思是"成为一体",它的最初含义是"业界共同体"。它采取的是当时的手工业者联合会的形式,用以抵抗它所在地的城市贵族对知识行业的控制和干扰。在欧洲北部,是由教师将大学组织起来,而在意大利,大学是由学生组织起来的,但与手工业者的联合体是由师傅与学徒共同组成一样,大学的成员既包括教师,亦包括学生。

在中世纪基督教的大传统内,大学组织是教会式的,其主要功能是教授神学知识。例如,著名的索邦、牛津和剑桥,学院的成员采取了主教座堂的幕府教士(canons)的组织形式,即按同一个会规在一起共同生活。学生毕业后,主要是去教会任职,或去别的大学任教。大学中的最高学位是神学博士,主要学习的教材包括《圣经》以及伦巴德(Peter Lombard)的系统神学风格的著作《格言汇编》(Sentences)。但是,人文学科(Arts)也是相当重要的内容,古罗马的教育思想得到很好的继承。大学要培养"有教养的人",它的主要内容就是罗马传统的"七艺",它包括

"前三艺"(trivium)即语法、逻辑和修辞,"后四艺"(quadrivium)即代数、几何、天文和音乐。其中,逻辑就相当于哲学,它是中世纪大学教授的主要内容。当一个男孩进入大学时,前面4年主要学习这些人文学科。其后再经过2年的学习后,就可以拿到人文学的硕士学位。

大学作为一种新型的知识传递与生产中心,强调用"辩证法"即辨析概念、正反辩驳、综合命题等方式来讨论神学或哲学命题。巴黎大学的著名学者阿伯拉尔(Peter Abelard,1079-1142)曾这样阐述一个大学学者应该遵循的学术方法:

> 要注意人们援引的经典文献,其内容是否正确无误。许多讲述末世的著述都假托是古代圣徒所作,以自抬身价。……如果在古代圣徒的著作中发现与真理不合的地方……可能是由于翻译错误,或译本被蚀坏,使人看不清;或者我们只能承认我们对此无法理解……
>
> 如果对一个事物有各种不同的说法,就需要深入讨论,这个事物涉及的基本概念是什么?各种不同的说法,是否有助于阐明这个基本概念在不同情况下的含义?各种不同的说法,是否有助于丰富对事物的认识?在这样的讨论中,可以探索不同看法之间的共同点,寻找它们是否能够统一起来……有许多争论是由于学者们使用同样的词语,而对这些词语的含义有不同的解释;如果把这种地方加以澄清,就可以解决很多争论……如果遇到一些明显的矛盾看法,难以通过辩论澄清解决,就需要与各种权威的意见对照,哪一种意见的论据最有理、最充分,就采取那种意见。(*Prologue to Sic et Non*)

可见大学已经摆脱了中古前期的修道院主要局限于传递、注释或抄写的知识功能,开始运用理性、逻辑、辩证方法对各种神学思想进行分析、比较与综合。这是古希腊的哲学和理性思想的复兴，也可能部分地受到当时伊斯兰学院的课程体系和授课方法的影响。

大学在中世纪的整个社会体制中的地位和角色很有意思。作为一种新型的知识人群体，它与教宗、君主或贵族的关系处在不断变动之中。大学本意是行会，成立的目的之一就在于抵抗地方贵族的控制，为达此目标，大学通常求助于帝国皇帝或罗马教宗。例如，1158年，神圣罗马帝国皇帝腓特烈一世就发布命令，保证学生与教师在境内旅行的安全，谕令如下：

> 经主教们、修道院长们、公爵们、法官和其他显贵们议定：一切学者，为进行教育而旅行，各地不得有任何留难，并应确保他们的安全。各种教师献身知识，以知识启迪民众，引领民众顺服上帝及其仆人即朕，理当受到保护、支持。

更多时候，大学会求助于教宗，由教宗颁发一个"办学宪章"（Charter），即成为不受侵犯的教育机构。而在关于大学教师的薪金问题的讨论中，人们意识到，如果由学生们付给教师报酬，那么知识分子就是一个知识提供者，他就类似于商人；如果由地方当局或封建王侯给他工资，那他就是一个官员；而当他依靠赞助者的捐款生活时，他就是某种类型的仆役。因此，教宗亚历山大三世于1179年宣布教学无偿的原则，因为在他们看来，知识是神圣的，是上帝的赐予，出卖知识就是买卖圣职罪。教学是教士天职这一整体不可分割的组成部分。教师们卖知识赚钱是"可耻的利润"（*turpis quaestus*）。因此，大学应该有一块自己的领地，以获得可靠的生活保障。

从某种意义上说，中世纪的大学与修道院有着类似的性质。它们的成员来自所有的欧洲基督教国家，拥有普遍研究的自由（*studia generalia*），教师与学生都享有到处研究的权利。在巴黎大学就有英格兰人、诺曼人、勃艮第人、罗马人、布列塔尼人的学生。1231年，教宗格列高利九世下令，要求："大学师生一律使用拉丁语，不准使用地方言俚语。圣洁的和世俗的论题，在语言上应当划分清楚。"与中世纪的修道运动一样，大学采取共同的语言授课，大学师生在欧洲的流动促进了普遍欧洲这一理念的形成，它是中世纪西欧一体性的"基督教王国"(Christendom)的重要组成部分。

39. 中古晚期教宗权力的起落

普世公教的罗马教宗与世俗君主之间的争斗并没有因为《沃尔姆斯协定》的签订而平息。公元1152年，随着霍亨斯陶芬家族的弗里德里希·巴巴罗沙(Ferederick Barbarossa，1123-1190)登上神圣罗马帝国的皇帝宝座，世俗君王对宗教事务的控制达到一个顶点。巴巴罗沙以查理曼为榜样，试图回到把神职人员纳入到国家官职系统之中的"旧体制"，这样他就有权操纵教会事务，掌控德国主教的任命。他通过政治联姻，以其子娶掌控西西里和意大利南部的公主为妻，实现对意大利中部的教宗国的南北夹击。12世纪后半叶，王权与教权斗争中，教权处于明显的下风。

直到1198年，英诺森三世(Innocent，1198-1216)登上教宗宝座，教权的力量才重新上涨。他全方位地扩张教宗之权势，在他治下，教宗的实际权威达到了顶点。在神学上，他在1198年对教权与君权的关系提出了著名的"两光理论"(The Moon and The Sun)，认为"造物主在天上设置了两个光体，大光统治白天，小光统治黑夜。同样，对于普世的公教会，就像天上一样，造物主也设置了两个权威。大的权威是要治理灵魂,小的权威是要治理肉体。这两个权威也就是教宗和世上的君主。更进一步而言,月亮是从太阳那里才得到光亮,而且在光的亮度、大小、位置和效果等方面都逊于太阳。同样,君权是从教宗那里得到的权柄。当它与教宗靠得越近,它自身的光芒就越不得显现;当它远离之后,光芒才更亮一些"。因此,国王拥有肉体上的权利,祭司拥有精神上的权利,由于精神统治着肉体,教宗也应高于国王。如果君王不能诚心侍奉基督的代理人——教宗,就不能正确地治理他的国家。

除了理论上的系统主张外,他在具体的政治实践中也极有才干。他加强了罗马公教的中央集权,声称在主教选举发生争议时,教宗有决定权。主教要调换教区时,唯有教宗有权批准。他调整扩大了教宗的宫廷机构,向各地派遣枢机主教以监督各地教会。在此之前,一直由各地大主教兼任教宗使节的监督职能。他又命令各地主教必须监督其属下的教区和修院,随时撤换不称职者。这些措施使西欧的教会成为一个在教宗的掌控之下的严密体系。在他领导之下,1215年召开了第四次拉特兰公会(Fourth Lateran Council),对教会体制和礼仪进行了全面的规范。会议要求,大主教每年应召开一次教区会议,以检讨主教的所作所为。每个教省的修士每年都要检讨一次自己是否按会规行事。教会要建立有效的教育体制,以防止异端的蔓延。主教要经常性地巡视教区,确保富家子弟接受教育,穷孩子能够免费受教。平信徒要尊重教会的财产,听从教会法庭的裁决,并遵守教会对婚姻的教导。教士则必须远离各种不良行为。会议还从法律上规范了审讯犯错教士的程序。在礼仪上,它规定了七项公教圣礼,包括洗礼、成年坚振礼、婚礼、弥撒、忏悔、神职叙任礼和临终涂圣油礼。每个教徒每年至少应向神父忏悔一次,做弥撒一次。这次公会议可谓尼西亚会议之后最重要的一次公会议,使罗马公教成为一个成熟、系统、清晰而又全面的宗教体系,使西欧有了一个统一而又清晰的宗教身份。他还通过组织裁判所对异端进行镇压、组织第四次十字军东征来消解拜占庭和东部伊斯兰的势力,通过制造这种席卷整个西欧的跨国跨族的迫害宗教"他者"的活动，进一步强化了西欧与罗马公教之间的内在关联。

英诺森三世的政治手腕也十分灵活。由于罗马教宗主要是一个精神领袖，他缺乏足够强大的供自己支配的实力来对抗世俗君主。他的主要武器是绝罚，从而鼓动其他政治力量去反叛世俗君主。而在西欧的复杂多样的民族背景之下，英诺森三世常常用某个民族的世俗力量来对抗另一个民族的世俗君主。在与德国皇帝斗争的过程中，他常借用法国的贵族力量；在与英国君王的斗争中，他也借助于法国的力量；在与法国君王斗争中，则借助于西班牙王公的力量。因此，通过扮演在各种政治势力之间的制衡力量，罗马教宗也进一步突显了自己的关键角色。

但是，一些新的历史因素开始加入到教权与王权之间的冲突之中。一是民族国家意识的发展。传统的分封制开始瓦解，为国王宫廷服务的官员取代分封贵族，成为政治生活的核心。人们开始以民族而不是以庄园作为归属。有趣的是，这与罗马教宗利用一股政治力量来反对另一股政治力量的做法有着密切联系，因为罗马教宗为了击败某个君王，不得不强化其他王室的道义和实际力量。这间接地导致人们民族意识的形成，以至于到13世纪晚期，人们感到作为**英国人**或**法国人**，抵抗外来的势力包括罗马教宗的干涉，都是正当而合理的。二是中等阶级的兴起。城市的出现与兴起，产生了一批在知识追求、政治意向和财富观念上都与教会异质的人们，他们不希望在世俗事务上受罗马教会的干预。在理论武器上，他们通过复兴基督教进入公共政治领域之前的罗马法，以期建立一个不受宗教权力干预的世俗王权体系。总体而言，13世纪后西欧各民族国家的王权呈强化态势，教权面对的对手比以往要强劲得多。

14世纪初法王菲利普四世与教宗贝尼法斯八世之间的冲突标志着这样一个转折点的到来。在菲利普四世(1285—1314)治下，法国的中央集权程度加深，挑战教宗的实力不断增强。13世纪末期，法国与英国发生战争，菲利普四世向法国神职人员征税以支付战争开支。教宗则规定凡不经教宗允许,对教会财产征税或纳税者一律以绝罚论处。菲利普则针锋相对,禁止法国钱币出境,等于截住了法国教会上缴罗马教廷的款项。贝尼法斯只好让步,同意国王必要时可以向神职人员征税。1302年,在主教任命的问题上,双方又起争端,法王召开三级会议,即神职人员、贵族和市民均派代表出席,决定支持国王与教宗对抗。同年11月18日,贝尼法斯也发布了中世纪教宗著名的《神圣一体谕令》(Unam Sanctam),宣布:

> 我们尊崇普世一体的圣教会。……这个一体的、独一的教会只是一个身体、一个头脑,而不是像恶兽一样有两个头脑。这个头脑就基督、基督的代表、彼得和彼得的继承者。……福音书中的金句告诉我们:在这个教会和在它的权柄之中有两把刀,即灵性之刀与世俗之刀。使徒们说:"看啊,这里有两把刀。"主说:"够了",而不是说:"太多了"。显然,那些认为彼得手中不应有世俗之刀的人,没有仔细聆听主的话语。灵性权柄与世俗权柄都是在教会的手中。只有一者是为教会所用(for the Church),另一者是由教会所用(by the Church)。前者是在教士的手中;而后者则在君王和士兵的手中,但却受教士的支配。
>
> 然而,一把刀必须服从另一把刀,世俗权柄必须臣服于灵性权柄。如果它不臣服,那它也得不到提升(led upwards)。
>
> 因为,天理命定低级事物只有通过中间事物才得到达至高之处。因此,我们必须认识到,灵性权柄在尊严和高贵气质上高于任何世俗权柄。……如果世上的权力错了,乃由灵性权力来判断和纠正,如果灵性权力错了,则只能由上帝来判断和纠正,而不是由人来判断和纠正。……任何人如果抗拒由上帝所命定的权柄,就是抗拒上帝。……进而言之,我们宣告,任何人想要得到拯救,就必须服从教宗。

但菲利普四世并不理会该谕令,甚至召集兵力,将贝尼法斯掳获并囚禁。贝尼法斯获释后不久便去世了。这一事件与卡诺莎事件形成强烈对比,它意味着教权对世俗事务的治理权已很难维持下去。菲利普在这次斗争中胜利的关键,是他诉诸于法国处于上升势头的民族意识,法国的神职人员、贵族与市民成为一个整体与代表普世教会的罗马教宗进行对抗。在更长远的意义上,它意味着一个普世教会的观念的衰落,民族意识将成为欧洲文化的主流,并反过来影响乃至左右整个基督教会的内部事务。

因此,在14世纪初期,欧洲出现了一批代表这一民族主义潮流的著作。意大利著名诗人但丁(1265-1321)在1311至1318年写作《论帝制》一书中,认为王权与教权都直接来自于上帝,王权是人追求现世的幸福所必不可少的,正如教权是引领人们得到永生的幸福,因此,两者都不应该干预对方的职权范围。对人们的现世生活而言,和平是人类最高福祉,只有王权才能最有效地确保和平,教权不应凌驾于国家之上。法国人的著作则更为激进,生活于14世纪上半叶的马尔西利奥(Marsilius of Padua)写作的《和平保卫者》提出了最具现代意味的政教观。首先,在关于权力的基本正当性的问题上,他认为,一切权力的基础是人民,对国家来说是公民;对教会来说,就是全体基督徒。他们是权力的根源,教会和国家的统治者均由他们任命,并对他们负责。其次,关于教会制度,他认为,主教与神父在《新约》中是地位相等的,虽然就人的制度而言,需要有一些神职人员对另一些进行监督,但这并不意味着一者有比另一者更高的权威,因此,没有一位主教的宗教权威比另一位高,教宗的权威也不能凌驾于主教之上。教会的最高机构不是教宗及教廷,因为教宗与主教都无权解释《新约》所包含的基督教真理,也无权制定有约束力的法律。教会的最高权力机构是基督教公会议,由它代表全体基督教信徒解释《圣经》和制定教会法规。最后,在政教关系上,他认为,由于基督教国家和基督教会是对同一群人的不同称呼,因此,基督教国家的执政者可以作为全体信徒的代表，召集召开宗教会议、任命主教并掌管教会财产。

在这股民族意识的推动之下，世俗国家对教廷的干预越来越强烈。1305年，枢机主教团选出一位法国人为教宗，称克雷芒五世（Clement V, 1305–1314），他实际上听命于菲利普四世。1309年，由于意大利政局动荡，他把教廷迁往法国南部与意大利交界处的阿维农（Avignon），等于是由法国控制了教廷。此后，连续七位教宗都由法国人担任。直到1377年，在格列高利十一世的带领之下，教廷才重新回到罗马。这70年左右教廷被设在阿维农的时期，与《旧约》中以色列人被掳巴比伦的时间相当，故称为"教宗的巴比伦之囚"时期。

然而，1378年，格列高利十一世就在罗马去世，罗马民众要将教廷留在罗马，这样，以法国人为主的枢机主教团不得不选举一位意大利人为教宗，是为乌尔班六世（Urban VI, 1378–1389）。四个月后，他们又声称当初选举时受暴民胁迫，于是又选出另一位教宗，是为克雷芒七世（Clement VII, 1378–1394）。他不是意大利人，不敢留在罗马，于是又迁往阿维农。在罗马公教会的历史上，这是第一次由同一个枢机主教团选出两位教宗的局面。这两位教宗互相谴责，彼此都无法断定谁是谁非。出现主教空缺时，双方各遣自己人马前往叙任；两个教廷在欧洲争相征税。两个教廷的存在也为欧洲不同政治势力的集结提供了条件，不同的民族按照自己的政治或宗教喜好来选择自己的教宗。一般来说，意大利北部和中部、德国大部分、北欧、英国和葡萄牙承认罗马教宗；法国、西班牙、苏格兰、意大利南部、西西里和德国西部的某些地区则承认阿维农教宗。两个教宗在两个地点分立，这在中古前期是无法想象的。它标志着欧洲民族意识的上涨，传统的欧洲一体观念的初步解体。后来的宗教改革运动，可谓这一总体潮流的结果之一，它反过来又推动了这一潮流的加速发展。

在这一时期，罗马公教的一个重大成就是就是《教会法典》（Canon

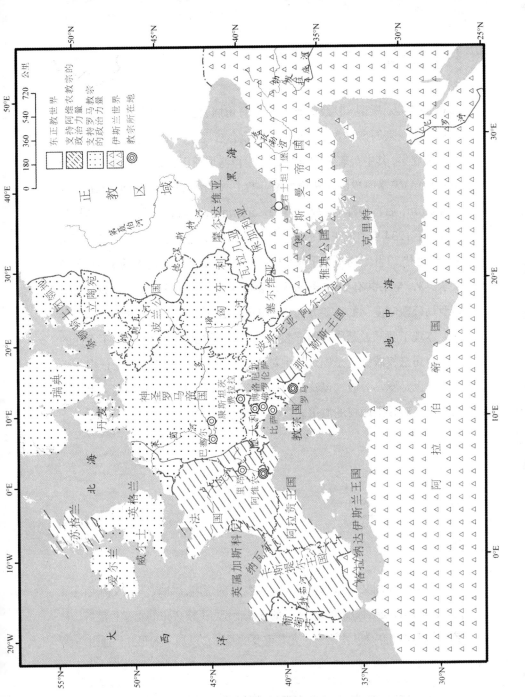

图 51 1378-1417 年教宗分立与欧洲的政治格局图

14世纪,欧洲民族主义开始抬头,并开始干预教会政治。教宗的"阿维农之囚"就是法国左右西部公教的一个突出表现。忠于罗马还是忠于阿维农的教宗,成为划分欧洲政治势力的一个标准。需要注意的是,此时欧洲的"罗马意识"(即对罗马大公教会的认可)仍然超过了地方民族主义,否则已经分裂的西部教会不会重新合而为一。

Law)的编定。所谓《教会法典》，乃是将历届公会议的决议、各次宗教会议和历代教宗颁布的教令编辑而成的教会法规集。中世纪前期出现数种教会法规集，其中最著名的是12世纪由博洛尼亚(Bologne)大学的格兰西(Gratian)编修而成的《法规汇编》(*The Concordia Discordantium Canonum*, 后直接称为《教令集》[*Decretum*]), 后经历代教宗的不断添加编修，于1234年编成正式的教会法规集。14世纪，克雷芒五世又进行增补。到近代20世纪初本笃十四世(1914–1922)颁布了五卷本的《罗马公教会法典》，全书共有2414部法规，涵盖教会生活的各个领域。《教会法》是罗马公教制度化的重要方面，它的核心是罗马教宗制度的建设。《教会法》体现了罗马教廷作为西部教会上诉法庭的至高地位，奠定了教廷的立法和司法权威。它是确定教宗对教会最高统治权的重要理论依据。当然，这也是罗马公教"以法治教"的集中体现，从而在某种意义上也防止了个人对教宗职权的滥用。

40．十字军

中世纪欧洲文明形态受几个重要变量的影响，如教宗集权程度的深浅、封建制的成熟程度、修道运动的开展情况、民族意识的觉醒程度等，十字军东征事件亦是其中之一。尤其重要的是，它以战争的形式，通过与伊

（右页图）图52 中古早期朝圣路线图

    教会在罗马帝国的广泛传播，也使得圣地(Holy Land)、耶路撒冷的地位在泛地中海世界不断抬升，其表现就是这些朝圣路线的形成。这些朝圣路线是中古早期将东方与西方联结起来的主要线路。它们表明地中海东部仍然是中古前期基督教世界的中心，欧洲在灵性上仍未独立成型。

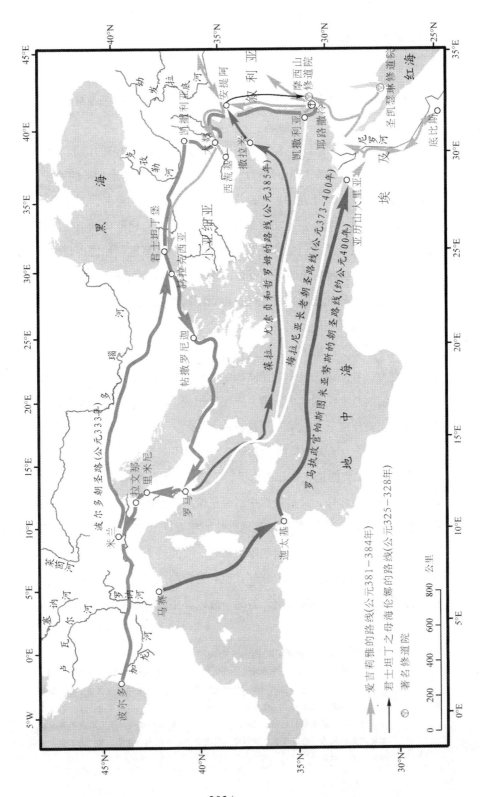

斯兰教的对立,将整个西欧动员起来,强化了西欧文明对基督教身份的意识。

十字军东征的产生,有着复杂的内外原因。从西欧内部的情形来看,第一,十字军东征的宗教理由是打通并保障基督徒前往圣地朝圣的路线,因此,有必要分析朝圣在中世纪欧洲人的宗教理解中的意义。对于中世纪的基督徒来说,朝圣是圣功中最重要的一项,是自己能得到上帝拯救的一项保证。这些圣地包括那些著名使徒在西欧的墓地,如彼得与保罗在罗马、圣雅各在西班牙的圣地亚哥,当然,最重要的圣地是基督降生、传道、受死并埋葬的巴勒斯坦地区。中世纪跨地区的通道主要是由朝圣路线而形成,就说明朝圣对于中世纪基督徒的重要意义。公元11世纪,伊斯兰国家阻断了欧洲通往巴勒斯坦的道路,打通朝圣通道是十字军动员的最有力口号。第二,中世纪欧洲的社会结构是十字军形成的社会基础。中世纪的基本结构是由所谓"三民"组成,即"为了避免即将降临的灾难,人被分成三类:第一类是祈祷上帝的人;第二类是经商、种田的人;第三类是为了保护前两类人免受不公和伤害而产生的骑士。"第一类是教士,第二类则是农夫和自由民,第三类则是贵族(骑士)。骑士既是贵族的一个普遍称号,又是贵族中的最低阶层。贵族的第一级,是拥有中央权力的国王或王公,第二级是地方性的拥有自己城堡或领地的贵族,而第三级则是那些出身高贵但实际上不名一文的骑士。按早期封建制度,父辈的财产要平等地在诸子中分配;但在封建制成熟后,财产单一地由长子继承,其他儿子必须外出,游荡争战以谋生或争取荣誉。骑士们所

(右页图) 图 53 中世纪欧洲朝圣路线图

与中古早期相比,到中古晚期,在欧洲内部已经形成较为完整的朝圣路线图。欧洲有了自己的圣地和圣人、自己的神圣故事和传说、固定的朝圣线路,它标志着欧洲已经形成了完善的"宗教内部共同市场"。同时,这个"共同市场"又与耶路撒冷圣地保持着脐带般的联结。因此,突厥人在小亚细亚的崛起切断了欧洲与其宗教文化渊源的联系,袭击东罗马帝国境内的教会,并在欧洲引发了一场"总动员"性质的十字军运动。

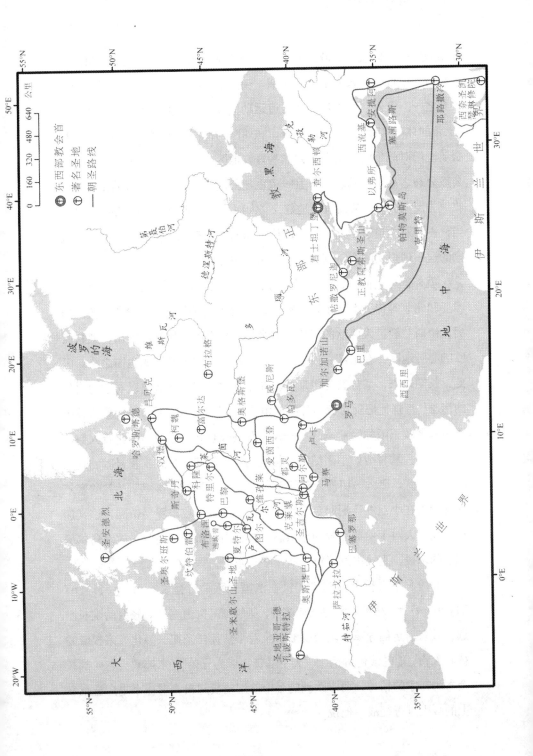

推崇的美德：勇敢、忠诚、慷慨与荣誉，就是他们生活方式的反映。11世纪后，中世纪进入稳定发展时期，骑士数量膨胀，成为十字军的主要来源之一。第三，中古后期的修道运动倡导并成功推动了"和平运动"、"上帝的休战"(Truce of God)等，在西欧内部限制了骑士们的征战，却将骑士们对战争的激情转移到非基督教地区。第四，公元1054年正教与公教分裂之后，罗马教宗一直盼望重建公教的权威，将正教的传统范围收编为罗马公教，从而真正地建立"大而公之圣教会"(Catholic)。因此，当拜占庭君主迫于伊斯兰势力的压力而向罗马教宗求援时，正与罗马教宗的这一理想相吻合，支持十字军东征顺理成章。

就外部原因而言，自8世纪开始，伊斯兰教就依靠武力迅速地扩张，西亚和北非等传统上属于基督教文化圈的区域都很快转向伊斯兰教。随后，伊斯兰教进入西欧的伊比利亚半岛，甚至跨越比利牛斯山，威胁西欧的心脏地区；在东部它占领了小亚细亚，对拜占庭形成包围之势。因此，长期以来，基督教与伊斯兰教在相互对峙中，制造出以对方为仇敌的形象。基督徒把反对穆斯林的战争看做"神圣的战争"，正如穆斯林把袭击基督教王国称为"圣战"一样。罗马公教又从思想上强化着人们的一个观念：基督徒如不团结，不保卫基督教信仰、教会、基督教的观念和生活方式，那么一切都会荡然无存。公元11世纪信奉伊斯兰教的塞尔柱突厥人在小亚细亚崛起后，阻断朝圣路线，进攻东罗马帝国，这又加深了欧洲人对于伊斯兰教的恐惧感。君士坦丁堡皇帝向罗马教宗乌尔班二世的求援，直接引发了第一次十字军东征。

1095年，教宗乌尔班二世在法国克莱蒙特会议(Council of Clermont)上，发表著名的征战演讲。乌尔班二世由克吕尼修会的院长当选为教宗，是倡导革新教会腐败、反对平信徒任圣职、强化教宗权威的核心人物。他的演讲诉诸于"天下基督徒皆为兄弟"、东部教会与西部教会本为一家的精神，要求欧洲的各个阶层动员起来，对一个更广泛意义上的敌人进行征战。他说：

上帝的众子们，你们允诺在你们弟兄之间保持和平，保证教会的权益，但如今，仍有一件重要之事等着你们。这事不仅关乎你们，甚至也关乎上帝。因为你们生活在东部的弟兄们迫切地需要你们的帮助，你们应该赶紧去完成你们曾经对他们做过的承诺。因为，突厥人和阿拉伯人攻打他们，占领了东部帝国，直至地中海和希腊的港湾。他们占领了越来越多的基督徒的领地，并一次又一次在战事中获胜。他们烧杀掠夺，毁坏教堂，吞噬我们的国家。如果你们继续容忍，上帝的子民将更多受其迫害。在此，我吁请基督的精兵们广为传布此御令，并督促一切人，无论他是什么阶层，是士兵、是骑士、是穷、是富，都立即去帮助那些基督里的弟兄，去抵挡那些恶人，不使他们掠夺我们兄弟的土地。我对在场的诸位如此说，对那些今天不在场的弟兄，我同样谕令他们。不是我如此说，而是基督如此命令我们。……所有那些在行动中死去的人们，无论死在路上，还是海中，还是战事中，他们的罪都马上被赦免。……如果那个卑鄙、下贱的种族，却打败了上帝和基督的子民，其耻莫大于此。……让那些曾经是强盗的人，今天成为基督的骑士；让那些只习惯于在弟兄之间征战的人，今天勇敢地去与野蛮人交锋；让那些在消损着灵魂和肉体而度日的人们，今天为灵魂和肉体的双重荣誉而战。……看啊，在这一边将是那些贫乏和丧痛之人，那一边将是富足之人；这一边是基督的敌人，那一边是基督的朋友。你们自己选择吧！

教宗的讲演，对当时刚刚开始整合的西欧来说，是一次巨大的全民动员。1097年，西欧的封建贵族组建了三支军队，前往巴勒斯坦地区征战。一支来自洛林和佛兰德斯地区；一支来自法国北部；另一支则来自法国南部的图卢兹地区。后来，意大利的诺曼人也组织了一支精良的队伍。但他们并不是一支组织严密的军队,散漫地分批到达君士坦丁堡。他们没有明确的首领,内部也没有纪律。教宗只派驻了一个代表。但当时的伊斯兰军队同样十分涣散,因此在惨重的代价之下,十字军还是取得了胜利,分别于1097年攻下尼西亚、埃德萨(Edessa),1098年攻下安提阿,并于1099年取得耶路撒冷。由于当时拜占庭和伊斯兰都十分虚弱,十字军在圣地的战果逐渐发展成小公国,按照欧洲的封建制分别建立起几个拉丁王国,如耶路撒冷国、埃德萨国、安提阿国、特里波利斯(Tripoli)国等。

其后,西欧又发动了几次十字军东征。首先,1144年,由于埃德萨被穆斯林攻占,消息传到欧洲,明谷的伯纳德进行战争动员,发动第二次十字军东征,法王路易七世和德王康拉德三世都表示支持。但它规模较小,先是在小亚细亚地区被击败,后来又在大马士革覆没。其间,西西里的诺曼人趁机对希腊的雅典和哥林多发起攻击,是在基督教世界内部进行的战争。第三次十字军东征的起因是圣地的拉丁王国开始受到撒拉丁(Saladin)的伊斯兰军队的围攻,领地丧失殆尽。1187年,西欧组织第三次十字军,分别由德王、法王和英王率领。德王巴巴罗沙(Frederick Barbarossa)意外溺水而亡,而英法之间又相互猜忌。因此,远征彻底流产。

1202至1204年间的第四次远征,则毋宁说是基督教的西部教会掠夺东部的内部战争。十字军首先试图攻下埃及,为此他们先接受了威尼斯人的交换条件——为其攻下匈牙利的扎拉(Zara),以抵消前往埃及的运费。教宗英诺森三世闻讯,将这些十字军开除教籍,但无济于事。其后,这些十字军到达君士坦丁堡后,又卷入拜占庭帝国的皇位之争,废黜当

(右页图) 图54 第一次十字军东征路线

十字军常被认为是"文化冲突"的代表。但它本身是一个持续了近二百年、原因多种多样、起伏不定的历史过程。它既是地中海世界基督教与伊斯兰教长期相争的结果,又强化了它们彼此视对方为敌人的观念。但在实际的操作中,并不存在一个可以整合西部基督教世界的权力中心,征战的各支部队各自为政,多数情况下是一盘散沙。

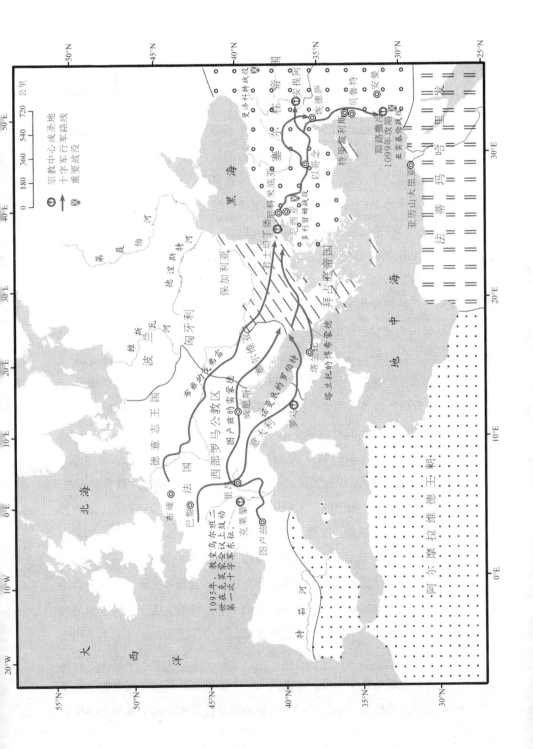

政的皇帝，激起君士坦丁堡人的暴动。十字军便伙同威尼斯人，烧杀掠夺君士坦丁堡。十字军首领成了东部的君主，君士坦丁堡藏有的宝物也流散到西欧各地。东部教会被罗马任命了一位拉丁宗主教，似乎置于西部的管辖之下。直到1261年，东部才重新夺回君士坦丁堡。这次东征极大地削弱了拜占庭，也极大地加深了西部与东部的仇恨，与教宗预计的通过十字军展示友好、弥补东西鸿沟的理想恰恰背道而驰。其后的四次远征，与十字军的最初理想和精神更渐行渐远，在军事上也没有取得什么成功。1291年，圣地的拉丁王国的最后一个城堡埃克(Acre)失守，标志着十字军东征的彻底结束。此后，所谓十字军(Crusade)就主要指教宗为了征服内部异端，或对挑战教宗权威的世俗君主的征战。当然，欧洲出现的一些新现象才是十字军东征结束的深层原因：第一，到14世纪，世俗政权忙于建设自己的民族国家和中央政府，无意于冒十字军远征的危险；第二，这种民族势力的抬头，催生了挑战罗马教廷普世权威的君主和偏离正统的异端，罗马教廷的注意力因此离开了遥远的巴勒斯坦；第三，由方济各和多明我修会发动的修道运动，以"神贫、顺从和服务"为宗旨，弱化了欧洲的好战精神。

虽然十字军东征以恢复朝圣路线、夺取圣地为宗教理念，并以教宗谕令作为战争动员，但它实际上并没有统一的指挥，参加人员参差不齐，人们各怀鬼胎，互相争吵。人们后来嘲笑十字军说："众人饱暖后，耳红脸又热，斜倚火炉旁；抱起十字架，募军征东方；天色蒙蒙亮，四散奔逃忙。"它以整体的伊斯兰世界作为敌人，实际上也伤害了东部教会。但是，十字军对欧洲造成的客观影响十分深远。在精神文化上，它使得中世纪欧洲深入地接触到另一个实际上高于它自身的文明，并从中学习和受益。这一时期，中世纪神学达到顶峰，大学广泛出现，各国本土语文开始繁荣，各处兴建哥特式大教堂。可以说，十字军东征是催生中世纪晚期智力觉醒的重要原因。在经济上，十字军东征是席卷整个西欧的事件，它极大地松动了中世纪封建制的经济社会基础。为了参与十字军东征，许多小地主捐献土地和财产，许多农奴成为自由民，东征结束后，他们只能进入城镇，成为新的市民阶层，产生了新的政治势力即"第三等级"。在政治上，封建主和骑士渴望去东方建功立业，这有利于西欧各国的统一和中央集权的加强，以形成足以对抗罗马教廷的民族国家。简而言之，十字军东征是分析中世纪文明时的一个主要变量。

41．经院哲学及其转向

基督教不只是一个社会政治系统，它也是一个知识体系。从知识体系的传承上来说，它的两个源头分别是希腊的哲学思辨与希伯来的信仰精神。当基督教进入希腊罗马世界时，弥合信仰与理性之间的张力是第一代基督教思想家面临的核心问题。古代教父(Church Fathers)就是这一努力的杰出代表。他们在信仰与理性关系问题上，大致可分成两派：一派认为在所有的真理之中，都有基督的呈现，因为基督就是宇宙理性——逻各斯的化身；另一派则认为，信仰与理性毫不相干，接受信仰的基督徒应该把其他文化的各种知识体系全部抛弃。这两条路线同样存在于中世纪的思想传统之中，但它们之间的界线更为模糊，其形式也更为多样复杂。

中世纪基督教的知识体系，常被总称为"经院哲学"(scholasticism)，由于它以基督教作为基本背景，讨论的是基督教神学的基本命题，故此又可称为"经院神学"。它有两个基本特征：一、它以基督教的学校，或者修道院或者大学，作为制度基础；二、它采用希腊传统的辩证法作为它的基本操作原则。这里所说的辩证法，是指蕴涵在希腊哲学中的基本分析方法和逻辑推理，即恰当地提出问题、严谨地辨析词义、正确地进

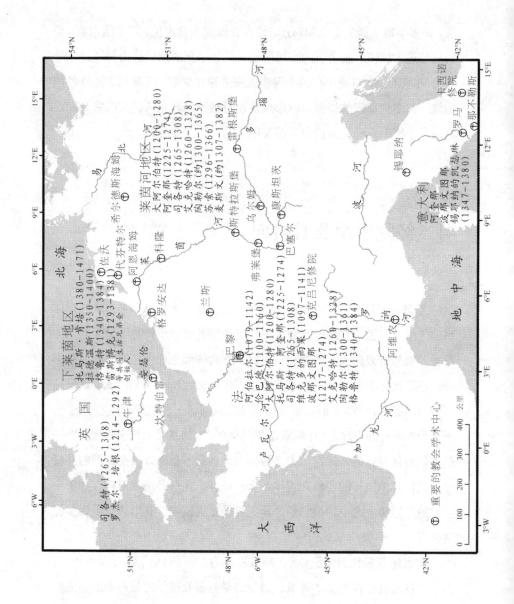

图55 经院哲学家分布图

经院哲学是中古欧洲的主要精神产品。西欧文化是由公教主导的一个整体,多数经院哲学家都在西欧广泛游历,在不同的大学接受教育或进行研究。当然,地域特点有时也反映在精神潮流上,例如在下莱茵地区,神秘主义和虔诚主义是主流。

行推理的一整套方法。经院哲学家们用辩证法来阐发或处理基督教神学问题，构建了一套又一套的知识体系。

经院哲学上接古代教父神学，下开近代哲学思潮，大概涵盖了公元5至15世纪这一时期。由于波爱修(Boethius)在翻译波菲利(Porphyry)所著的《亚里士多德范畴篇导论》一书时提出"共相"(universals)问题，而它又成为中世纪哲学的核心问题，因此，人们通常将波爱修称为经院哲学之肇始。此后，经院哲学可分为三个时期：早期经院哲学，约从公元5世纪至10世纪，主要是对古代哲学和神学著作进行抄写、整理和评注，有创见的不多，爱留根纳(Eriugena)是其代表人物。在东方，则出现了将柏拉图主义与基督教结合起来的强劲潮流，代表人物是伪迪奥尼修斯(Pseudo-Dionysius)，他以神秘主义的方式来理解人朝向上帝的圣化之旅，是后世基督教神秘主义的鼻祖。从11世纪起则进入中期。这一时期，社会发展较为稳定，经院哲学也开始产生一批杰出人物，如被称为"经院哲学之父"的安瑟伦(Anselm)、阿伯拉尔(Peter Abelard)等。随着亚里士多德哲学在13世纪大规模进入西欧，经院哲学经历了一个最大的转向，从而进入它的晚期或者说成熟期，产生了如阿奎那(Thomas Aquinas)这样伟大的神学家。与这种知性的神学传统相异，神秘主义的传统在经院哲学中也是重要的潮流，分别产生了如维克多的雨果(Hugo of St. Victor)、伯纳德(St. Bernhard)、波纳文图拉(Bonavetura)等重要人物。

安瑟伦是英格兰坎特伯雷的大主教，他强烈支持强化教廷权力的改革，反对英王对教会的控制。在思想上，他的主要贡献有：一、坚持信仰所坚持的与逻辑所证明的之间存在着同一性，即信仰可以用理性加以证明；提出"不是理解以便信仰，而是信仰以便理解"的原则，即"我信仰，为的是我能理解"。二、提出上帝存在的本体论证明(ontological argument)，即寻找"对于上帝存在的独立的、充足的证明"，只借助于逻辑的、自明的方式来证明上帝的存在。三、提出基督牺牲的补赎论。他全面否定早期教会所认为基督十架受死,是将赎价付给魔鬼的理论,转而提出:人因犯罪而损害上帝的荣耀,因此,只有一位既有能力又有必要的、既是神又是人的存在,才足以补赎人类之罪,基督就是这样的存在。比安瑟伦稍晚的另一位哲学家伦巴德(Peter Lombard),著有《格言汇编》(Sentences)一书,按论题将拉丁和希腊教父的著作编辑成册,是中世纪神哲学的基本读物。

虽然阿伯拉尔的神学后来被判为异端,但其思想却极为丰富深刻。他写作了《是与否》(Sic et Non)一书,以正反辩证的方式对神哲学的基本命题进行讨论。在中世纪哲学关注的共相的实在性问题上,他给出一个中间的回答,通常被称为"概念论"(Conceptualism),即"共相存在于心灵中,而其基础却存在于个别事物之中",即只有个别事物才是实在,但共相亦非只是名词,而是人们对个别事物抽象之后的产物。对于神学中的核心概念"罪",他认为,罪不是本体性的,而仅仅是一个过错,或更简单地说:"罪并不是什么实体,与其说它不存在,还不如说它根本不存在。如同黑暗一样,人们可以把它确定为该有光亮的地方不存在光亮。"因此,阿伯拉尔的救赎论常被理解为"主观的"(subjective)或"道德的"(moral),而对应于安瑟伦的"客观的"(objective)或"法律的"(juridical)。与此相关,他在伦理学上提出"动机论"(voluntarism),即人的意志决定人的善恶。这样,人就无所谓原罪,因为对于自己不曾运用意志的事件,人无须负责。接着,基督对于人类的意义也就发生改变,即基督的救赎在于提供上帝之爱的口头的和事实的榜样和教导,从而诱使或引导人们运用自己的意志去行善。其理论与正统教会差异过大,但却与现代自由派神学有较多相通之处。

与上述几位不同,维克多的雨果、明谷的伯纳德则将神秘主义的传统引入经院哲学中。雨果曾对伪迪奥尼修斯的著作《天上的等级》写过注释,提出要达到心灵直接面见上帝的三个阶段,认为:理解是感觉概念的形成,是第一阶段;而默思则是对那些最初形成的概念进行理智的探索,是第二阶段;最后是静观,人们直觉地洞见其内在的含义,从而神秘地与上帝合一,并彻底地理解万事万物。明谷的伯纳德与雨果过从甚密,思想也较为接近。伯纳德也以神秘的方式来理解人与上帝的关系,他在对《圣经·雅歌》的注释中,用亲吻的隐喻来表示人与上帝关系的三个阶段。首先,是人亲吻上帝的脚,也就是人在上帝面前谦卑,虚空自我;其次,是人亲吻上帝的手,意指人要借助上帝之手,才能站立起来,从而进一步在上帝的鼓励之下渴望与上帝更深的关系;最后,是人亲吻上帝的嘴,人与上帝成为爱人之间的亲密关系。

12世纪中叶,经院哲学的第一阶段结束,此时欧洲也在孕育着一场更大的知性觉醒。大学的兴起、方济各与多明我修会对学术的重视为经院哲学的转向提供了制度基础;亚里士多德哲学通过西班牙和意大利南部的伊斯兰王朝而反传欧洲,则为13世纪经院哲学的转向与兴起提供了智性动力。阿奎那哲学的出现,标志着经院哲学的发展达到顶峰。他认为理性所建立的自然神学是真理,但除此之外,还有启示的真理,它不能靠理性来证明,但也不与理性相悖。对于上帝存在的证明,他一反安瑟伦的先验证明法,主张从经验世界出发,用"五法"(five ways)来证明上帝存在。在法哲学上,他提出了习惯法、自然法与神圣法的分别。对于教会的七件圣事,阿奎那也给出了系统的神学说明。与阿奎那相对立的一派以司各特(J. D. Scotus)为代表。阿奎那认为上帝是绝对的存在,又是绝对的本质,司各特则认为上帝的本质是意志。前者认为,上帝做一切正确的事;后者则认为,凡上帝所意愿的,都是正确的。前者认为,基督受死是为救人,是最好的选择;后者则认为,上帝之所以选择基督受死的救赎方法,是因为上帝意愿如此。前者认为,人的悔改对于拯救至关重要;后者则认为,上帝的意志足以使人得到拯救。前者认为马利亚也有原罪;后者则认为圣母没有原罪。

与阿奎那齐名的同时代神秘主义者是波纳文图拉(Bonaventura)。如果说阿奎那是分析的,那么波氏就是综合的;如果说阿奎那是亚里士德的门徒,那么波氏无疑就出自于奥古斯丁;如果说阿奎那的声誉主要在学院派中,那么波氏就主要在于信徒们的实践生活中;如果说阿奎那展现的是对神学的爱,而波氏则阐述了爱的神学。波氏的名著是《心灵归向上帝的旅程》。在他看来,人的心灵有六种能力:感觉、想象、知性、理性、悟性和良心的闪现。人要归向上帝,心灵需要经历两次转向:首先是从对物的迷恋转向心灵自身,其次是对心灵中的神圣法则进行沉思,进而感悟到这些神圣法则的创造者即上帝。第一次转向可以依靠心灵自身的力量,但第二次转向对上帝自身的沉思,则要凭借基督的拯救性帮助。他对最高阶段——沉思的描述,体现出神秘主义的基本要旨。他说:"朋友们,如欲致力于神秘的静观,请坚定你的旅程,放弃感官和理性的活动,抛弃一切可见和不可见的东西,抛弃一切存在和不存在的东西,尽可能地保持无知,同那超越一切本质和知识者合一。"

中世纪后期,经院哲学开始解体。以英国的威廉·奥康(William Ockam)为先锋,出现了颠覆阿奎那式的"古代道路"(via antiqua)的"现代道路"(via moderna)。奥康区分了上帝的两种能力:一种是"绝对能力"(potentia Dei absoluta),指上帝自由地创造万物的能力;另一种是"规定能力"(potentia Dei ordinata),指上帝限制自己的绝对能力,按照被造事物自身的法则来创造事物。这样,一方面,上帝所造的是一个可靠的(reliable)世界,另一方面,上帝自身又是绝对自由的存在。就上帝的"绝对能力"而言,人不能对他形成任何确定的知识,对"道成肉身"、"受死赎罪"等进行任何理性的解释,都是一个错误的方向。进而言之,认为人可以通过某种悔罪的做法而得到拯救,是对上帝能力的误解。上帝的绝对自由可以赦免不悔过的罪人。这样,中世纪经院哲学试图在善行与得救之间建立的关系,就不是直接的,甚至不是必要的,善行、圣事、悔罪与得救之间都没有关系。人不能通过理性去认识上帝,而只能用信仰的方式接受上帝。在上帝与个人之间,只存在一种直接的、偶然的关系。这些观点瓦解了经院哲学的基础,为后来的新教神学开辟了道路。

与此同时，在神秘主义的传统阵营内也出现了所谓的"现代虔诚"(Devotio Moderna)潮流。这一潮流主要发生在欧洲北部地区，尤其是德国。代表人物如艾克哈特(Eckhart)、库萨的尼古拉(Nicholas Cusa)、托马斯·肯培(Thomas Kempis)等。他们都强调个人内心对上帝的体悟，把重点更多地放在耶稣基督而不是抽象的上帝身上，强调《圣经》在信徒生活中的权威，而且对于教会的圣礼都表现出某种程度的忽视。在群体生活上，他们也强调信众自己的结社，而不是等级的教会。他们发展出"共同生活兄弟会"(Brethren of the Common Life)，采取修会的形式，遵守神贫、贞洁和顺从三誓愿，但又不用正式的宣誓，人们可以自愿地退出修会，回到世俗生活之中。可以说，"现代虔诚"的潮流蕴涵着后来宗教改革的许多内在原则。例如，强调人在上帝面前的一无是处；相信与上帝合一的灵魂不可能再犯罪，成为义人，受上帝主宰；认为得救的灵魂便无需圣事、补赎，甚至祈祷等。

简言之，中世纪经院哲学屡经转向，先是与柏拉图主义密切结合，后又与亚里士德哲学结合紧密，到晚期则转向"现代道路"。它晚期的转向为基督教新教神学的展开提供了思想土壤。

42．早期改革先驱：威克利夫与胡斯

如前所述，以罗马教宗为核心的公教会是整合中世纪西欧的"大传统"，但在此之外，各民族或各地区存在着各种各样的"小传统"。当他们在教义或组织上表现为对"大传统"的反动之时，异端裁判所便将其裁定为异端。从13世纪起，异端裁判所就频繁地在西欧各地追捕异端。而进入中古晚期后，民族主义的潜流已经形成，所谓"异端"日益与民族自决的运动结合在一起,引起教会更大的震荡。分别以威克利夫和胡斯为首的异端运动,就发生在西欧公教文化圈的边缘地区,即英国和波希米亚地区。

英国作为欧洲大陆的离岛,与罗马教宗的关系一直比较紧张。1351年,英王与议会制定《圣职委任法》,规定主教及其他教职的选举不受教宗的干预。1353年又立法,禁止"擅自行使教宗司法权",禁止国民向英国国境外上诉,违者剥夺公民权。这些法令虽然未必有效实行,却清楚地表明了英国的民族主义精神的上升。在这样的背景之下,威克利夫提出的教会改革理论,旋即与动荡的政治局势结合在一起,引发了大规模的社会运动。

威克利夫(John Wycliff, 1329–1384)是牛津大学教授,亦在英国王室供职,参与了"教宗委任圣职"的谈判。1376年,他发表《论世俗统治权》一文,主张政府有收回腐败教士的财产的权力。在他看来,一切圣俗职位,都属于上帝。职位领有者与上帝之间,正如附庸与领主之间的关系。上帝所授予他们的,只是使用权,而非所有权。领有者仅如管家,不享有主权。因此,只要领有者滥用职权,就将自动丧失其占有的职位。就神职人员而言,腐败的教士就丧失了他们的职位,他们的世俗财产应全部由世俗统治者没收,因为上帝给予他们管理世俗事务的权力,正如管理神圣事物的权力被授予教会一样。显然,这一主张受到王公贵族们的欢迎,在教会内部也受到修士们的支持,因为这也正契合于他们所坚信的教会应该"如使徒般贫穷"(apostolic poverty)的主张。

但他的主张受到英国教会上层、教廷的极力反对,并多次被传讯。在与对手的辩驳中,他进一步发展出直接针对教宗的教会论。他认为,教会不应以教宗和枢机主教们为核心,上帝的全体选民才是其核心。教会唯一的领袖是基督,而不是教宗。他并不直接反对教宗制(papacy),但是,他从《圣经》中引经据典,认为教宗应该接受《圣经》中所要求的教会领袖的标准的考裁。也就是说,教宗必须像彼得一样纯朴、虔信和努力，而不是热衷于权力和财富。否则，他就不是上帝的选民，更不能担任教会的领袖。

威克利夫具备一个"传教士"的优秀品质，善于将他的主张传播到大众之中。他组织所谓的"穷神父"，以《圣经》中的使徒为榜样，坚持贫穷、赤足、身披长袍、持杖，两两一组地周游传教。从而在下层群众中拥有广泛的追随者。另一方面，他又注重以民族语言传播《圣经》。他坚持认为，《圣经》是教会唯一的法律，应该被所有人民所知晓。在1382至1384年间，他将拉丁文的《圣经》译成英文。这是第一部英文《圣经》，对英语的发展做出了重要的贡献，更重要的是，英文《圣经》对于英国民族意识的确立和提升起到了重大的作用。

但是，威克利夫的新神学过于激进，他甚至反对中世纪后期人们普遍接受的"变体论"，即在分享圣餐之时，饼与酒确实变成了基督的身体，而主张"同体论"，即基督以灵性的方式同在于圣餐的饼与酒之中。这使他失去了多数人的支持。而随着社会动荡的加剧，威克利夫的追随者卷入农民起义之中。这引起了贵族势力对他的敌视。因此，1382年，威克利夫遭到谴责。他的追随者后来也都被处罚。但威克利夫对教会的新理解，经过胡斯的传播，在波希米亚地区又引起新的动荡。

波希米亚与英国分属欧洲两极，但1383年波希米亚公主嫁给英国国王，两国交往开始加深。胡斯于1373年出生，从布拉格大学毕业后，留校任教并成为校长。15世纪初，他接触到威克利夫的著作，并为之倾倒。在教会论上，他同样认为教会是由上帝的选民组成，它的首脑，不是教宗而是基督。《圣经》是教会唯一的法律，教会的生活应该像基督和他的使徒一样贫穷。他的思想在当地得到广泛传播。但是波希米亚独特的民族构成，却将他的学说拖入巨大的政治社会动荡之中。

波希米亚的人口由日耳曼人和斯拉夫人组成。虽然布拉格是一个独立的大主教区，但实际上德国在此却有着显著的影响。波希米亚人希望能够发出自己的声音。在15世纪初罗马与阿维农的两个教宗而引起的教会大分裂中，波希米亚人希望摆脱德国人的影响，在两个教宗之间持中立态度，但波希米亚的德国人却希望继续支持罗马教宗。民族之间的冲突通过宗教的形式反映出来。1410年，胡斯遭到德国人布拉格大主教的绝罚。而这又激起了波希米亚人更大的义愤，甚至烧毁教宗的绝罚通谕。

胡斯的情形与后来马丁·路德的非常相似，他得到波希米亚国王的支持和保护。但是，一方面由于欧洲各地的民族意识尚未成熟，布拉格的世俗政权也无力挑战公教的权威；另一方面，由于当时的公教世界正在弥合14世纪的教会大分裂，以公会议取代教宗作为教会最高权威的公会议运动正值其高峰期，统一的大公教会的理念超越了以民族政权来决定宗教归属的理念，因此，胡斯并未能像路德一样，引发一场改变欧洲历史轨迹的运动。

如前所述，阿维农与罗马两个教宗的并存，使西部公教陷入分裂的处境之中。由于教宗被认为是教会的最高元首，人们甚至无法改变这样的局面。从15世纪开始，人们开始诉诸公会议(Council)的最高权威，试图以公会议的决定来确定教宗的人选。1414年在康斯坦茨(Constance)召开公会议，并决议："本会议代表普世的公教会，其权力直接来自基督，因此，凡会议决议，无论信仰问题，关于终止分裂问题，以及关于教会大小事务的改革问题，无论何人，不问职位尊卑高下，即令位尊至于教宗，均当一体服从。"这次会议的成功召开，使教廷从绝对专制制度转变而为一种君主立宪制。教宗的权力受到作为立法机构的普世公会议的制约。它还废黜了分裂的教宗，选出新的教宗。无论如何，这次会议是一个重要的标志性事件，它表明当时的欧洲仍然坚持教会只有一个的理念。尽管以民族作为国家的基本单位的潮流已经形成，但是，大家仍然将自己看做普世教会中的一员。

康斯坦茨公会议的首要任务是要确立会议的权威。但这对于胡斯这样的改革家来说，却是一个灾难。1414年，胡斯前往康斯坦茨，试图在公会议面前为自己的信仰作证。可是，他抵达后不久就被监禁。1415年，公会议谴责威克利夫的观点，将它定为异端。由于胡斯持有的观点与威克利夫同出一脉，因此，他也被要求放弃自己的思想，服从公会议的决议。胡斯不愿服从，而康斯坦茨必须树立公会议的权威。因此，1415年7月6日，胡斯被定罪烧死。

可以说，威克利夫与胡斯是宗教改革的先驱。他们提倡信仰以《圣经》为基础，而不是固守教会的正统教义，主张以全体信徒作为教会的核心，对教会的等级制与腐败进行批判等，与路德有相近之处。然而，一方面，由于他们所处的时代总体上仍然持守不可脱离罗马公教的观念，尚未有民族国家的世俗政权做好与罗马公教彻底决裂的准备，因此，他们的改革运动未能成为汹涌的潮流。另一方面，威克利夫与胡斯的思想远非系统的神学论述，在一些根本的神学原则，他们仍然是属于中世纪的，远未能如路德那样，提出彻底摆脱中世纪、与罗马公教决裂的神学纲领。

43．人文主义与文艺复兴

虽然后世将15、16世纪人们对希腊罗马古典文化的持续热情称为"文艺复兴"（Renaissance），似乎古典文化是在这一时期才重新复活，然而事实是，查理曼的加洛林王朝就普遍地兴起了对于古典文化的兴趣，而整个中世纪罗马教会也用心地保留下了希腊罗马文化中与基督教没有直接冲突的部分，例如，一些著名古典作家如西塞罗、昆体良（Quintilian）的作品都是在教会和修院中首先发现的。

文艺复兴首先是从意大利兴起的，原因大致有三：一、从13、14世纪开始，控制意大利的两股主要力量即神圣罗马帝国和罗马教廷先后离去，摆脱控制的意大利得以较自由地发展；二、在持续二百多年的十字

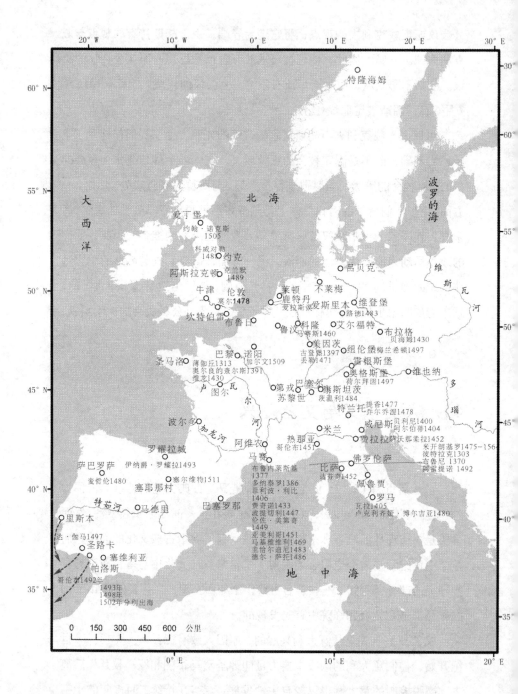

军东征中，意大利北部一些城市的商业空前发展，如米兰、威尼斯、佛罗伦萨都发展出强盛的城邦国家，并带动了执政者对文化的支持，图书馆、画室、抄写作坊都兴盛一时，为文艺复兴的开展提供了基础。三、从外部条件上来说，15世纪，在土耳其伊斯兰力量的冲击之下，东部拜占庭的许多学者和艺术家逃离巴尔干地区，前往意大利。一方面这些学者带来了许多西方不曾了解的古代文献如《荷马史诗》和亚里士多德的原著，另一方面，东部正教比西部公教更深地浸润于希腊传统之中，他们对于古典文明的理解远甚西方。

文艺复兴的中心地在佛罗伦萨，但丁、彼得拉克(Petrarch，1304-1374)、薄伽丘(Boccaccio，1313-1375)和乔托(Giotto，1276-1337)这些先驱人物都出自此地。1442年，统治佛罗伦萨的美第奇(Medici)家族创建柏拉图学院，支持一大批人文主义者的创作。其中，瓦拉(Lorenzo Valla，1405-1457)的研究影响深远，他对"君士坦丁赠礼"的历史考据研究，指出它并非出自君士坦丁时代，而是中世纪前期的伪书。他还考证了"使徒信经"并非由使徒所写，他将通俗的拉丁文《圣经》与希腊文本进行比较，为后来的《新约》研究打下了基础。著名的文艺复兴三杰：达·芬奇、拉斐尔和米开朗琪罗也都与佛罗伦萨有着密切的关系。从尼古拉五世(Nicholas V，1447-1455)开始，教宗开始支持人文主义，罗马开始成为文艺复兴的主要基地。直到宗教改革兴起，多位教宗都是文学、艺术和大建筑的保护人或出资者，其中著名的如朱利斯二世(Julius II，1503-

(左页图) 图56 中古晚期文化名人的空间分布

15、16世纪是欧洲步入现代社会的关键时代，塑造现代欧洲的重要人物都是在此时进入创作的活跃期。不必说人文主义者伊拉斯谟与宗教改革家路德和加尔文，彼此熟悉对方的作品，即便如罗马公教中兴的关键人物伊纳爵也只比路德小10岁，主张君主制的马基雅维利也只比路德大14岁，而文艺复兴的代表人物米开朗基罗甚至比路德晚死18年，哥伦布与麦哲伦发现新大陆的航行也与宗教改革大致同时。因此，就16世纪作为欧洲进入现代社会的关键时期而言，欧洲进入现代社会的道路是多样化的，传统与改革、内部重整与外部扩张等多重力量的博弈决定了欧洲的多元现代性。

1513)、利奥十世(Leo X, 1513–1521)等。他们在罗马兴建图书馆、教堂、喷泉等，使这座永恒之城处处留下文艺复兴的痕迹。然而，由于支持艺术、学术以及在罗马大兴土木，需要巨额资金，为增加教廷收入，他们在传统的什一税之外，1476年又颁布了一条"赎罪券可以解救炼狱中的灵魂"的信条，直至后来售卖赎罪券引发路德的宗教改革运动。

人文主义是一种与中世纪基督有显著区别的看待人和事物的方式。与基督教把人看做上帝创造、审判和拯救的对象不同，人文主义者眼中的人是独特的、有理性的、有创造性的个人。过去，人们所谈论的人是依附于神的，而人文主义则以个人为中心，个人的发展而非与上帝合一或被上帝所拯救，成为人的目标和价值。在这样的理解之下，对概念进行分析的经院哲学变得毫无意义，那些传统的人文科学如文法、修辞、诗歌、历史、道德哲学等则被强调，用于对个人创造潜力的发展。人文主义者强调的是"人的品德"(virtues)，倾向于人间多于神圣，倾向于现世多于来世。

有趣的是，意大利的文艺复兴对古典文化的重新发掘或回归，主要受单纯人文主义议程的支配，并没有被引到宗教议题上，从而促使人们以某种新方式去理解教会。也就是说，人们并未谈论对教会的改革，更未以古典教会或原始基督教的标准来要求教会。其中原因可能是：被罗马教廷谴为异端的韦尔多派、威克利夫都以"使徒般的贫穷"要求教会改革，回到原始基督教，因此，在靠近罗马教廷的意大利北部，人们不能也不敢将古典理想与教会现实联系起来。而在阿尔卑斯山以北的北欧地区，人文主义则发展出一种特殊的"基督教人文主义"，对古典的重视与人们对希腊文、希伯来文的原始《圣经》、对早期教父和早期基督教的研究结合在一起，并以此来要求教会改革。它们虽然在艺术上的成就不如意大利文艺复兴，但它们对社会的影响却更加深远。

基督教人文主义的代表人物是伊拉斯谟(Erasmus, 1465–1536)。他童年时在"共同生活兄弟会"接受教育，后入英国剑桥大学，与托马斯·

莫尔成为密友，并对古典文学产生浓厚兴趣。他将人文主义对教育的强调与基督教的理念结合在一起，认为：教育应该回到基督教真理的源头，要用无情的讽刺来揭穿教会的愚昧和堕落，以纯洁教会。他的著作流畅易读，并由于当时新近出现的印刷技术，而在欧洲很快得到普及。伊拉斯谟也因此赢得了"学术的新闻师"(journalist of scholarship)的美誉。

"共同生活兄弟会"传统十分重视《圣经》在信仰生活中的地位，这深刻地影响到伊拉斯谟对《圣经》的理解。他认为，《圣经》应该进入普通信徒的日常生活之中，而不应只局限于教会神职人员的手中。他说："我希望《圣经》能够被翻译成各种语言，从而不仅苏格兰人、爱尔兰人能够阅读它，而且土耳其人、阿拉伯人也能阅读它。我渴望农夫在耕田时，能在犁后欢快地歌唱它，织工在织布时，能在梭子的穿插中吟颂它；疲惫的旅人啊，在旅途中，能用《圣经》的故事消磨他们的疲倦。"他运用文艺复兴运动中对古典作家、古代语文的研究成果，整理《新约》和古代教父的作品。1516年，在宗教改革的前一年，他出版了希腊文的《新约》，接着他推动并参与了古代教父系列作品的出版，如哲罗姆、奥利金、爱任纽、安布罗斯、奥古斯丁、克里索斯托等著名教父的作品相继问世。这样，人们关于早期基督教的学术知识被提高到一个新的水平，这些古典著作聚集了深厚的宗教动力，加深了人们对于基督教的理解。同时，这些古典基督教作家的著作成为新的权威文本，成为宗教改革家们在经院哲学之外可以引用的权威文献。路德、加尔文的著作都大量地引述这些古典文献，来论证宗教改革的正当性。

伊拉斯谟在复兴基督教学术之本源上贡献甚大，但他的神学仍然是传统的。在他看来，所谓基督教的核心要义，不过是基督在"登山宝训"中阐明的一套伦理体系，人们实践这套伦理就可通往与上帝的和好。因此，他的思想是一种普世的、伦理的有神论。在他的神学中，仍然贯穿着信仰可以与理性、道德同一的中世纪精神。对于中世纪晚期唯名论所主张的作为绝对意志的上帝、上帝的救赎与人类道德和理性之间的张力，他并不赞同。对于信仰在人的生命中的幽隐角色、十字架上的基督对于救赎的意义、恩典对自然的超越等现代神学命题,他也并不敏感。因此,当路德发动宗教改革后,他与路德的论战可以说是"古代道路"与"现代道路"的最后交锋。

总之,西欧的社会结构在宗教改革前已经松动,而文艺复兴和人文主义运动则解放了人们的思想。就共处于一个大时代而言,文艺复兴、人文主义与宗教改革是相重合的。达·芬奇死后两年,路德在维登堡张贴《九十五条论纲》;而米开朗琪罗(卒于1564年)甚至比路德(卒于1546年)还多活了18年,更不用说提香(卒于1586年)比路德多活了40年。而它们之间的众多主题也是重叠的,例如:回归本源、对传统的不满、对现存权力结构的批判、要求平民大众同样地享有知识或真理等。路德不是一个孤军奋战的战士,他在一个骚动不安的时代出场,置身于一个已经存在着厮杀各方的战场。文艺复兴和人文主义者,既是他的敌人,也是他的朋友。

44. 正教在欧洲东部:拜占庭的灭亡

由于教会体制、所处地缘政治的差异,基督教在欧洲东部的发展与西部有着相当大的差异。简要来说,东部正教有以下特点:一、受当地民族传统、语言与文化的影响深刻。由于正教采用牧首制,一个民族或国家的

(右页图)图57 拜占庭帝国覆亡图

拜占庭帝国的覆亡,是它长期以来受东部的伊斯兰世界、北部的保加利亚等异族侵扰和冲击的结果。拜占庭被奥斯曼帝国所灭,使得巴尔干半岛的民族和宗教关系变得更加错综复杂。这一地区事件的世界史意义,则在于它阻断了西欧与亚洲长期以来通过陆路进行的交通与贸易,迫使西欧从海上寻找通往中国与印度的通道,间接导致航海大发现,从而开启真正的全球化时代。

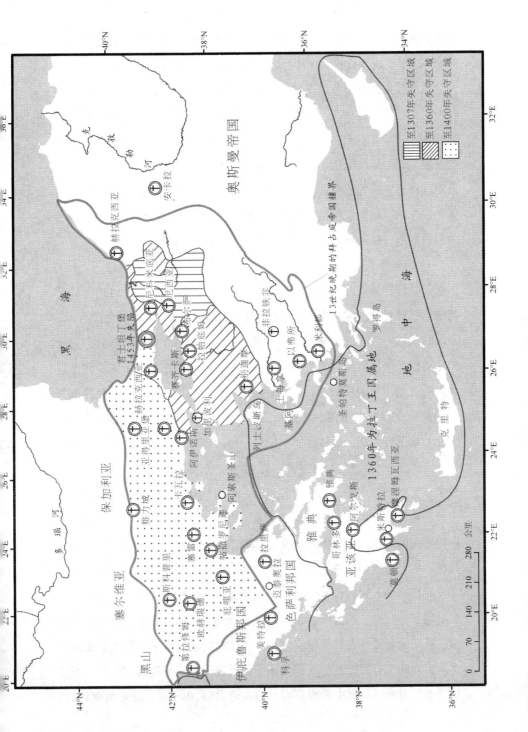

宗教首脑通常就是牧首，具有与其他牧首同等的权力。例如，保加利亚主教在927年就成为牧首，与君士坦丁堡牧首有着同样的权力。因此，与罗马公教的教宗拥有对各地主教的至上权力不同，东正教的地方教会拥有的权力更大，更有独立性。这使它们更容易保持本民族的传统语言与文化。当然，另一方面，这也使得东正教世界的整合性较弱。二、东正教在东欧的发展，都沿袭了君士坦丁的治教策略，世俗君主是教会的"保护人"，教会对政权有较强的依附性。三、东正教所处的小亚细亚地区，其历史命运深受东方的民族和宗教格局的影响。无论是蒙古军队的远征，还是伊斯兰力量的崛起，都对东正教的前途产生了决定性影响。

自1054年东西部教会分裂后，人们也曾努力使它们重新合一。十字军东征就部分地以此为理想。但真正有意义的一次尝试是在1430年代后期的东西部对话。当时的背景是，对西部来说，自康斯坦茨公会议后，公会议的权威一时超过了教宗。于是教宗便试图通过掌握与东部教会对话的主动权，来扭转自己的劣势。对东部来说，由于东罗马帝国受到土耳其人的进逼，帝国皇帝与君士坦丁堡牧首期望能通过与罗马教会的谈判而得到外交或军事帮助。于是双方于1438年在意大利北部的费拉拉(Ferrera)进行会谈，后移往佛罗伦萨。1439年，东西部教会宣布重新统一。这次合一是含糊加妥协的结果。首先，东部教会含混地承认了罗马教宗在普世教会中的最高权力。当时，大力推动东西会谈的东部尼西亚主教甚至被任命为公教制的枢机主教。但是，东部教会的各大牧首同样保留原有的职权，东部教会仍然用希腊语来施行圣礼，其神父仍可结婚。其次，对于东西部的神学争议，东部教会承认"和子"句的有效性，但又反对将其加入到古代信经之中，以避免其成为权威文本。此后，基督教出现了一股合一的浪潮，不久，教宗分别又宣布与亚美尼亚、一性论派、聂斯脱利派等古代异端实现合一。这样的成果对于罗马教宗地位的重新上升确实有好处，但东部代表团回到君士坦丁堡就遭到反对，那位新任命的尼西亚枢机主教也不得不逃往意大利。由于拜占庭未能履约，西

附：君士坦丁堡陷落图

部公教也就未对东方进行军事援助。东西部教会的继续分裂,直接导致了君士坦丁堡在面对奥斯曼帝国入侵时,只能孤立无援,束手就擒。

1453年,奥斯曼帝国10余万步骑兵及300多艘战舰全面围攻君士坦丁堡。而君士坦丁堡城内守军还不足1万,只能依靠君士坦丁堡优良的地理条件及坚固的城墙和护城河来进行防守。君士坦丁堡北面是金角湾,沿岸有高大的城墙和塔楼,同时他们用铁链封锁,使土耳其战舰无法进入金角湾袭击主城;南面是马尔马拉海,沿岸也有城墙和塔楼;西面是陆地,但城墙坚固,也是土耳其军队的主攻地。土耳其人久攻不下,于是绕道博斯普鲁斯海峡,买通控制君士坦丁堡城郊的热那亚人,在他们控制的加拉太(Galata)地区,修建了一条涂油圆木滑道,将轻便帆船拉过山头,再从陆地的斜坡滑入金角湾,使君士坦丁堡两面受敌。土耳其人最终于5月28日攻陷君士坦丁堡。东罗马帝国灭亡。君士坦丁堡易名为伊斯坦布尔,索菲亚大教堂也被改成一座清真寺。土耳其人继续西进,将阿尔巴尼亚、波斯尼亚都收归在奥斯曼帝国的版图之中。

君士坦丁堡的陷落改变了欧洲东部的政治—宗教格局,它标志着继承希腊罗马文化的拜占庭帝国的正式终结,基督教的发源地、学术文化中心成为伊斯兰世界的一部分。从此,西欧的罗马公教成为基督教文化传承的主要载体。此外,它至少在以下两个方面影响到基督教的发展。一、君士坦丁堡的陷落,封闭了西方通往东方的贸易通道,西欧只好从大西洋上开辟新的海上通路。葡萄牙和西班牙成为最积极地开辟海上新通道的国家,他们测量西非的海岸和河流,1487年,发现好望角;1498年,达伽马到达印度;1500年,发现巴西。伴随着这些新大陆的发现,公教也传播到美洲。二、君士坦丁堡的陷落,终结了希腊对于正教的支配性地位,俄罗斯开始成为正教的主要力量。1472年,俄罗斯的第一位统治全国的君主迎娶君士坦丁堡最后一任皇帝的侄女,此后,俄罗斯君主声称自己取代了希腊成为正教的保护者,并自称是拜占庭帝国的继承人。莫斯科被称为"第三个罗马",而其君主自称为"沙皇"(Tsar,即罗马帝国皇帝"凯撒"[Caesar])。

第五编
宗教改革时期

与众多影响人类历史的事件类似，宗教改革运动也是起于秋毫之末，而终成于泰山之势。宗教改革之后，基督教历史进一步分裂为两支：一支仍沿着原来公教的道路前进，在中国译为"天主教"；另一支则因抗议罗马公教而得名，故名"抗罗宗"(Protestantism)，又名基督新教，在中国通称为"基督教"。其实，新教也只是一个泛指，路德改革引发欧洲各地的宗教改革，此后各大教派竞相登场，基督教的历史变得尤为纷繁复杂。

45. 路德：其人其时代

如前所述，路德处在一个骚动不安的时代。城市兴起，商人和第三等级成为一股社会力量，文艺复兴和人文主义带给人们一种不同于中世纪的世界观。宗教上也出现了所谓的"现代道路"的潮流，经院哲学趋于解体，唯名论成为神学主流，人们开始更注重个人内心对于耶稣基督的虔诚。无论路德的神学旨趣，还是他对教会制度的看法，与当时的这股潜流都有某种相合之处。

路德于1483年11月10日生于爱斯里本(Eisleben)，1501年进入艾尔福特(Erfurt)。当时德国广泛受到人文主义的影响，但路德似乎没受什么波及。1505年大学毕业后，他准备进修法学以成为律师。就在这一年，据说，他曾受暴风雨所困，祈祷发愿："如果平安度过，就去做一个修士。"在经历了这一次的神秘事件后，就于7月17日进入艾尔福特的奥古斯丁修院成为修士。这一修会带有较强的神秘主义背景。路德在会中颇受赏识，后被派往维登堡(Wittenberg)大学任教，并任某所修院的教务长。此时，路德开始形成自己的神学思想。这一段时间，路德主要受到三方面的人或思想的影响：一、人的悔改不是从惧怕上帝开始，而是从爱上帝开始。奥古斯丁修会的院长斯陶皮兹(Johann von Staupitz)对其影响较大。强调以这样的方式来理解神人关系，是后来新教神学的一个显著特征。它使得人们把神学的关注点从一个超越的、威严的、主宰性的上帝，转移到一个被钉死而为人赎罪的耶稣基督的身上。它强调正是因为耶稣基督的赎罪，而使人敢于并有能力去爱上帝。二、救赎不是因为人的善功，而是因为上帝的应许和拣选。这一思想来自于路德对唯名论神学尤其是奥康的研究。在奥康看来，中世纪经院哲学通过人的所谓理性，在个人与上帝之间建立的各种法则性的、层级性的关联，都只是空洞的"声音"，并不真实。在个人与上帝之间，只存在着直接的但却是偶然的关系，

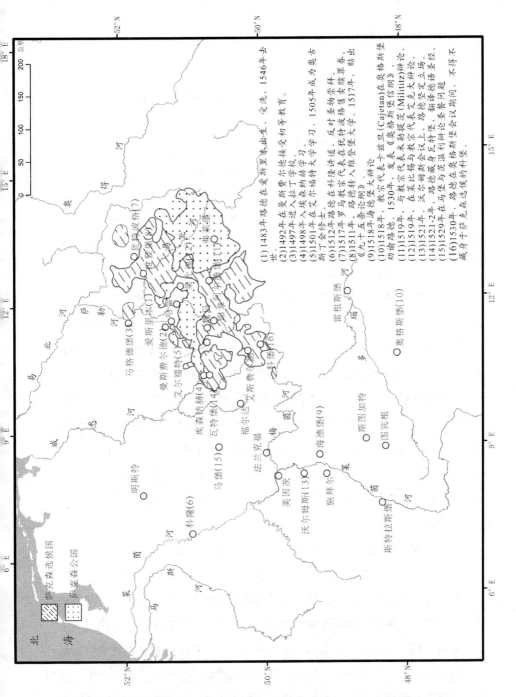

图58 路德生平行迹图

路德的活动范围也是路德宗分布区域的一个反映,即主要是在德国北部。其成因既有宗教因素,因为神秘主义在北德较为流行;亦有政治因素,德国北部不属于哈布斯堡的领地,对查理五世的神圣罗马帝国有较强的离心倾向。

人不能通过理性去认识上帝。只有上帝的意志是全能、绝对和自由的，它甚至可以完全不受理性法则的支配，因此，人的得救只能依赖于上帝自由的意志。三、救赎的本质在于个人与上帝之间的活泼关系，而不在于在生活中遵守某种特定的律法。这得益于他所在的奥古斯丁传统的神学。也就是说，救赎在于分享上帝通过耶稣基督之受死而赐人之赦免，因着基督之死而被赦罪成为新人，建立起与上帝的新关系。这种赦免是一次性的，不需要人们的不断悔罪和善功。所以，因信基督而罪得赦免构成他对神学理解的新核心。

1517年9月，他写作了一篇神学短文《批驳经院神学》(Disputation against Scholastic Theology)，提出启示与理性相分离，宣称要抛弃亚里士多德哲学而回归奥古斯丁，把神学重点从经院化的上帝转到受难的基督，认为信仰不是神学，而是与基督的活生生的关系等。因此，人们常称此为他早期的"十字架神学"(Theology of Cross)。他提出："人就其本性而论，不可能要上帝成为上帝。事实上，他自己想要成为上帝，而不愿上帝成为上帝"；"没有上帝恩典的对律法的遵从，表面似善，而内里却是罪恶"；"我们不因行公义的事而成为义人，而只有被称为义人，我们才能行公义的事"等。这实际上已经代表了他后来的新教神学的一些基本原则。

1517年，由于修建圣彼得大教堂需要巨额资金，教宗利奥十世需要在欧洲筹款，办法之一就是卖赎罪券(Indulgence)。萨克森选侯禁止罗马教宗的赎罪券进入，因为他所辖的当地教会也要卖赎罪券筹钱。但路德听到教宗兜售者对赎罪券的吹嘘后，开始着手写作谴责赎罪券的《九十五条论纲》(Ninty-five Theses)，并于1517年10月31日贴在维登堡教堂的大门上。以论纲的形式提出辩论，是当时常见的做法。在该文中，路德也没有提出直接针对教宗的观点，甚至不否认教宗有赦罪权，他主要是对人们吹嘘赎罪券的功效提出批判。只是在对某些具体问题进行分析时，路德才援引他更为深刻的神学理论，如"悔改是心灵转向之后的终身习惯，而不是一次又一次的具体行动"等。但是，一方面由于这份论纲激起人们久待发泄的不满情绪，另一方面借助于当时大规模使用的印刷技术，路德的这份论纲被译成德文，并在德国境内广泛传播。

据说，教宗利奥十世听到路德的论纲时，不以为然，说："路德只是喝醉了，清醒过来就好了。"他只是授命奥古斯丁修会的会长制止此事。1518年4月，路德被转往海德堡(Heidelberg)受质询。在会议上，路德坚持他的"十字架神学"，认为人不能依靠自由意志而回归上帝，而只能依靠基督的受难和上帝的恩典。此时，他心里隐隐地感觉到基督教将要经历一次大的变革。他说："教会需要改革，这不是一个人即教宗的工作，也不是一些人即红衣主教们的工作，最近召开的公会议已经证实这两点。它应是全世界的工作，确实也只能是上帝的工作。但是，只有创造了时间的上帝才能知道这个改革的时机。"

教廷对于路德的处置，因当时动荡的政治局势拖延了一段时间。双方都逐渐意识到，他们之间的差异已经不是赎罪券这样一个具体问题，而是对基督教信仰的根本理解的不同。1519年，路德与罗马特使在莱比锡进行辩论。辩论会上，他被逼到这样一个绝境：如果他坚持自己的主张，就与康斯坦茨会议定为异端的胡斯站到了一起。进而言之，路德不仅是反对赎罪券，是反对教宗，更是反对大公会议，是与整个公教会作对。其后果意味着，路德是叛教的，是一个异教徒。

然而，路德与胡斯的处境不尽相同。一批民族意识逐渐觉醒的人文主义者支持他，他所在地的执政者——萨克森选侯为他提供政治庇护。路德也认识到自己的职责是将日耳曼民族从教廷的统治下解放出来。于是，在1520年一年之内，他写作了三篇论著，既鲜明而系统地阐明他的立场，亦奠定了整个新教神学的基础。其中第一篇是《致德意志基督教贵族书》(*To the Christian Nobility of the German Nation*)。从书名就可看出，他以德国的世俗统治者作为诉求对象，带有强烈的民族主义色彩，怀疑并挑战教宗的普世权威。在书中，他否认教宗的权威可以超越统治者，更不可以超越《圣经》。召开代表全体信徒的公会议的权力，不在于教宗，而在于世俗统治者。君王们有权召开改革教会的公会议。为论证这一点，他在神学上提出了著名的"一切信徒皆祭司"的原则，并将此原则应用到教会实践之中，即：神职人员并不在灵性等级上高于普通俗人；人人有权阅读《圣经》，教宗不能垄断对《圣经》的解释权；俗人即祭司，因此俗人不仅可以召集教会公会议，而且应当由世俗统治者来召集"真正自由的公会议"。德国教会应由一位"德意志总主教"来管理。第二篇是《教会的巴比伦之囚》(Babylonian Captivity of the Church)，则直指罗马公教的核心：圣事(sacrament)。他提出圣事是为上帝对我们的恩典的外在见证，是人们共同表示对于上帝的虔敬。它还是对罪恶赦免的应许，使人们的信仰坚定。因此，按照《圣经》，严格的圣事只有两件：洗礼和圣餐。公教的另一核心圣事：告解(confession)被认为只有一定的圣事价值。而坚振、婚配、神品和终傅，则不具有圣事价值。他对圣事的质疑全面地动摇了罗马公教的宗教实践。第三篇是《论基督徒的自由》

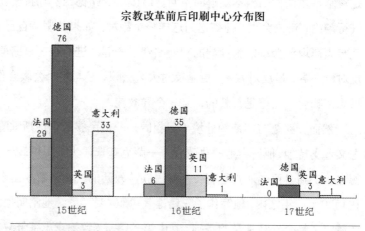

(右页图) 图59 印刷术兴起与新教传布图

宗教改革是一个非常复杂的社会文化综合体的产物，新技术在它的成功开展中发挥着重要作用。印刷术在15世纪欧洲的普及，十分有益于新教思想的传播。反过来，宗教改革在欧洲北部的开展，也促进了该地印刷业的繁荣。16世纪的印刷中心主要分布在新教发展迅速的北欧地区。

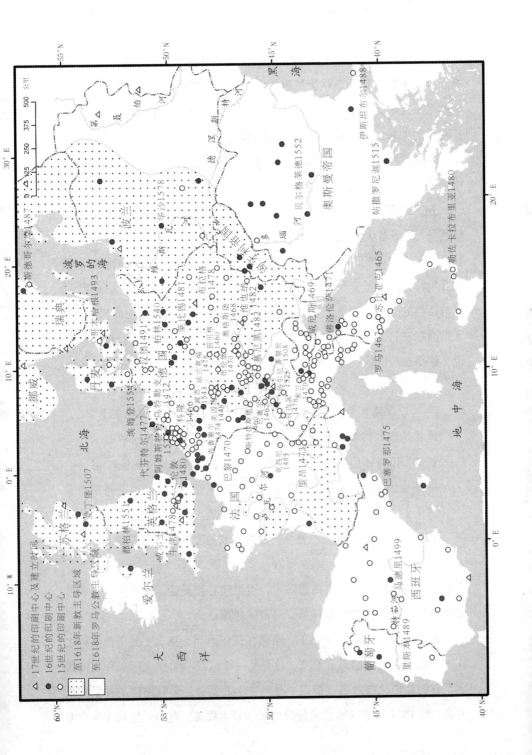

(*On Christian Liberty*)。这是一部神学理论性的著作，对基督教的核心概念进行了综合讨论，认为基督徒由于上帝的恩典与基督的救赎，而在根本意义上成为一个自由的人。这种自由是人的心灵与基督所建立的信任与爱的关系，它使得人摆脱罪的捆绑，不再惧怕上帝，成为自由的心灵。在这种状态之中，他又自由地遵从上帝的意志和诫命，从而在生活中受"爱"的法则的约束，有益于一切邻人。

这三部著作写完后，1520年12月，教宗将路德开除教籍的通谕抵达维登堡，路德当众烧毁通谕，而维登堡市政当局也未因路德这样的出格行径而将其绳之以法。这表明德国贵族已经公然漠视教廷。对路德的处理，也开始转移到神圣罗马帝国的手中。此时，查理五世刚刚即位为皇帝。经过与路德的庇护人弗里德里希选侯(Frederick the Elector)协商后，查理五世同意在1521年的沃尔姆斯帝国议会(Diet of Worms)上审理路德。据说，路德在帝国议会的这些贵族面前说了一段慷慨激昂的话：

> 尊敬的皇帝陛下，诸位王侯们，你们要求一个简单的回答。这就是我的回答，简单而直白。我不能相信教宗以及公会议的权威，因为他们屡屡犯错、自相矛盾。除非能够用《圣经》，并用显然的推理，来证明我错了，除非我的良心被上帝的话语所掳获了，否则我不能、亦不会放弃任何观点。因为违背我们的良心，既不公正，又不安全。这就是我的立场，我别无选择。

多亏萨克森选侯深夜安排路德逃走，否则他必死无疑。而帝国议会也发出通缉令，路德终生都是神圣罗马帝国的逃犯。

在萨克森选侯的庇护之下，路德在逃亡期间，完成了另一部不朽之作——将《新约》翻译成德文。这是第一个直接从希腊文译成德文的版本；它的德语流畅地道，奠定了德语文学的基础。但就路德的神学成就而言，到1521年他基本已完成他的神学基本框架。此后，他的作品主要是进一步完善或阐发前期作品,或者与宗教改革的各派力量如伊拉斯谟、茨温利等进行交锋。

路德以个人卑微之身,发动了影响深远的宗教改革。对教会的理论与实践进行深刻的批判,动摇了中世纪固化的社会结构。但随之而来则是各种政治力量的卷入,宗教改革的轨迹远非路德所能左右。他的晚年见证了各种力量之间的交错分合、罗马公教与新教的争吵、改革派内部的纷争,过得并不愉快。他于1546年2月18日重访故乡时去世。他被称为基督教史上最伟大的人物之一,是当之无愧的。

46. 路德宗的成型

中世纪晚期仍然是一个宗教社会,宗教改革涉及千万人的身家性命,因此,要理解宗教改革如何得以开展,就有必要分析16世纪初期的欧洲政治大格局。16世纪初是欧洲的政治强人时代,首先,查理五世(Charles V)于1519年被选为神圣罗马帝国的皇帝。他是几次王族联盟的产物,继承了多国的领地,成为查理大帝之后统治欧洲最广泛地域的皇帝。他是统一了西班牙全境的费迪南和伊莎贝拉的外孙,领有西班牙全境。同时,从他祖母那里继承了荷兰、卢森堡,从他祖父那里继承了德国的哈布斯堡,并先后获取意大利南部和东欧众多领土。其次,法国由弗朗西斯一世统治(1547年卒)。法国与查理五世的领地广泛接壤,尤其在争夺意大利北部城邦的控制权上,与查理五世屡次交恶。再次,在英国则由亨利八世(1547年卒)掌权,他的王后是查理五世的姑母。最后,教廷则扮演其一贯的制衡性角色,在一方得势时支持失势的另一方。由于意大利南部多数时候由查理五世控制,为避免他同时又控制北部,从而对中部的罗马

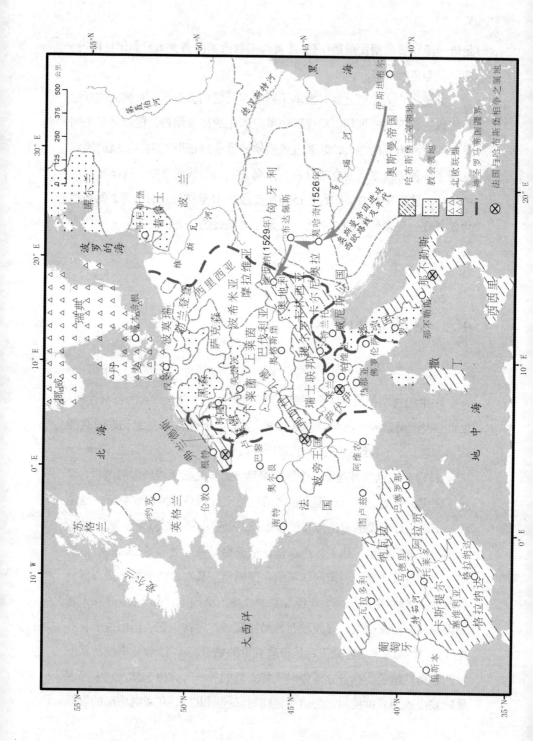

教廷国形成夹击,教廷多数情况下反对查理五世。这对路德及支持改革的德国贵族们而言至关重要,因为如果教廷与神圣罗马帝国合作,宗教改革很可能胎死腹中。而这些欧洲强人又有另一个共同的敌人,即盘踞北非和东南欧的奥斯曼帝国,其首领为著名的大苏莱曼(Suleiman the Magnificent,1566年卒)。奥斯曼时时侵扰欧洲,也成为制衡欧洲政治大格局的重要力量。而在路德后来的主要活动地萨克森(Saxony)地区,也从1483年起就分裂成两块:萨克森选侯区(Saxony Electoral)和萨克森公爵区(Ducal Saxony),这两个区域常常互相为敌,前者庇护路德,而后者则联合神圣罗马帝国和教宗反对路德。可以说,就是在这样复杂的政治板块中间,路德及宗教改革运动得以展开,并以宗教改革为导火索,在16世纪下半期以罗马公教与新教为单位塑造新的政治板块。

宗教改革运动很快就发生了分化。除了路德既反对罗马公教又反对那些走向极端的革命派,而保持一种中间路线之外,另外又分化出三个潮流。第一个是传统的人文主义阵营。随着路德全面地批判罗马公教的神学、教制和圣事传统,以伊拉斯谟为代表的人文主义者站出来进行反击。在神学上,伊拉斯谟主张中间路线,认为人既有自主地归向上帝的自由意志,又有必要接受恩典,反对路德认为人只有绝对依赖全能上帝及其恩典才能得救的极端思想。对于改革的方法,他主张靠教育、破除迷信、对教会进行行政和道德方面的改良来革新罗马公教,反对以路德式的激进方式脱离公教。1524年,他与路德的论战是人文主义与基督新教之间论争的经典之作。第二个潮流则要求对罗马公教进行更激进的改革,破坏教堂的圣像,否认基督临在于圣餐之中。在神学理论上,则诉

(左页图)图60 宗教改革时的欧洲政治格局图

路德发动宗教改革运动时,欧洲政治格局的基本特点是:多元而分散。神圣罗马帝国境内,各公国各自为政;法国与帝国皇帝查理五世时有争斗;罗马教廷扮演制衡角色,与不同政治势力结盟。这种多元而分散的政治格局是路德及新教得以发展的必要条件,否则,如果路德面对的是单一而集权的帝国宗教,那么他早就被判为"异端",与胡斯等人同样下场了。

诸宗教经验即圣灵对信徒的感动,拒绝以任何制度性的因素作为权威,不仅罗马教廷认定的教理被排斥,即便是路德认为的最终权威——《圣经》也要接受圣灵的检验。这一潮流还不仅要求改革宗教,而且要建立所谓正义与博爱的新的社会秩序,制定新的社会法律,甚至主张通过流血斗争的方式来推翻教士们的统治。它后来与第三个潮流结合起来,严重地威胁到社会秩序,也使路德的改革背上了骂名。第三个潮流是农民的暴动。1524年农民起义达到高潮,他们主要提出政治和经济要求,主张每一教区均有权选举和撤换牧师,废除农奴制,允许穷人使用森林,公平规定地租,公地归还给村社,取消付给主人的遗产继承费等等。针对第三种潮流,路德写作了《反对杀人抢劫的农民暴徒》(Against the Murderous and Thieving Rabble of the Peasants)一文,呼吁贵族们用刀剑扑灭暴动。

由于宗教改革运动的分化,路德的改革也成为诸多派别中的一支,以伊拉斯谟为代表的人文主义者离他远去。农民暴动被镇压后,宗教改革失去了下层群众的支持。继续支持罗马公教的贵族们亦集结起来,并对教会进行了改良,巴伐利亚以及德国南部的一些地区于1524年7月7日成立了支持罗马公教的联盟。当然,这也促成了路德新教政治联盟的组建,成员包括萨克森选侯、黑森(Hesse)、条顿骑士团、勃兰登堡及一些城邦等。在公教同盟与路德派同盟的对垒中,公教同盟力量占优。与此同时,支持公教的查理五世打败了法国国王,并胁迫其合力对付路德派同盟。在政治上,宗教改革似乎危在旦夕。但有趣的是,这时帮助路德派的恰恰是罗马教宗。因为他看到查理五世的势力壮大,担心意大利的北部城邦被其收编,从而直接威胁中部的罗马教宗国。于是教宗组织了一个意大利同盟来对抗查理五世,法国见机行事,亦倒戈加入此同盟对抗查理五世。这些动作大大掣肘了公教势力攻打路德派联盟的力度。而就在公教与路德派相互对抗的时候,1526年土耳其人来犯,匈牙利人不敌大败,土耳其人直接威胁德国。于是,面对共同的敌人,公教派与路

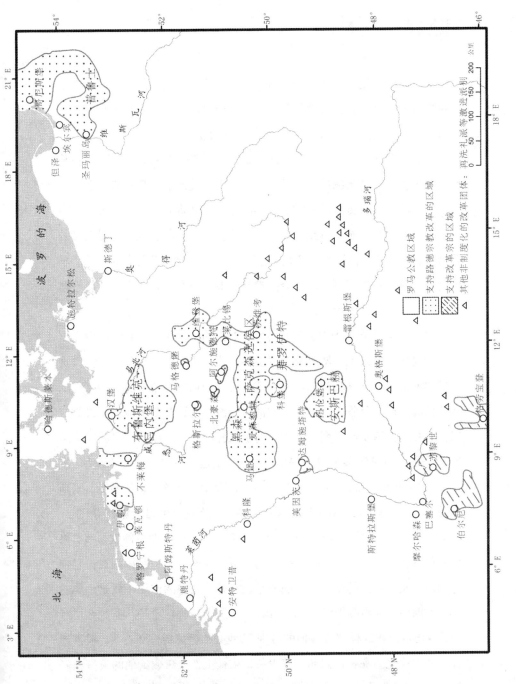

图 61 1529 年的宗教改革格局图

当 1529 年"新教"得名之时，支持路德派的同盟只有寥寥数地。而在瑞士，以茨温利为首的改革宗亦开始兴起。更多的非制度化的改革团体如再洗礼派等，则散布各地。宗教改革运动终结了欧洲"一个帝国，一个宗教"的历史，开始步入多元信仰的时代。

德派又暂时统一起来，决议同意各个贵族无论"生活、治理国家、为人处世均可各行其是，只要他认为自己所作所为能向上帝及皇帝交待得过即可"。在一定意义上，这类似于容许宗教自由。

以此决议为法理基础，路德派开始建立所谓的"领地教会"，即在某选侯领地上建立路德派的官方教会，一切受过洗的居民都是该教会的成员。它废除了公教传统的主教制，实际上由世俗贵族控制教会事务。由各领主指派"巡视员"，以路德派的信经为依据考查各教区牧师对教义的理解及行为表现，在每个教区设"监督"一名，由他对封建领主负责。总体而言，就是用世俗领主对教会的控制，取代由罗马教廷委派主教管辖教区的做法。这成为后来路德宗建立教会的基本体制。

对路德派建立领地教会的宽容，在1529年的施拜尔(Speyer)帝国议会上被终止。会议上，罗马公教派贵族占优，决议要求允许在路德派贵族的领地上举行罗马公教的崇拜仪式，允许一切罗马公教的机构享有以前的权利、产业及收入。这等于取消路德派教会，并要求他们将没收的罗马教会和修道院归还罗马公教。对于这样的决议，路德派贵族无力阻击，于是在1529年4月19日提出抗议，并由这一事件，新教得名为"抗议宗"(Protestantism)。成员主要来自于萨克森、黑森、勃兰登堡、安斯巴赫、不伦瑞克(Brunswick)以及如斯特拉斯堡这样的自治城邦等。

1530是路德派历史上的另一个重要年份，其标志性事件就是《奥格斯堡信纲》(*Augsburg Confession*)的出版。这份作品是路德派对自己神学和宗教实践所做的辩护。有趣的是，它并非路德的作品，而是由他的学生兼助手梅兰希顿(Philip Melanchthon)所作。梅兰希顿与路德性格迥异，路德自己曾这样评价他们的区别："我必须搬掉树桩和石头，披荆斩棘，清理荒芜的森林；而菲利普少爷，依仗上帝大量赐给他的天资，轻轻地、文雅地跟上来，欢快地播种和浇浇水。"与路德的勇于坚持相比，梅兰希顿善于妥协；路德长于论战，而梅兰希顿则精于阐述。因此，《奥格斯堡信纲》是一个综合的、和解的产物。虽然它也透彻地阐明了路德的"因信称义"这一根本学说，对于罗马公教的一些流行做法也持摈弃态度，但它主要是辩护性的，目的在于说明路德的观点和做法并不背离基督教的早期传统。一些革命性的观点，如对教宗制的攻击、信徒皆祭司等并未提及。即使是这样的作品也未能得到罗马公教的接纳，于是路德派只好结成政治—军事联盟，走上武力反抗的道路。虽然查理五世在势头上占优，但他要提防法国，内部也并不团结，因此，他也未能取得绝对胜利。1532年土耳其人再次入侵欧洲，使得对立的两派在纽伦堡再次签订休战协议。

此后，公教阵营与路德派联盟内部都经历了持续的分化与整合。尤其具有戏剧性的是在1552年，原本站在公教与查理五世一边的萨克森公爵莫里斯(Maurice of Saxony)突然改变立场，转而挥戈攻打查理五世。皇帝仓皇逃走，并与路德派签订停战协议。可以说，正是那些试图摆脱神圣罗马帝国及教廷控制、争取独立的领地贵族们，看到宗教改革有助于他们争取政治和宗教的独立，最终帮助路德派取得了胜利。可见，随着民族意识的高涨而在宗教上争取民族自决的要求，是宗教改革运动中深潜的却又最有力的潮流。

1555年9月25日，双方终于坐到一起，并最终签署《奥格斯堡和约》(Peace of Augsburg)。这一和约的签署标志着路德宗(Lutheranism)的正式确立。它基本上依照领地教会的原则，即"教随王定"(cujus regio, ejus religio, whose the rule, his the religion，在谁的领地，信谁的宗教)。首先，在帝国境内罗马公教与路德派享有平等权利，但对其他教派则仍不予承认。其次，每一位世俗统治者在上述两种信仰中选择一种作为自己领地内的信仰，其臣民无权选择，一块领地只能有一种信仰。再次，至于教会所管辖的范围及财产，以1552年停战协议签订时的状态为准。至于帝国境内的普通人，如果不愿意接受所居领地的官方信仰，则允许自由迁出和公平变卖财产,但只允许在公教与路德宗之间进行选择。一方面，这个和约相对于原来的宗教迫害而言，向宗教自由的方向迈出

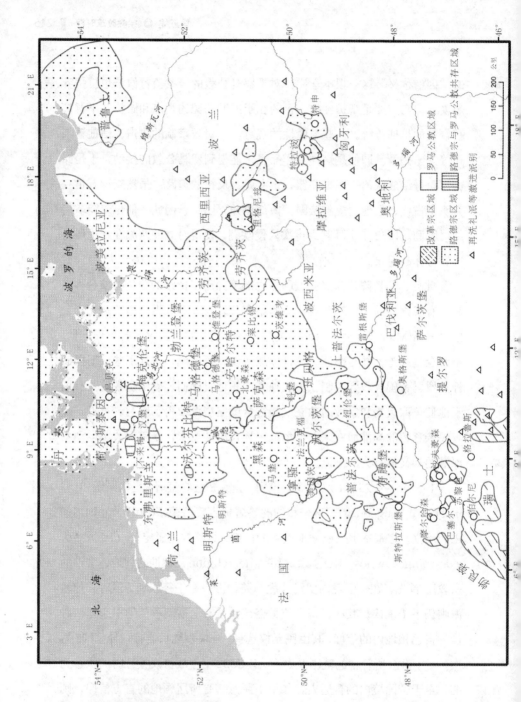

图62 1555年的欧洲宗教格局图

　　至1555年《奥格斯堡和约》签定时,路德宗在德国得到很大发展。"教随王定"的政策,使它成为德国北部各邦的主要宗教。但德国南部,仍以罗马公教为主。

了重要一步；另一方面，它在法律上仍然坚持官方教会，某一国土之民必奉某教，仍然没有摆脱政教不分的旧模式。尤为重要的是，它没有规定公教与路德宗之外的基督教派的同等权利，必然引起新的宗教迫害和反抗，从而引起新的战争与动荡。从1618至1648年的"三十年战争"(Thirty Years' War)即部分由此而起。

德国作为宗教改革的发源地，以制度化的路德宗的出现作为其归宿。但是宗教改革运动并不止步于此，在路德宗之外，大致来说，宗教改革沿着四个方向进行：一、宗教改革的深化与发展，其代表是加尔文对路德宗教思想的系统化和纵深发展。二、宪制性的宗教改革(magisterial reformation)。与某种既成的政治建制结合在一起，宗教改革的深度与广度受王权政治变迁的影响，其代表是英国的宗教改革。三、激进的宗教改革(radical reformation)。它直接在欧洲民间发展，代表普通群众的宗教诉求，急于与罗马公教的既成制度划清界限，但它有很高的宗教虔诚度，直接诉诸人们的宗教经验。它开启了现代的自由教会(Free church)的先河，其代表是再洗礼派(Anabaptist)。四、反宗教改革的改革(Counter reformation)。在罗马公教内部，出现了对宗教改革进行回应的自我调整和自我更新的改革，可称它为"公教改革"(Catholic reformation)，由于其目的是反对宗教改革，故又可称为"反宗教改革"。

47. 改革宗：从茨温利到加尔文

宗教改革是松动罗马教廷对整个欧洲的控制的一股力量，因此，在当时欧洲所谓最自由的国家——瑞士，宗教改革有着特别的土壤。人文主义在瑞士的众多城市广为流传。诸多因素如人文主义的兴盛、地方自治的传统、处在各大国的交错地带、商业城市对于罗马教廷的反动，共同构成瑞士以小小之国却成为宗教改革重地的原因。

最早领导瑞士宗教改革的人是茨温利(Huldreich Zwingli, 1484-1531)。他先是一个人文主义者，于1515年与伊拉斯谟相遇，受其深刻影响。他接受人文主义对于基督教的基本看法，诸如回到早期基督教寻找理想形态的教会，《圣经》是唯一的权威，主张对教会中盛行的迷信包括赎罪券的做法进行改革。但在1517年路德发动宗教改革后，他受到路德的影响，对古代教父进行深入研究，成为一个宗教改革家。但他改革的道路与路德不同，他主要因反对瑞士人为他国当雇佣兵而声名鹊起。1518年，他被推选为苏黎世的"人民牧师"(people's priest)。与苏黎世市议会反对代表罗马对其进行管辖的康斯坦茨主教的政治抗争一起，他从1522年开始在苏黎世大力推动宗教改革。与路德的改革相比，茨温利没有路德那样深刻的个人灵性经验，因此在神学上没有太多的创见，也没有什么系统的神学论著。在对信仰本质的理解、个人的生存性困境、人与上帝的关系、恩典与福音的关系等关键神学问题上，无法与路德相提并论。他的眼光更为实际，真理评判的标准也更为直接。在他看来，唯有《圣经》对基督徒有约束力，从神学上来说，基督徒信仰生活的关键不在于像路德所强调的享受罪得赦免、成为上帝儿女地位的自由，而在于服从上帝的意志，而上帝的意志就在《圣经》之中。得救本乎恩，因着信。对于教会崇拜的礼仪，他否认善功具有救赎价值，认为圣徒无法为众人在基督面前代祷，隐修誓愿没有约束力，炼狱也不存在等。而这些都恰恰是罗马公教的教会实践的基础。他还主张教士与修士都可结婚。关于教会，他认为基督是教会的唯一元首。对具体的教会组织而言，最终的权威属于基督教社团；而在实践层面上，这一权威是由正当组织起来的政府机关按照《圣经》来加以施展。茨温利对于崇拜礼仪与教会组织改革的看重，后来为加尔文所特别发挥，成为"改革宗"的重要特征。

茨温利在苏黎世的改革，很快在瑞士得到响应。但同时，瑞士支持罗马公教的一些州也集结起来，组成反改革联盟。这样，在瑞士分别有1524年成立的公教联盟(Catholic Alliance of Regensburg)和于1526年成立的路德派联盟(Lutheran League of Torgau)。这一情形正与分裂的德国相似，改革家们试图将德国与瑞士的新教力量联合起来。在斯特拉斯堡的改革家布塞(Martin Bucer, 1491—1551)的斡旋下，1529年茨温利与路德在马堡(Marburg)就他们之间有争议的圣餐问题进行了讨论。在路德看来，圣餐时的饼和酒就是基督的身体，领食圣餐是与基督合一的最可靠的保证，圣餐也是上帝应许的证明。但在茨温利看来，把圣餐理解为基督真实的血与肉，是罗马公教的迷信的集中表现，与人们的理性相违背。在《新约》中基督设立圣餐时所说的"这是我的身体"，在路德看来，这里的"是"就是"是"，而茨温利则认为它实际意思是"代表"。因此，基督的身体并不实际地临在于圣餐之中，圣餐只是一种纪念，它主要是联合全体教徒共同向上帝表示忠诚的仪式象征。对此问题，双方进行了激烈的神学辩论。茨温利认为，一个物质的身体在同一时刻只能在一处，基督的身体亦不例外；路德则认为，基督的所有神性包括无所不在性，都已转移到他的人性之中，因此，圣餐时所分享的是神人两性俱全的整个基督。他们相互指责，路德说茨温利的观点是分裂了基督的神人二性，是异端；而茨温利反击说路德比罗马公教还公教。双方谈判最后破裂，瑞士改革失去其德国盟友。1531年，在与公教联盟作战的卡佩尔(Kappel)战争中，茨温利阵亡。其后，瑞士宗教改革的中心便转移到日内瓦，在加尔文那里，宗教改革发展出另一个高峰。

日内瓦位于阿尔卑斯山的主要商路上，是一个商业城市，市民阶层有着强大影响力。借着宗教改革的势头，日内瓦市民阶级掀起了一场争取独立自治的运动，并于1536年获得成功。因此，从其起点来说，日内瓦与其说是为宗教原因，毋宁说是为政治原因而接受新教信仰。但是，随着加尔文被请到日内瓦主持宗教事务，它同样成为一个影响整个欧洲的宗教改革运动的核心城市。在此意义上，是加尔文这个人成就了日内瓦这个城市。

加尔文1509年7月10日生于法国，初修法学，追随人文主义路线，早期研修古典作家，熟悉斯多亚派哲学。他在巴黎接触到路德的改革思想，但起初并未为其所动。据说在1533年，他经历了一次奇特的皈依。他说："上帝使我顺服，使我心驯良。"按其后来的思想轨迹，也许他经历到的是对上帝意志要绝对服从，而上帝的意志又在《圣经》之中。这构成了他宗教思想的一条主线。但法国的中央集权远甚于德国，人文主义者试图改革教会的举动随即被镇压。加尔文受波及而逃亡至瑞士。就在这一阶段，他于1536年3月写成了著名的《基督教要义》(Institutes of the Christian Religion)一书。他所受的法学和人文主义的古典训练对此书的风格有极大帮助，其总体风格是辩护性的，但全书庄严、明晰、系统、严谨而有力。与路德的论战型、情感性论述不同，他系统、完整、谨严地阐述了宗教改革的思想。这部书是加尔文的神学代表作，他一生对此书不断修订，直到1559年最后一版。

加尔文神学围绕的核心是"上帝全能的父"(God Father Almighty)。它强调两个因素：一是全能的上帝，他的绝对意志是万事万物的根本原因；二是上帝为父的角色，在选民与上帝之间存在着亲密的关系。前者突出上帝的绝对与超越，后者则突出上帝的内在与亲近。在他看来，上帝造人本为善，但人却错误地运用自由意志从而败坏了这种善。此后，人为原罪所染，所行皆为恶事，无法行善。在绝望处境当中，上帝命定基督受死为人赎罪，开辟人向上帝回归的道路。但是，基督的救赎对人而言只是一种可能性，对个人而言，只有通过圣灵的感动和降临才能使之成为现实性。所谓称义或者得救，就是指圣灵按上帝之所命定，按己意做工，促使人悔改。这是新生的开始。此后，则是一条成圣的生活之路，即信徒做出喜悦上帝的善事而表明自己与基督的合一。这些善事是那些已蒙救恩的人努力实现上帝意志的表现。在此，加尔文表现出"律法"与"恩典"、善功与信心并重的思想，虽然从根本上而言，是因得救而成为好人，而不是因好人而得救。

加尔文对于基督教的巨大影响还表现在他对教会组织的改革上。在他看来，按照《新约》，教会有四种职务：牧师、教师、长老和执事，他们的产生方式在于地方性教会的选举。选举的意思有两个：一是上帝在暗中的拣选；二是指人民的认可。教会的所有成员都是平等的，而且都应通过选举来参与教会的管理。先由信徒选出长老，再由长老选聘牧师，共同组成堂会会议管理地方教会。再选出一个长老和一个牧师代表地方教会，参加上一级教会大会。以此类推，直到形成最高层级的大会，拥有立法和司法权。可以说，加尔文开创了由地方教会会众选举教会神职人员，以共和制管理教会的先例。

加尔文和路德都是宗教改革的标志性人物，但他们的改革方案各有不同的侧重：一、对路德来说，神学的核心是基督的救赎与恩典，对加尔文来说则是全能上帝的绝对意志和他的荣耀。二、路德神学更注重面对上帝的个体，而加尔文则注重上帝所拣选的集合之民。三、路德强调《圣经》与圣灵并重，强调个人心灵对于信仰的活泼理解；而加尔文则更强调《圣经》对于整个教会和社会的"永恒真理准则"的意义，把它视为教义和生活的标准。四、路德更注重基督的受难，信仰者的生活以"十字架"为中心，每一次圣餐都是对基督受难的重新体验；而对于加尔文来说，信仰者的生活乃以"复活的基督"为中心，每一次圣餐都是对已受上帝拣选的确认。五、路德认为教俗属于两个不同的领域，世俗领域需要君王的权威，而信仰领域则以上帝的天国为盼望，信仰者不应在意外在的政治体系；而在加尔文看来，教俗同属上帝的管辖，在世俗权力陷入不义之时，甚至可以用上帝的义去取代它，因此，带有革命性色彩。

经过了内部较为复杂的斗争后，加尔文取得了对日内瓦的绝对控制权。1559年，他开始创办"日内瓦学院"(Geneva Academy)。该学院很快就成为改革宗的大本营，培养出大批的改革宗人才，成为荷兰、英格兰、苏格兰、德国和意大利改革运动的中坚，随着新教徒进入美国，它又影响到美国的宗教和政治。对于加尔文的影响，可以做出这样的评价：加尔文似乎能够将某种深厚的情感隐藏在他严谨而又系统的神学之中，而这种神学又能培养出品格坚强、情感执著的人格。他们是理想主义的，从《圣经》的基本原则中发展他们对于社会和道德的理解。同时，这些人对自己的使命深信不疑，认为自己受上帝拣选，从而不屈不挠地进行他们的事业。加尔文作为唯一的"国际宗教改革家"，对现代历史和世界产生了巨大的影响。

48．英国宗教改革：圣公会的成立

在不同地区，由于王室集权程度的不同而产生出不同的政治结构，这又决定了宗教改革在当地的方式与走向。当欧洲大陆的宗教改革开始之际，英国正由亨利八世(Henry VIII, 1509-1547)执政。他是英国历史上少有的强力君主，在思想上对经院哲学兴趣浓厚，又同情人文主义运动；其个性野心勃勃，又智力超群，有很强的个人魄力。当时的英国，经过玫瑰战争，地方贵族的力量大受打击，王权得到加强。在国际上经历了与法国的百年战争后，英国人的民族意识也普遍高涨。这些因素对于英国走上支持宗教改革，但又由王权对其主导的独特道路产生了深远的影响。

当然，英国之所以走上宗教改革的道路，也不能忽略英国民间早已存在的改革风气。14世纪末，威克利夫对罗马公教的改革主张就吸引了大批英国民众。他在英国东部的影响尤深，而这些地区又是剑桥大学的主要生源地，这进而使得剑桥成为16世纪宗教改革的主要阵地。威克利夫重视《圣经》的翻译，用英国民族语言翻译《新约》，这与人文主义对于基督教原始经典的重视结合在一起，促成了1525年丁道尔(Tyndale)《新约》的出版。这对英国的宗教改革是一个很大的推动。

当然，亨利八世的个人需要则是英国进行宗教改革的直接原因，而他"用情如用兵"的个人性格所造成的皇位继承的争端又决定了改革道路的曲折。路德发动改革时，亨利八世对于英国的控制已经牢固，他不希望宗教改革在英国引发任何不稳定的因素。因此最初他支持罗马公教，反对路德的宗教改革。他甚至被教宗封为"信仰维护者"。但是，亨利八世后宫的一个事件却改变了他的态度。亨利所娶的皇后是西班牙公主阿拉贡的凯瑟琳，名义上是其寡嫂，其婚姻曾得到教宗的特别恩准。但他们只生有一个女儿，即后来的"血腥玛丽"。没有男性后嗣促使亨利起心另娶皇后，于是他试图宣布与凯瑟琳的婚姻无效，可这需要教宗的批准。但凯瑟琳是当时神圣罗马帝国皇帝查理五世的姑母，迫于皇帝的压力，教宗不可能宣布其婚姻无效。于是，亨利八世挑起一系列事端，意图迫使教宗就范。1531年，他强迫英国宗教会议宣认他是英国教会"唯一至高无上的主，而且照基督律法的许可，甚至是最高首脑"。此后，又规定不得未经国王同意就向罗马交纳年俸，不得未经国王许可就制定新的教会法规。1533年，他与宫女安妮·博林(Anne Boleyn)秘密结婚。受其挑衅，教宗克雷芒七世威胁要革除其教籍。而亨利对此的答复是否认教宗的至上权威。1534年，他授意国会通过著名的《至尊法案》(Acts of Supremacy)，宣布亨利八世及其继承人是英国教会在世间的唯一最高首脑，享有全权纠正异端、改革教会的权力。其核心就是以英国国王取代教宗对于教会的领导权。英国国教会(Anglicanism，又可译为圣公会或安立甘宗)开始成立。安妮为其生下一女，即后来的伊丽莎白女王。但他对安妮已经厌倦，以通奸罪于1536年处斩安妮，并迎娶简·西摩(Jane Seymour)，其家族带有较强的新教倾向，1537年简生下一子，名爱德华，后来即位为爱德华六世(Edward VI)。

亨利的宗教改革主要出于政治考虑，为了得到欧洲大陆不同宗教力量的帮助，他在信仰上会倒向不同的派别。1536年，为了得到德国新教力量的支持，抗衡神圣罗马皇帝查理五世，他拟定了一些对新教让步的信条，史称《十条信纲》。它包括：《圣经》是信仰的权威标准，只认可早期的几次大公会议所形成的信经，只有洗礼、告解和圣餐才是圣事，否认罗马主教即教宗能救死者灵魂出炼狱，在神学提出单靠信仰基督得救等。并于1538年为每一个教堂配置可供公共阅读的英语《圣经》。但是，当欧洲大陆的公教联盟要进攻英国时，他又做出让步，表明英国国教会除了以世俗君主作为最高领袖外，其他方面与公教并无二致。再次确认了公教所坚持的圣餐实体转化说，即酒和饼真实地变成了基督的血与肉，禁止平信徒主领圣餐，禁止教士结婚等。亨利八世的婚姻是他的信仰的晴雨表，为了与新教结盟，他于1540年与萨克森公主安妮(Anne of Cleves)成婚；为了与公教结盟，又在同一年宣布婚姻无效，与公教背景的凯瑟琳(Katherine Howard)的成婚。但两年后又将其斩首，最后娶凯瑟琳·帕尔(Katherine Parr)为妻。

亨利八世于1547年去世时，英国的宗教面临三个方向：一是引进大陆的新教，对英国国教进行彻底的改革；二是回到罗马公教的传统，恢复教宗对于英国教会的权威；三是继续亨利八世的做法，在教义、仪式和制度上都不做太大的改动，但在教会权威上则尊世俗英王而非罗马教宗。在英国，前二者属少数派，后者为多数派。但不幸的是，代表前二者的爱德华六世与玛丽都先后执政，从而将英国的宗教带入动荡之中。爱德华六世登基时，年龄尚小，政策多由其同情新教的舅舅制定。1549年，颁布了统一全国宗教活动的《公祷书》(Book of Common Prayer)。它带有一定的路德神学倾向，但并不受欢迎。保守派讨厌其新教成分，而革新派则认为其中公教成分太多了。1553年，爱德华六世去世。玛丽上台不久，就恢复教宗的权威，废除爱德华六世期间的教会法规。1554年，她宣布全盘恢复公教，废除亨利八世的一切改革，英国教会恢复到1529年的状况。大规模的迫害新教徒的活动亦拉开序幕。据说，到玛丽1558

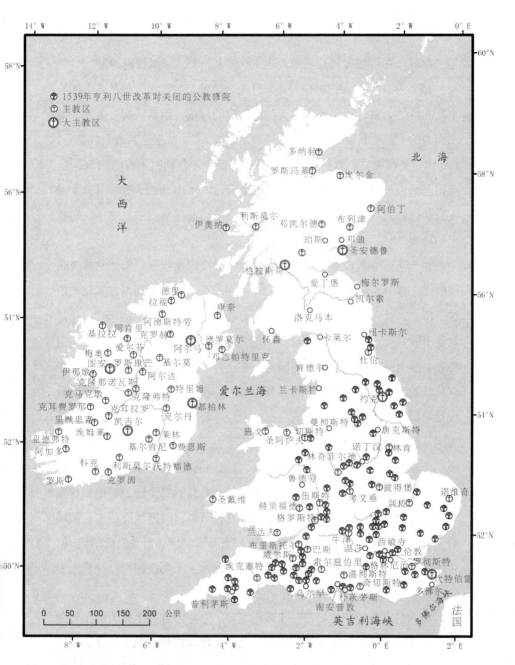

图63 不列颠宗教改革图

　　英国的宗教改革之路是十分独特的。在王权的管制之下,拥抱新教,却又最大程度上保留了公教的信仰、制度与礼仪。英国的宗教改革,实质上走的是英国的民族教会摆脱罗马公教普世管制的道路。

年去世时，先后被火刑处死的人达300多人，史称"血腥玛丽"。

1558年，伊丽莎白即位，重新开始审慎的宗教改革。她基本上回归亨利八世的老路，否定教宗对英国国教会的权威。但其明智之处是将英王作为的"最高首脑"称号改为"最高管理人"，以避免刺激公教信徒。1559年，英国建立以坎特伯雷大主教为最高宗教领袖的主教团。1563年，英国国会通过《三十九条信纲》(Thirty-Nine Articles)，标志着自上而下发动的宗教改革的完成，圣公会最终形成。此后英国宗教才进入较稳定的局面。

由于英国宗教改革受王权的极大控制，又屡次反复，因此它带有强烈的保守性、妥协性、混合性。《三十九条信纲》从形式到内容都反映出这一特点。首先，它未采取信经(creed)或宣告(confession)的形式，而是就若干教义要点以信纲(Articles)的形式来规定国教会的观点。它尽力避免在文辞上做出精细或僵化的限定。在文辞上持守"广涵"的原则，在有分歧的教义上采取中间立场，并容许人们在一定限度内对《圣经》做灵活的解释。其第一至五条肯定三一论和基督论的传统信仰，六至七条规定《圣经》至上，对"次经"表示尊重但又不承认它的正典地位；九至二十四条阐明新教的因信称义教义，但又回避加尔文式的预定论问题；关于圣餐问题，在二十五至三十一条，反对公教的变体论。其他如肯定教士结婚的合理性，阐明教会的传统和礼仪可以因时因地而改变，强调君主对教会的权力等等。有趣的是，它并不要求信徒必须接受此信纲，但要求教士及牛津和剑桥大学都必须承认"此《三十九条信纲》符合上帝之道"，并不得发表相反言论。

英国的宗教改革主要是一个政治事件，它并没有产生伟大的宗教领袖，也没有在民间产生真正的宗教运动，人民的宗教意识未能觉醒。反而是在国教会后确立后，随着欧洲大陆尤其是加尔文宗教思想的传入，英国才真正地出现了宗教改革的潮流。它的主要目标就是要对国教会中的公教残余进行改革或清除。这些潮流的持续发展，加上英国国教会所确定的妥协、混合的宗教政策,导致英国多种教派共存的局面。这样的宗教现实直接构成了英国出台《宗教宽容法案》(The Toleration Act, 1689年)的社会基础。

49. 激进的宗教改革:再洗礼派

响应宗教改革的人们分属不同类型的阵营,有保守,有中立,也有激进。所谓"激进"与否,可从两个方面来进行判断。以宗教标准来判断,要看它愿意在多大程度上回到早期基督教的神学、组织与实践,看它能否彻底地抛弃基督教在中世纪建立的各种制度与传统。以政治标准来判断,则要看它愿意在多大程度上打破政府与教会之间的关联,使教会真正地成为人们自由加入的联合体。具体的标准就是,是否能够坚持在信仰问题上反对运用政治力量,并摈弃宗教上的整齐划一是保证社会和平与秩序的必要条件的中世纪观念。以这样的标准来衡量,上述路德宗、改革宗和圣公会都仍然是保守的改革者,而再洗礼派在这两方面都是非常激进的。

由于再洗礼派并非一个制度型的派别,而主要是一种运动,因此其历史起点并不好确定。大约在路德开始改教运动后不久,一些激进的人们就感觉到他并非一个彻底的改革家。他们以《圣经》为标准来衡量路德和茨温利的改革,并就基督教最重要的仪礼——洗礼提出尖锐的看法。自奥古斯丁以来,人们就认为圣事的效力不在于施行者,而在于它自身。圣事是恩典施加于人的直接渠道,加上古代婴儿的死亡率很高,人们自然就发展出给婴儿施洗(Infant Baptism)的制度。但在瑞士,1523年就有人开始对婴儿受洗的效力产生怀疑,认为婴儿受洗缺乏《圣经》依据;并

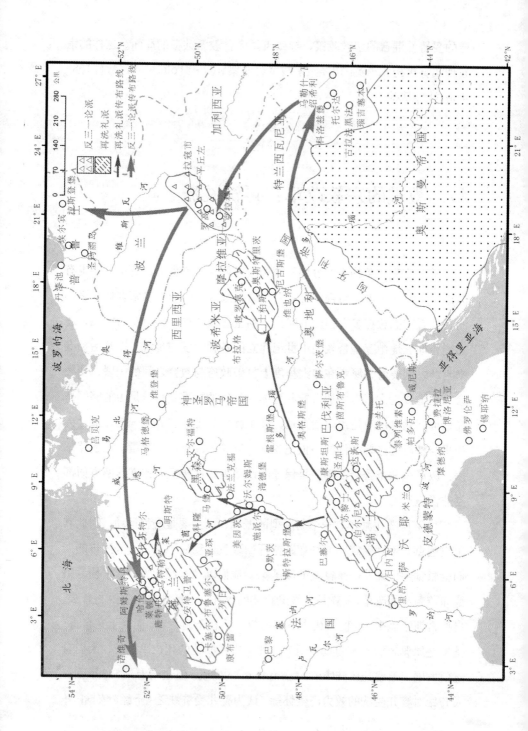

认为只有有自由意志的成人才能决定自己的信仰，而洗礼是对这种信仰的外在确认。因此，1525年1月21日，这些成年信徒开始在家中相互施洗，开创了基督教历史上成人信徒重新受洗的先例。由于他们的奇特做法，敌视他们的人将他们称为"重受洗礼派"(Anabaptist)或"再洗礼派"。这一名称并不准确，因为他们并不认为婴儿时期的洗礼是真正的洗礼，所以也不存在所谓"再洗礼"的问题。"再洗礼派"并非他们自己起的名称，但它后来成为指称历史上这一运动的通用名称。

瑞士是再洗礼派的重要阵地之一。他们对成人再次施洗，不只是一个礼仪行为，而且带有很深的神学理解。简要来说，它有三个基本要素：唯灵论的神秘主义、以"基督的门徒"为核心的成圣生活观、自由教会以及由此而来的和平主义，而这三点又可集中到对洗礼意义的理解上。在他们看来，基督徒是指那些拥有重生经验的人。所谓重生即指受圣灵感动而悔改，从而被基督的恩典所覆盖，从罪中被解救出来。再洗礼派强调基督教内在的美，强调重生是圣灵对个人心灵的改造。圣灵又是通过《圣经》来向人启示，因此，《圣经》是教会的唯一标准。再洗礼派以这样的顺序来理解基督徒的生活：讲道、听道、信道、受洗、行善。它的起点是人对圣灵的领受，终点则是行善即按基督的律法生活，而洗礼作为一个仪式就处于中间。行善的生活可以归结为"做基督的门徒"（Discipleship of Christ），即按照基督的样式生活，以爱上帝爱邻人作为基本准则。既然只有圣灵感动并经验到重生的人才能得救，才是基督徒，那么，洗礼就只适用于那些有自由意志的成人。人的得救，从根本而言取决于圣灵的感动，而非人间的任何安排。因此，人们不应制定任

（左页图）图64 激进改革派别在欧洲的传布图

　　非制度化的改革派别是整个宗教改革运动中一股重要的潮流，它们代表了民间最基层的宗教诉求。然而，他们强调宗教与政治分离、以个人作为信仰主体的主张，与欧洲中古以来"政教相合"的传统差异显著，为各方政治势力所不容，被迫流亡各地。

何强制人们信仰的法律。即使人们受洗后,也有自由选择教会的权利。因此,在他们看来,路德、茨温利建立的国家教会,只是把罗马公教分解为众多民族的"小公教"而已。他们拒绝与这样的国家教会发生关系,避而远之,自己自由集会。然而,在宗教改革时期,整齐划一的教会被认为是社会秩序与和平的必要基础。因此,罗马公教与新教诸派对于再洗礼派都采取了逼迫的政策。在公教看来,它是一种异端(heresy);在新教诸派看来,它是煽动叛乱(sedition)。有人甚至以嘲弄的方式来处决再洗礼派——淹死他们。

当新教的领地教会发展出来后,它们对待再洗礼派的办法是:如果不愿遵奉国教,则允许其移居国外;如不移居却又继续坚持再洗礼派的信仰,就以扰乱治安罪而处以监禁或死刑。这一政策导致在欧洲出现了再洗礼派的移民和聚居的潮流,他们迁离新教领地,并聚居到容许他们的城邦或地区。一些重要的再洗礼派地区为瑞士、德国的黑森(Hesse)、摩拉维亚、尼德兰(Netherlands)等。但在欧洲各地,都出现了对再洗礼派的镇压与逼迫。

1527年,再洗礼派的各小社团聚集在德国小城谢拉特(Schlatt),通过七条信纲,扼要地表述了再洗礼派的信仰。其中包括:只有具有自由意志的成人才能受洗;教会是由经历重生并受过洗礼的基督徒组成,其基本单位为各地的堂会,他们通过圣餐而联合成为基督的身体;教会除了开除教籍外,不能采取其他暴力性的制裁手段;教会的权力不是自上而下的,而是自下而上的,各地方教会有权选举自己的执事,由他们来执行教会纪律;在一个有罪的世界上,世俗政府是必不可少的,但对于基督徒来说,不参与政治,不能参军,即使在面对逼迫时也不用暴力反抗,不起誓等。

再洗礼派在欧洲普遍受到逼迫与敌视,此后从他们当中发展出不同的倾向,有时因强烈的基督教末世思想而表现为一种狂热的天启主义,有时又在社会上发展出一种共产的社会制度,废除财产私有制以便彼此分享一切财产。这些极端思想和做法更为再洗礼派引来一片骂名。在一些著名的宗教改革家如路德、加尔文等的著述中，再洗礼派与罗马公教分别属于他们大力驳斥的两个反面典型。然而，再洗礼派在很多方面都产生了深远的影响。它可以说是浸礼宗、公理会等新教派别的鼻祖，是自由教会的最早实践者，也是最早从基督教的传统中发展出政教分离原则的派别。

50．加尔文宗在欧洲各国的发展

相比于路德宗的改革主要局限在德国，再洗礼派的影响主要是离散性地分布在民间，加尔文之后的改革宗是一个既有国际性影响，又对欧洲文化不断产生制度性影响的宗派。在苏格兰、英格兰、尼德兰、法国和美国，改革宗都成为推动宗教改革的重要力量，同时，改革宗自身也在这些地区的改革进程中不断发展，一些基本信纲与制度就在这种国际性的进程中被制定出来。

新教改革与欧洲各民族意识的觉醒关系密切，对夹在英格兰和法国之间的苏格兰来说尤是如此。到16世纪中叶，英国走上改革道路，而法国仍由公教占据主导。因此，当1558年苏格兰女王玛丽与法国太子结婚，从而使整个国家倒向法国时，上升的本土民族主义情绪在宗教上便表现为反对公教，支持新教。新教改革与民族独立合而为一，从日内瓦回到苏格兰的诺克斯（John Knox,1550–1572）正是在这场双重斗争中成为领袖。1560年，苏格兰国会通过一份加尔文主义色彩浓厚的信仰宣言。1561年，他又试图在整个苏格兰王国实行加尔文的教会制度。每一个堂区有牧师一人，长老数人。教会管理采取共和制，由会众选举长老，由长老

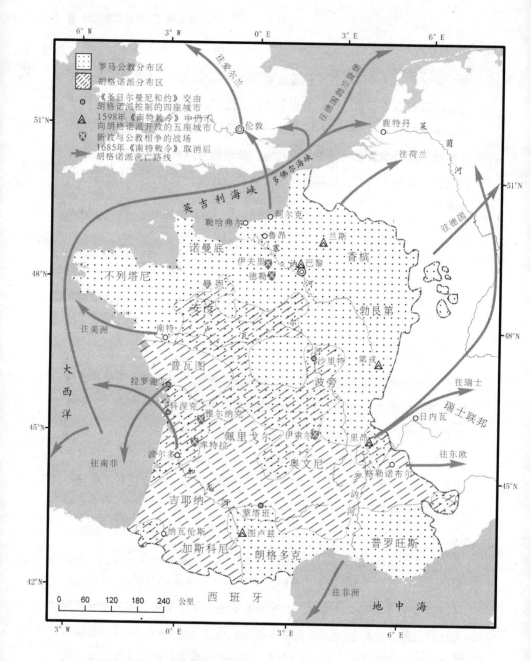

图 65 法国的宗教分立及胡格诺派传布图

　　法国新教主要受加尔文宗教思想的影响,称为"胡格诺派"。它和法国的公教之间的冲突,与法国贵族势力争夺王室领导权的斗争纠缠在一起,引发了严重的宗教冲突悲剧。总体来说,法国的宗教分立,是当时欧洲的宗教冲突、国际政治矛盾、中央集权和地方贵族斗争等诸多因素交织在一起的一个缩影。

选聘牧师。牧师与长老组成的管理会有最高教会权力，包括革除教籍的权力。再由基层教会选举成立上一级管理会，最上一层是"总会"。他还试图回归早期教会的做法，把国民教育、救济穷人当做教会的职责。同时，还废除在《圣经》中找不到根据的一切教会习俗，只保留星期日作为崇拜圣日。苏格兰成为第一个大规模实践长老制的国家。虽然后来历经反复，但随着支持公教的玛丽女王在1568年的倒台，新教取得了胜利。

而在法国和尼德兰(大致包括今天的荷兰、卢森堡和比利时)，改革宗与公教之间的斗争则激烈得多。它不仅是新旧宗教之间的冲突，更与尼德兰的民族自决运动与西班牙的统治、法国的王权与地方贵族、英国法国西班牙之间的国际争雄等诸多矛盾结合在一起，是宗教改革史上最为复杂和血腥的一段。加尔文本是法国人，他的思想在日内瓦立足之后，对法国也逐渐产生影响。到1559年，法国的加尔文宗信徒(称为胡格诺派[Huguenots])已组成了72个教会，人数估计有40万人。最初其成员主要是手工业者和市民阶层，主要分布在法国南部和西南部。但随着法国国内中央王权与地方贵族之间矛盾的深化，又出现了一批以政治为动机的胡格诺成员，包括：反对国王专制的贵族，一些窥视罗马公教的财产的封建显贵、地方性中小贵族等。这样，大致来说，胡格诺派、某些地方中小贵族构成一方，王室、大贵族与罗马公教在法国的地产主构成另一方，从1562到1570年，他们之间发生了三次战争。至1570年8月，双方签订了《圣日耳曼尼和约》(Peace of St. Germaine)。规定地方贵族们有崇拜自由，同时在法国的每一个行政区指定两处地方准许胡格诺派平民举行崇拜，并划出四个城市即拉罗谢尔、科涅克、蒙塔班、沙里特由胡格诺派控制。局势似乎稳定了下来，但法国北部低地国家尼德兰的宗教局势又进一步打破了这种平衡。

尼德兰本是笃信公教的西班牙王室的殖民地，路德宗、再洗礼派也先后传入该地，但1561年后，加尔文宗逐渐在中等阶级中赢得信徒，至1562年新教信徒有10万人左右。而西班牙国王菲利普二世上台后，试图

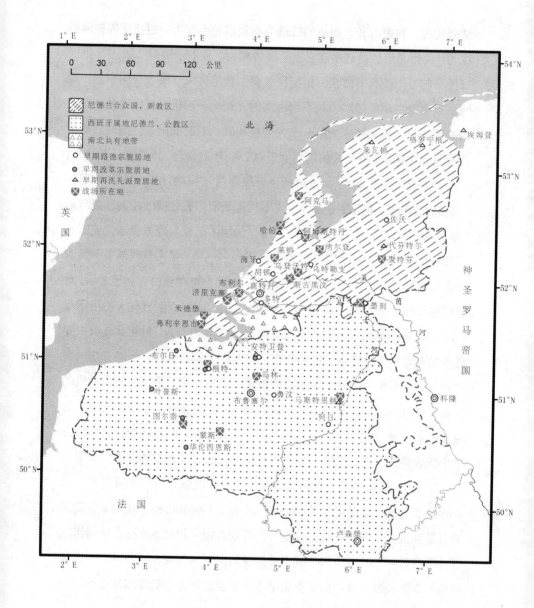

图66 尼德兰宗教分立格局图

尼德兰的宗教格局，与尼德兰争取从西班牙的独立战争密不可分。北部有很强的新教传统，而南部则随西班牙而接受公教权威。新教与公教的冲突，加上奉新教的英国与奉公教的西班牙之间的国际矛盾，愈显复杂。因宗教差异而分裂的尼德兰南北地区，分别是比利时和荷兰两国的前身。

加强西班牙对尼德兰的控制，方法之一就是加强尼德兰的罗马公教。1559年他在尼德兰设立异端裁判所，又重新划分尼德兰的教区，新任主教均由西班牙国王提名任命。而这又引发了地方贵族、商人、手工业者的强烈反抗，组成反对派，并自称"乞丐"。1556年，尼德兰各地爆发骚乱，冲击公教教堂，毁坏圣像。于是菲利普二世从西班牙派兵镇压。

在国际上，此时英国由伊丽莎白执政，她奉行其父的改教政策，不承认教宗权威，引发教宗于1570年发布通谕开除并废黜伊丽莎白女王。于是英国采取反对公教势力的政策，庇护尼德兰的新教力量攻击西班牙。1572年，这些以英格兰为基地的尼德兰新教徒反攻欧洲，并引发尼德兰北部诸省成立新教联盟。而这又引发法国的胡格诺派的活动，他们试图说服法王支援尼德兰反抗西班牙，然后从中渔利。当时法国是查理九世当政，但政策主要由他的母后凯瑟琳和热心加尔文宗的摄政大臣科利尼(Gaspard de Coligny)决定。科利尼支持胡格诺派的这一建议，但凯瑟琳对此不满。凯瑟琳于1572年8月24日在巴黎策划了对胡格诺派的大屠杀，并波及全国。仅巴黎就有8000多人被杀，全法国死难者达数万之多。当天是圣巴多罗买节(St. Bartholomew's Day)，史称"圣巴多罗买大屠杀"。由此而引发战争，分别于1573年、1574至1576年、1577年、1580年爆发，即为第四、五、六、七次胡格诺战争。

在北部，要求独立的尼德兰人与西班牙之间的斗争一直在持续，英格兰于1576年开始援助尼德兰的反抗力量。西班牙在1578年后采取了新的战略，对尼德兰人进行内部分化。南方尼德兰是公教占优，1579年成立阿拉(Arras)联盟，保卫公教利益；而北部是加尔文派占优，成立乌特勒支(Utrecht)联盟，捍卫新教利益。尼德兰的南北分立格局就此形成，新教徒离开南方，投奔北方；公教徒离开北方，投奔南方。直到1609年，双方才达成停火协议，标志着北部新教联盟获得了独立。此后，南北两方分别发展，北方工商业繁荣，以新教为主，是今天荷兰的前身；南方饱受战火蹂躏，经济停滞，以公教为主，是今天比利时的前身。

尼德兰战争久拖不决，西班牙国王菲利普二世认识到是英格兰从中作梗。而伊丽莎白确定宗教改革的政策后，罗马公教的各方力量亦欲除之，甚至策动英国的公教徒叛乱，以杀死伊丽莎白或废黜其王位。双方积怨日深。1586年，英格兰破获了一起针对伊丽莎白的谋杀案，当时流亡英格兰的身为公教徒的苏格兰女王玛丽参与其事。于是1587年伊丽莎白将玛丽加以处决。这使西班牙国王认识到必须扫除英格兰、尼德兰、英格兰和苏格兰的问题才能解决。于是，1588年他召集当时世界上最强大的海军——西班牙"无敌舰队"征战英格兰。可是，由于英国已经采用当时先进的海战技术，即以轻快战舰配备强大火炮对庞大战舰进行打击，而西班牙仍然采用大战舰钩住小战舰以在近身肉搏中获胜的老战术，再加上风浪对西班牙不利，因此全军覆没。西班牙从此走向衰落，它想要根除新教力量的企图也全部破灭。

但菲利普二世对法国的胡格诺派与公教之争的干预仍然不断，1585年终于再次引发法国内战，史称第八次胡格诺战争。战后，亨利四世于1592年上台，他本为胡格诺派，但为了稳定政局，他宣称自己属于罗马公教，并在1595年得到教宗接纳。但他仍然同情胡格诺派，并于1598年颁布《南特敕令》(Edict of Nantes)，宣布罗马公教为法国国教，但准许胡格诺教徒的良心自由，并可以担任一切公职，享有完全的民事权利，除了在五个城市如巴黎、兰斯、图卢兹、里昂和第戎外，胡格诺教徒可以自由地举行公共崇拜，自由地进入学校、法院、医院等，甚至还专门为胡格诺教徒设立审察《南特敕令》实施情况的法庭，为胡格诺教徒开设一些大学，并将一些城堡交付胡格诺教派控制。可以说，它比《奥格斯堡条约》的"教随王定"又前进了一步，是欧洲历史上第一部允许在以某种宗教为国教的地区信仰另一种宗教的宽容法案。胡格诺派在法国进入迅速发展时期，几乎成为法国国中之自治体，到路易十四立意加强中央集权，扫荡地方势力，在1685年又将《南特敕定》废除，胡格诺派又开始新一轮的流亡。

加尔文宗在尼德兰的发展过程中，本身的神学思想也经历了变化。其主要特点是在与阿明尼乌派的辩论中，进一步制度化，并以信条的方式来表述加尔文派的核心思想。加尔文思想的核心是上帝的绝对主权，因此在关于人的命运的问题上，很自然地推导出一种"双重预定论"(double predestination)，即在现实生活中一部分人被上帝拣选，得救成为基督徒；而另一部分未被上帝拣选者，则永远受罚入地狱。但是，难道这都是出于上帝的绝对意志吗？人的自由意志在上帝的绝对主权面前有什么样的地位呢？在尼德兰，这些神学问题由阿明尼乌(Jacobus Arminius, 1560—1609)提了出来。他并不反对加尔文的主要思想，但是希望使加尔文的预定论思想不那么绝对和僵化，给人的自由意志以一定的地位。他的主要入手处是在"预定"(predestination)与"预知"(foreknowledge)之间的精细辨析，即上帝并不预定人们的得救或永罚，上帝的预定是以上帝对于人是否能接受并使用恩典的预知为基础的。对于基督的受死赎罪，他们也辩解说，如果按绝对的预定论，基督之死是只为受拣选者的，那么这降低了基督之死的效力，也与上帝的普世之爱不符。他们提出，基督是为一切人死，但是只有受拣选者才得到了基督之死为人赎罪的好处。

总而言之，阿明尼乌派的思想是基督教思想史上的一个老问题，也就是在上帝的绝对主权之下，如何给予人的自由意志以一定意义。但它似乎破坏了加尔文思想的纯正性，受到正统加尔文派的压制。1618年至1619年，荷兰国会在多特(Dort)召开会议，对阿明尼乌派进行谴责，并认定加尔文派在五个关键点上都与阿明尼乌派形成对立。这些关键点是：一、人是全然败坏的(Total Depravity)，没有圣灵的帮助不能做出任何善功，而不是认为人有向善的自由意志；二、上帝的拣选是无条件的(Unconditional Election)，而不是有条件的，即以人的信仰或意志为前提；三、基督的赎罪是有限的(Limited Atonement)，而不是普遍地向所有人开放的；四、恩典降临到人身上时，是不可抵挡的(Irresistible Grace)，不能认为人有抵挡恩典的能力；五、在人被上帝拣选后，圣灵将一直保守他们作为圣徒的品质(Perseverance of the Saints)，而不能认为真实的被拣选者有失落上帝恩典的可能。由于这五个基本要点的首字母连写正好构成"郁金香"一词，故称"郁金香信条"(Tulip)，它是加尔文宗开始教派化的一个重要标志。

51．英国的清教运动

伊丽莎白时期的英国，继承了亨利八世的改教原则即妥协、包容和混合，所以总体上英国没有出现像法国那样的社会大动荡。但另一方面，由于英国宗教改革的不彻底性，在欧洲大陆改革浪潮的影响之下，以及由于英国国内持续发生的社会变化，宗教改革在英国便表现出一种特别的持续性和绵延性。

英国国教会确立下来后面临的第一波更深层次的宗教改革浪潮是清教运动(Puritanism)。清教得名于"清洗"或"洁净"，是指16、17世纪要求对英国国教会作进一步改革的新教徒，他们对国教会中残留的大量罗马公教的因素不满，提出对教会"清洗"或者"净化"的主张，代表着将英国的宗教改革向大陆方向推进的力量。清教(Puritanism)即这些清教徒的信仰和实践的总和。清教也可称为一种宗教迁移的现象。这些清教徒在玛丽女王复辟罗马公教时期，不得不流亡欧洲大陆，受日内瓦、苏黎世的深刻影响。当伊丽莎白执政时，他们又回到英国，开始试图以大陆的宗教理解和教会模式来改革国教会。

清教主要针对的是国教会中残留的公教的组织制度和崇拜礼仪。在他们看来，只有《圣经》才是教会在组织和礼仪上的最终权威，所谓"圣传"(Tradition)即以教会传统作为权威来源的理解是错误的。因此，他们反对牧师着装制,因为"信徒皆祭司",神职人员不应与平信徒区分开来;反对跪领圣餐,因为这意味着认为圣餐就是基督的身体,并对它进行崇拜;反对施洗时画十字记号;对于教堂中以公教的方式摆放祭坛也十分不满等等。因此,清教徒开始时似乎纠缠于这些"细枝末节"之事,但这些小事也可能激起纷争,并破坏伊丽莎白一直努力维持的和平局面。因此,伊丽莎白反对改革,要求所有神职人员按照国教会的规定着装、跪领圣餐等。而这又推动着清教往更深层面上发展。

由于宗教礼仪上的理解差异,清教徒们开始把自己视为有别于国教会的一种组织,并从《圣经》中寻找设立教会组织和仪式的依据,而这使他们更明确地倾向于加尔文主义和改革宗的方向。《圣经》中的早期教会,谈到"主教(监督)、长老、牧师",但它们常作同义词使用,因此在灵性上处于平等地位。这样,他们主张,在基层堂区,应由长老执行教规,牧师经会众选举或同意任职,神职人员之间的等级要抹平,废除大主教或副主教之类的职务。这样,清教运动与国教会渐行渐远,国教会与伊丽莎白也开始对清教徒进行打击。而在清教内部,对于如何处理自己与国教会之间的差距也产生两种可能的选择。一种是"改良"路线,即继续留在国教会内,但尽量把清教的组织、仪礼和制度引入国教会之中,并等待政府采纳意见,对国教逐步进行修改;另一种是"革命"路线,即彻底从国教会中脱离出来,自己建立符合《圣经》教导的教会。后者在历史上被称为"脱离派"(Separatist)。

罗伯特·布朗(Robert Browne,1550–1633)是脱离派的代表人物。在对教会的看法上,他提出了一系列与再洗礼派相似的主张,成为后来地方自治的自由教会的前身。其基本原则是自下而上的、以信徒个体为中心的教会观。在他看来,真正的教会是由自愿结合在一起的信徒组成。首先是要有一批经验到上帝恩典、基督救恩的信徒,这些信徒先与超越性的基督联合,再此世性地、以契约关系彼此联合,这样组成的地方性团体就是教会。这样的教会是自治的,它的首脑就是基督,由基督设立的人员按基督所立的律法即《圣经》来管理。这些人员既包括神职人员如牧师、教师或长老、执事，也包括选举出来的信徒代表。任何教会都无权管辖其他教会，只是以兄弟般的情怀彼此帮助。

按脱离派的教会观，可以否认英国国王对教会事务的最高管辖权，因而它可能在政治上导致严重后果。1592年，英国国会颁布法令，规定凡是就女王对教会的统治权提出异议，或不上教堂，或参加采用非法崇拜仪式的"秘密集会"者，一律处以流刑。这样，脱离派又不得不流亡欧洲。而此后，对清教的反动也逐渐成为英国国教会的显著特点。

1603年，詹姆斯一世即位成为英国国王。他于1604年主持召开有圣公会主教和清教徒参加的会议。他接受清教徒的要求，批准翻译《圣经》新译本，1611年译成即为著名的"英王钦定本"(King James Version)。但他的宗教政策的主调是反清教的。不少英国清教徒流亡荷兰。而清教在不断传布的过程中，又出现了不同的流派。例如，约翰·史密斯(John Smith，1612年卒)流亡到阿姆斯特丹，开始接受再洗礼派的观点，认为信徒加入教会，需向上帝表示悔改和信仰基督，然后领受洗礼。故成立浸信会(或称浸礼宗)的教会。后来又传回英国，主张信徒只有"浸"入水中，才是洗礼，点水或淋水都不是恰当的洗礼。在对《圣经》中的洗礼进行翻译时，也主张用"浸礼"而非用"洗礼"。浸信会在英国也分成两支：一支采用阿明尼乌的神学，认为基督是为一切人受死，称为"普救派浸信会"；另一支追随加尔文的神学，认为基督只为被拣选者受死，称为"特选派浸信会"。而另有一些主张教会自治，但并不脱离英国圣公会，是为"公理会"(Congregationalist)。这一期间，清教的另一个重要发展是前往美洲，1620年在普利茅斯(Plymouth)开辟殖民地，此后清教对美国产生了重要影响。

17世纪后，清教和英国国教会的矛盾与英国国会和国王之间的矛盾紧密地交织在一起。1625年，查理一世上台，他甚至使英国国教更倾向于罗马公教传统，在政治上主张王权神授，试图加强君主对英国的专制统治。但英国国会以乡村绅士作为骨干力量,在宗教上倾向于支持地方自治的加尔文传统。英国国教会完全支持国王的专制政策。1629年,由于在国王可以不加解释地监禁国人、国王有权征税、有权干预宗教事务等问题上冲突恶化,英王下令解散国会。但由于苏格兰的暴动,1640年他又不得不召集国会寻求支持。国会则借机于1644年通过了清教改革宗的宗教法案,并在1648年,分别通过了《威斯敏斯特信纲》和大小两种《教义问答》,它们是加尔文主义的又一经典文献。而在与此同时进行的国王和国会之间的内战中,克伦威尔(Oliver Cromwell,1599—1658)率领的"新模范军"击败了王军。从宗教成分上来说,"新模范军"主要由清教徒的各个派别组成,它们因共同反对罗马公教和王室教士而成为一个整体。因此,在1649年处决了查理一世后,克伦威尔成为英国的护国公。他坚持宗教宽容的基本政策,国教会、长老派、独立派、浸信会都包容在一个广泛的国教会中。

但英国革命自1660年出现反复,王政复辟,查理二世成为英国新国王。他利用英国国内出现的对于激进的、大陆版的清教不满的情绪,于1662年制定了把清教徒排挤出国教会的条款。1673年,英国国会通过了"宗教考查法",规定伦敦附近的公职人员都一律按英国国教会仪式领取圣餐,否则撤职。这等于重新开始对不从国教的新教派别的迫害。而他的继位者詹姆斯二世更甚,试图重新以罗马公教作为英国国教。他的举动激起了英国人民的极大反感,1688年,他们邀请荷兰的威廉在英国登陆,赶走詹姆斯二世。光荣革命取得成功。1689年5月24日,英国颁布《宗教宽容法》,规定只要在政治上效忠英王,承认《三十九条信纲》在教义上的地位,同时反对教宗的管辖权、变体论、否定圣母及诸圣徒的代求功效者,均可自由举行崇拜。

这一法案具有两个鲜明特点:一、以否定性条款,即不支持罗马公教的基本组织和仪式规定者均可自由崇拜的方式,为宽容各种新教派别提供了一个最大的空间;二、其宗教宽容是以个人为对象的,即人们可以自由地选择自己的信仰，如将它与欧洲大陆对宗教宽容的理解进行对比，这一特点尤为鲜明，因为后者是以领地为对象即"教随王定"。当然，它的宗教宽容仍然是有限度的，两个极端阵营如否定三位一体的单一神论者和罗马公教徒仍然没有自由。但是，在当时处境下，《宗教宽容法》的颁布标志着英国宗教改革基本结束。

52．反改革运动——公教中兴

如前所述，中世纪基督教在欧洲一直存在着在作为大传统的"罗马公教"与形形色色的作为小传统的"异端"之间的张力。在路德引发宗教改革运动之初，教廷并未认识到这一"宗教异端"的严重性，尤其是它竟然会和民族主义的潜流结合，形成汹涌的反公教浪潮。当时的几位教宗都是目光浅短之人，把自己的首要职责简单地理解为意大利中部的教宗国(Papal State)的王侯，而不是整个欧洲公教圈的精神领袖。因此，在路德改革的初期，教廷并未对改革的潮流做出什么有力的回应。

保罗三世(Paul III, 1534–1549)对新教的冲击有一定的危机意识，他从"软硬"两个方面回应新教。"硬"的方面是压制新教在传统公教范围内的发展，方法就是推广并加强宗教裁判所。1542年他谕令以当时的公教重镇——西班牙为榜样，改组并强化宗教裁判所。软的方面则是对公教自身的行政组织和道德状况进行改革。他克服了长久以来教宗对于公会议的担心——因为以公会议的形式对教会的重大问题进行表决常常使教宗的权威受到冲击，于1545年在意大利北部的特兰托(Trent)召开大公会议，集结全体公教世界的力量来回应新教的挑战。特兰托公会一直到1563年才结束。

正如宗教史的普遍规律所示，一个宗教只有面对另一个全面挑战自己的宗教系统时，才会全面地审视自身，特兰托公会也是如此。它是罗马公教面临新教这样一个从教义、制度和仪礼上全面挑战的敌手之后，对自己的系统检视与重新界定。它可谓罗马公教在325年的尼西亚会议和1962年的"梵二"会议之间，最重要的一次大公会议。因为其他会议都是围绕一个主要问题进行探讨，如卡尔西顿会议的基督论问题、康斯坦茨会议的教宗分立问题等，而特兰托公会则对《圣经》的权威、神学教义、教会制度和仪礼活动等进行全面的界定。公会针对新教的要旨提出了罗马公教坚持的原则。针对新教的"唯独圣经"，公教认为圣传(Tradition)与《圣经》同为真理的来源，《圣经》的文本应该以拉丁通俗本(Vulgate)为准，既反对路德以"回到源泉"(ad font)的名义裁减拉丁本，亦不容许以各民族语译本作为教义讨论的依据。针对新教的"因信称义"，公教提出"称义乃基于善行，而善行则由恩典与信徒的合作而行出"的思想，强调恩典的作用，但亦为人的意志留下余地。针对新教的"两件圣事论"，公教坚持圣事是七件。而它对于教会神职人员的宗教与道德义务也作出规定，主教必须讲道，神父必须向信徒清楚地讲解救赎之道。神职人员必须常住任职地，严禁神职人员秘密结婚。并规定了如何开办神学院及进行神学教育等。

特兰托公会的召开标志着"现代罗马公教"的诞生，它以"反新教"的方式打上了新教的烙印，以"反改革"的方式进行宗教改革。它并未对公教的主要教义和制度进行深刻的改革，只是以清晰宣告的方式重申了公教的主要原则。它标志着从公教的立场，认可了新教与公教之间的清晰界线。在此意义上，经过特兰托公会后，罗马公教一只脚停在中古传统之内，而另一只脚已经迈进了现代大门。

特兰托公会主要是从立场上澄清了公教与新教的界限，而真正对新教做出有力的政治反击的则是"耶稣会"(Society of Jesus)。耶稣会的性质与其创办人伊纳爵·罗耀拉(Ignatius Loyola, 1491–1556)的个人宗教

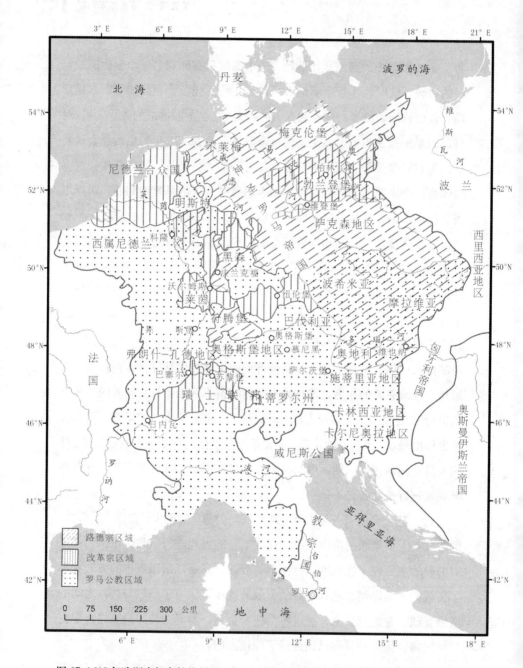

图 67 1618 年欧洲中部宗教格局图

到 17 世纪初，基督教各派发展成熟，政治空间也相对固定下来。但在许多地区，它们的发展范围或者相互重叠，或者犬牙交错。人们不能以宽容态度看待不同派别，彼此以"异端"相称。教派之间的矛盾与领土争夺、政治野心结合在一起，种下了日后"三十年战争"的祸根。

经验有着密切的关系。伊纳爵出生于西班牙，在16世纪初经历了罗马公教在西班牙的复兴，因为此时正是西班牙全国统一并驱逐伊斯兰势力的时期，罗马公教成为西班牙的爱国主义的精神内核。在这样浓厚的公教气氛中，当伊纳爵在1521年的一场斗争中受伤后，便大量地阅读了关于耶稣基督、方济各、多明我等圣徒的传记，立志要做一名"为基督和圣母征战的骑士"。在1522至1523年之间，他进入修道院静修，与路德类似，他也经历了一系列的神秘经验；但与路德因此而强调信仰者个人与基督的关系，从而拒绝中世纪的宗教传统不同，伊纳爵从中听到坚定地回归公教传统的召唤。这期间，他初步写成《神操》(*Spiritual Exercise*)一书。此书并非神学著作，而是灵性操练手册，它共分四个纲目，分别是"人的原罪"、"基督的王权"、"主的受难"、"主的复活"。其根本目的在于引导人们以基督为榜样，认识并克服自己的罪，从而以自己的生命融入上帝对于世界秩序的安排之中，利用一切美好的事物来彰显上帝的荣耀。此书后来成为耶稣会士人人都必须修读的手册。

1524至1534年，伊纳爵潜心向学，分别进入萨拉曼卡、巴黎大学进修，并召聚了一批身边的密友，包括后来前往印度、中国传教的沙勿略(Francis Xavier)等。1534年他们发愿前往耶路撒冷为教会和人类服务，向穆斯林传教。受阻后他们决定向教宗申请成立修会，立志将其建成"耶稣的连队"，以严格的服从精神、坚忍的精神操练来拓展上帝在人间的国度，为教会攻打不信教者和异端派。1540年他们获得保罗三世批准，成立"耶稣会"。

耶稣会是公教的修会制度在经历了文艺复兴和人文主义运动之后的产物。它继承了中世纪传统修会的组织方式，以神贫、坚贞、顺服(绝财、绝色、绝意)作为基本原则，在此之外又加上了"对教宗的无条件服从"。它强调"意志"的作用，提出"我心所愿，即见上帝"(I can find God wherever I will)，但又主张通过知性、想象力和良知来塑造意志。它以无条件服从教宗、耶稣会总会长、各级会长作为基本原则，伊纳爵曾经形象地说:"我不属于我自己,我乃属于那创造我的天主和代表他的教宗。我要像柔软的蜡一样,听其搓揉。首先,我要像一个尸体一样,没有自己的意志和知觉;其次,像一个小的十字架,任其左右旋转;再次,就是像老人的拐杖,可以随其摆布,为其服务。"但在绝对服从之外,修会又坚持灵活机动的原则。它放弃了传统修士必须着特别会服的规定,不用体罚,不用每日唱颂圣礼。在扩展教会的策略上,他们主张因人而异,因地制宜,通过深入调查来制定恰当的策略。

除传统的修会精神之外,耶稣会加入了人文主义和文艺复兴之后的个人主义理念。在训练耶稣会士时,除传统的神学外,他们特别强调人文、科学知识的训练。修士们须经过15年的学习,其训练体系是人文主义与传统神学的结合。其课程结构是:三年的人文学(人文、修辞学),两年的灵性见习期,再学哲学(逻辑学、物理学、地理、天文、机械等),最后学习形而上学(亚里士多德、阿奎那)。这样训练的目的就是要提高罗马公教在文艺复兴的高级知识分子中的竞争力,通过人文科学的文化中介来传播信仰。这些修士们的核心任务就是:传播"真正的信仰",即罗马公教的传统学说,并抵制新教的传播。

耶稣会的人文主义色彩还体现在它的神学倾向上。与新教把上帝的恩典作为神学的根本乃至全部的神本主义倾向不同,耶稣会更强调人的意志在救赎中的作用。它倾向于认为:上帝的恩典或上帝对人的拣选,可以与理性的人的自由选择统一起来。换句话说,人的自由意志在决定的人的得救方面,能够起到重要作用。这样,人的良心对于人们行为的道德性就起到很大的作用。在他们看来,如果一个人能对其行为的主观意识做出积极的解释,那么,人们就应该判定他的行为在道德上是可以成立的。人在上帝面前的良好意愿,比所谓的客观规范更为重要。在此意义上,耶稣会更偏向一种"人文主义的神学"。

总之,耶稣会要锻造的是一群特殊的人,它意图把文艺复兴时期的个人主义,即每个人都可人尽其材地从事特殊工作,并为此而接受教育

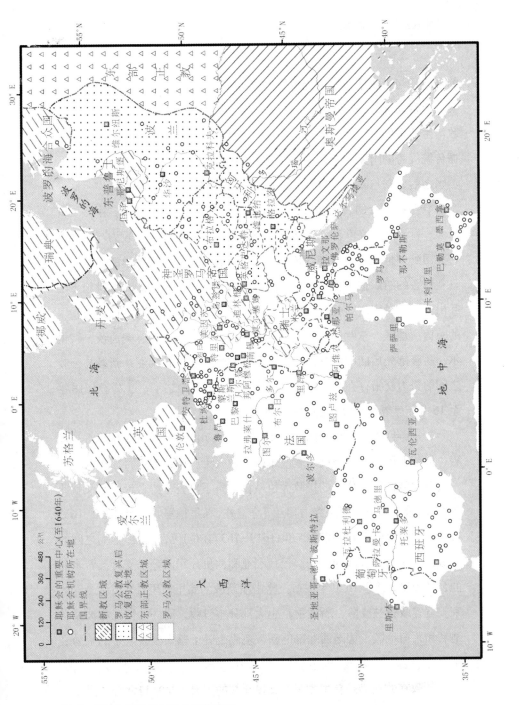

图68 耶稣会兴起与罗马公教的复兴

耶稣会以传统的修会形式,对新教的扩展进行遏制。它不仅巩固了现存的公教世界,而且收复了部分的失地。遍布欧洲的耶稣会中心成为罗马公教振兴的重要据点。

的理念，与公教修会的传统价值，即牺牲个人意志、绝对服从，在人间实现上帝天国的整体精神，结合在一起。它一经推广，就迅速成为欧洲政治生活中的一股新生力量，为公教赢回了大量的地盘，尤其在公教占据传统优势的国家如意大利、西班牙、葡萄牙等。而它进入法国、德国、英国之后，则与新教力量开始进行犬牙交错般的力量博弈。

特兰托公会的召开和耶稣会的兴起，给罗马公教带来了"中兴"气象。一种新精神在欧洲广为传播，它强烈反对新教，斥新教为"异端"。它要回到中世纪公教的神学传统之中，寻找到反击新教神学的因素。并且在修会的组织框架内，动员人们为信仰献身或受难。面对16世纪下半叶出现的这种宗教热忱，新教不仅再也无法取得进展，就连已经占领了的莱茵河地区、东欧和德国南部都大受冲击。巴伐利亚、美茵茨、特里尔、科隆都先后回归罗马公教。尤其在奥地利和波希米亚，新教与公教之间的势力交错存在，在欧洲大国政治野心的刺激之下，爆发了1618年至1648年席卷整个欧洲的"三十年战争"。

"三十年战争"起源于波希米亚地区。17世纪初新教徒在此占有优势，但其上层人物仍是反宗教改革的公教人士。1618年5月，布拉格的一批新教徒市民将公教的摄政大臣从窗口扔了出去，波希米亚起义就此爆发。波希米亚陷入两派势力相互斗争之中。弗里德里希五世(1610–1632在位)代表新教，而菲迪南德二世(1619–1637在位)代表公教。他们之间的争战，引来欧洲各国的援助。巴伐利亚和西班牙军队赶来支持波希米亚的公教力量，并于1620年在布拉格击溃新教的弗里德里希。波希米亚的宗教宽容政策被废除，新教财产也大部分被没收。同样的情况亦波及奥地利和莱茵地区，德国西北部的新教范围也处于落入公教之手的威胁之中。

新教在欧洲仍是新生力量，支援新教的主要力量来自北部的丹麦王国。1626年4月25日，公教盟军在易北河上击败新教军队，并一路追到匈牙利。从1627–1629年，公教军队一直向北追击，先后征服汉诺威、不

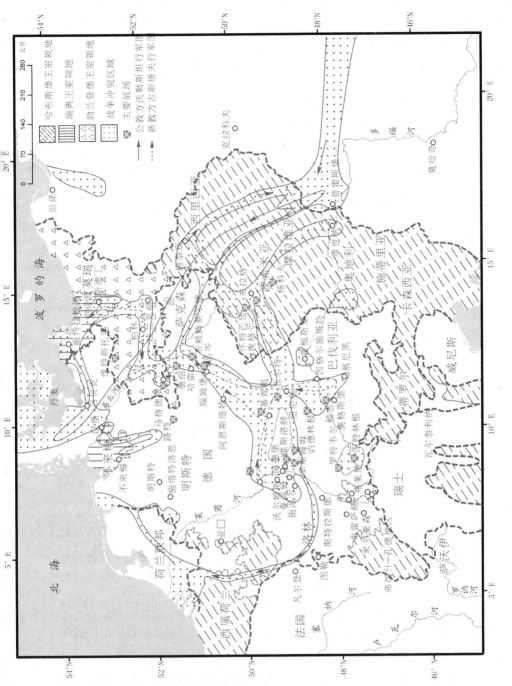

图69 1618—1648年"三十年战争"形势图

"三十年战争"可谓发生在欧洲的一场国际战争，各主要国家如法国、瑞典、西班牙都卷入其中。我们可以粗略地将战争双方分为公教方和新教方，但背后真正的决定性因素却是各大国欲控制德国的企图。最后，各国都意识到新教在北部、公教在南部，双方谁也不能战胜对方。双方达成的《威斯特伐里亚条约》基本确定了欧洲的宗教格局。

伦瑞克、西里西亚，直至波罗的海。1629年5月，丹麦接受公教不进一步追击的条件，即不再干涉德国的政治。公教在已占领的新教地区，颁布了"归还教产令"，即新教诸侯必须将1552年后侵占的教产全部归还公教，新教徒从公教诸侯的领地上被驱逐，除路德宗外的新教派别一概不予承认，尤其是改革宗的一切权利都被剥夺。

1630年，瑞典国王阿道夫·古斯塔夫(Adolphus Gustavus)出于宗教上支持新教的目的，以及在政治上将波罗的海收为瑞典内海的考虑，出兵德国。而此时的法国由黎塞留红衣主教当政，出于制衡欧洲大陆上的西班牙和奥地利的哈布斯堡王朝的政治考虑，法国与瑞典签约，支持其出兵。1631年，德国的勃兰登堡和萨克森联合瑞典组成新教联盟，攻打以哈布斯堡王朝为核心的公教联盟。新教联盟在德国北部获得胜利，但在南部受阻。1632年在莱比锡附近的激战中，古斯塔夫阵亡。

此后新教与公教两派经历了或对峙或拉锯的长期战争，人们越来越清楚，新教联盟不可能控制德国南部，正如公教联盟不可能控制德国北部一样。1635年，双方在布拉格缔结和约，规定以1627年11月12日为准，一切教产归当时的持有者所有，40年不变，至于最后的归属，则由两派各选同等数量的法官组成法庭裁决。德国大多数诸侯都承认这一和约。但是，其他国际力量并不愿就此罢休，法国、西班牙、瑞典各自利用自己在德国的代理人，想方设法扩大自己的势力。德国全境被各种各样的军队蹂躏达13年之久。

1648年10月27日，各方在威斯特伐里亚(Westphalia)签订和约，终结战争。在政治上各方划定势力范围，瑞典确立了对波罗的海沿岸的占有权；阿尔萨斯大部分划给了法国；瑞士获得独立；勃兰登堡得到了马堡等主教区。在宗教上，它确定了改革宗信徒拥有与路德宗一样的权利。同时，以1624年为准确定各派教产的归属。《奥格斯堡和约》上确定的"教随王定"原则得到保留，某一领地上的世俗统治者可以决定其臣民的宗教归属。同时向更宽容的方向迈进了一步，即以1624年为准，某一领土上存在的不同崇拜形式可以沿袭下去；同时，新教内部达成协议，如果某一领主从某一新教派别改宗另一新教派别，不得强迫其臣民亦改宗。因此，这一和约的基本成果是：在新教各派内部达成了和解，在新教与公教之间则划清了界限。按照当时新教与公教的实际控制范围而划定的分界线，基本上确定了欧洲大陆的宗教格局。"三十年战争"亦可说是欧洲历史上最后一次以宗教名义进行的大规模战争，《威斯特伐利亚和约》之后，人们对国家(王朝)和政治的关心超过了对神学或教规的关心，欧洲彻底摆脱了中世纪，进入现代社会(modernity)。据此，可以认为，欧洲大陆的宗教改革运动至此基本结束。

第六编
现代基督教

通过宗教改革,基督教将西方带入到现代时期,同时又要承受现代性对它本身的改造。因此,它既是现代性的原因和动力,又是现代性的结果。现代基督教的发展呈现出两个鲜明的特点:一是空间上的延伸,随着地理大发现,基督教伴随着欧洲人的足迹扩散到全世界,不论这种扩散是主动地与殖民者相伴随,还是作为异端被动地驱逐到新大陆。美洲、非洲和亚洲相继成为基督教的"传教工场",20世纪70年代后,亚、非、拉这些新兴基督教区域的基督徒人数已经超过欧美。二是在欧洲等传统基督教区域,教会整体性地与国家和社会管理体制相融相即的旧模式,已日益被一种把宗教建设成文明与社会中的有机要素的新模式所取代。基督教丧失了特权的地位,成为社会中诸多道德力量和组织力量之一。同时,在基督教内部,宗教宽容成为人们的共识,促使基督教进一步分化出名目繁多的宗派。总之,基督教在现代世界成为一种弥散性的建制,无处不在却又不易捉摸。

53. 基督教的全球化

基督教是一种"外传教型宗教"(missionary religion),在古典时期和中世纪,它借助于地中海和欧洲已有的文化网络成为欧洲的主流宗教。一波又一波的修会运动,也都把对内、对外的传教作为它们的主要任务。但受制于南部穆斯林世界的兴起,基督教并未能进一步开拓空间。15末16世纪初的航海大发现带给人们新世界后,基督教开始全球扩张,真正地成为"世界宗教"。由于各殖民地自身的宗教和政治背景的不同,以及由欧洲传入的基督教派的差异,导致世界范围内的基督教呈现出极大的差异性和丰富性。美洲因素、亚洲因素或非洲因素,与欧洲因素一起,共同制造出现代基督教的复杂光谱。

葡萄牙人分别于1434年绕过博哈多尔角(Cape Bojador)、1487年绕过好望角,这样被北非伊斯兰世界所拦阻的南部非洲就暴露在葡萄牙眼前。1490年,刚果帝国国王皈依基督教,几年后他们建立起莫桑比克殖民地。1497年达伽马率队到达印度,并在果阿(Goa)建立葡萄牙殖民地,果阿自然成为公教在印度的中心。当时印度由穆斯林的莫卧儿王朝执政,奉行宗教宽容的政策,葡萄牙人的公教与伊斯兰教、印度教、袄教和平共处,传教效果并不显著。1492年,西班牙女王伊莎贝拉(Isabella)资助哥伦布远航,到达加勒比地区,开辟多米尼加、波多黎各、牙买加等殖民地。1519年,麦哲伦在西班牙王室的支持下,沿南美洲南下,绕过麦哲伦海峡,进入太平洋,一直往西,直到菲律宾,建立殖民地。1529年,

(右页图)图70 16—17世纪罗马公教全球传播图

航海大发现为欧洲提供了全球殖民的契机,第一批欧洲的殖民者主要来自南欧的西班牙、葡萄牙和法国。这些国家有深厚的罗马公教传统,因此,公教亦得以借助这些殖民力量而传布到全世界,尤其是中南美洲。这一波的公教传播,与殖民政府关系密切,政府与教会的合作,深刻地影响到公教在这些新殖民地的存在形式。

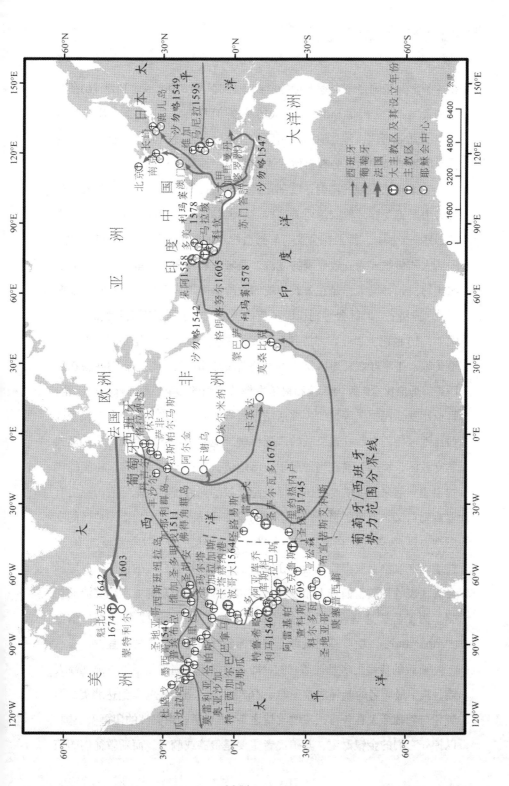

在神圣罗马帝国皇帝查理五世的资助下,皮萨罗(Francisco Pizarro)征服印加帝国,建立利马(Lima)即今天的秘鲁殖民地。另外,往北征服了阿兹特克(Aztec)帝国,建立墨西哥殖民地。这些新发现的大陆都成为欧洲的公教国家的殖民地,公教自然成为这些殖民地的主导宗教。

在地理大发现的同时,欧洲正经历宗教改革。新教兴起,公教的传统势力严重受挫,他们需要借这些"新大陆"来补偿他们在欧洲所失去的。另一方面,在特兰托会议与耶稣会组建的刺激之下,公教重新振作,向新大陆传教成为一股显著的潮流。西班牙和葡萄牙王室支持向新大陆派出移民,移民工作是在公教传统的教阶制度下进行的,而各修会如多明我、方济各、耶稣会等则积极参与使美洲的本土居民皈依公教的工作。例如,16世纪上半叶,方济各会到委内瑞拉、墨西哥、秘鲁、阿根廷等地传教,下半叶在新墨西哥、得克萨斯及加州等地传教。多明我会在墨西哥、哥伦比亚、委内瑞拉和秘鲁发挥着相当的影响。而耶稣会在巴西、哥伦比亚、巴拉圭等地的传教活动也颇有成效,在北美的加拿大和密西西比地区他们也建立起公教的广泛影响。他们按照欧洲大陆的公教模式建立教区,罗马公教在当地居于统治地位。在亚洲的菲律宾,相同的模式也建立起来。可以说,16、17世纪公教的海外传教在基督教历史上有着重要意义,奠定了当今世界宗教的基本格局。公教成为上述地区的支配性力量,公教文化在更深层次上进入当地居民的社会文化生活之中。这些地区在政治上获得独立后,在宗教上仍然保持着公教的信仰。以耶稣会为代表的传教士们进入印度、日本和中国,成为东西方文化交流的先驱。为了协调这些修会之间的传教活动,教廷于1622年设立传信部(Propaganda),由罗马通盘考虑和指挥公教在海外的传教事宜。

新教的传播更多是被动式的,即新教徒不堪逼迫而不得不前往新大陆,其中最著名的就是清教徒们于1620年乘"五月花号"到达北美。西班牙与葡萄牙人在各自王室的支持之下,主要前往中美洲的印第安王国,以掠夺它们的金银财宝,其殖民者主要是贵族或骑士。而新教徒们的殖民多出于避难或谋生,因此主要前往北美地区。其殖民者也以手工业者或农民为主。这样,北美的殖民者就是中下层市民与新教的结合,在种族上以英国和德国的新教徒为主。他们后来形成美国的中产阶级,或按其民族和宗教身份被称为"白人盎格鲁萨克森新教徒"(WASP, White Anglo-Saxon Protestant)。

欧洲殖民地不断地进入美洲,并把美洲的殖民地作为他们的本土教会的据点。1608年,法国人建立魁北克殖民地,方济各会和耶稣会在此传播公教。密西西比河谷于1673年被法国神父发现。英国人哈德逊1609年发现了哈德逊河,后在其河口建立纽约,改革宗成为当地主流宗教。巴尔的摩勋爵(Lord Baltimore)于1632年建立马里兰殖民地,以罗马公教为其主要宗教。在马萨诸塞州,清教则是主流宗教。北美一时成为欧洲各种宗教的展览馆。

54. 美国基督教

美国基督教开始于一个新的时间和空间之中,带有自身的新特点,但它又属于"老欧洲"的延续,在美国到处都可以发现与欧洲联系起来的宗教遗产。与中南美洲的欧洲殖民地不同,进入美国的移民活动不是由政府主导的,在种族与宗教上呈现出复杂的多元性。

总体来看,早期的美国基督教具有以下特点:一、新教占据主流地位。在美国,早期殖民地主要是属于英国的。这意味着,殖民者的宗教即使与英国本土的新教团体没有什么归属关系,他们仍主要属于新教背景。即使是非英国的少数民族如苏格兰人、爱尔兰人、德国人、荷兰人、法国人和瑞典人,也几乎都有新教的背景。因此,就早期美国的基督教

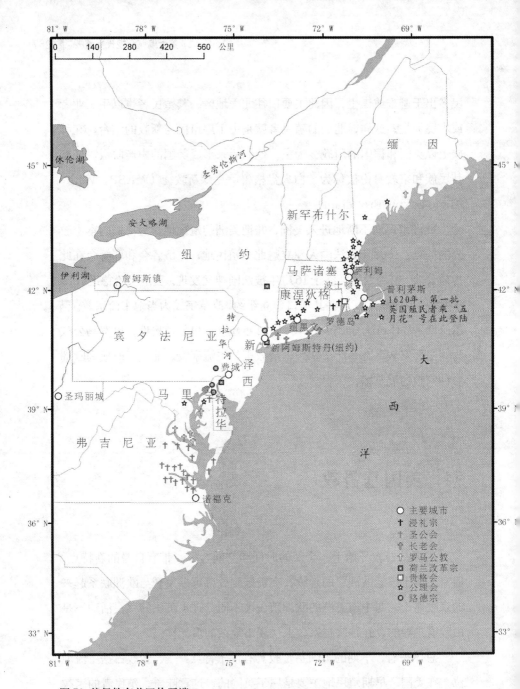

图 71 基督教在美国的开端

　　美国文化的开端与新教密切相关。一方面，多教派的进入使得美国一开始就形成了宗教宽容的传统；另一方面，新教尤其是那些非宪制的(non magisterial)教派如清教、公理会、浸礼宗和贵格会等又有助于政教分离的实现。新教在美国文化中的深刻影响，使得美国文化常常呈现出两面性，即一面是享乐的、放纵的、世俗的，另一面是禁欲的、道德的、神圣的。

而言，它先决性地是被新教特别是清教所塑造的。二、平信徒在教会中的作用远远大于神职人员，美国基督教先天地倾向于地方自治和平信徒控制。这一方面是由于新教，尤其是加尔文主义的影响所致；另一方面则与新大陆的生活环境相关。在这些殖民地，没有信徒紧密结合而成的现成团体，也没有既成的教会体制来监督和安排教会生活。由于宗教的多样化，牧师不得不努力争取人们的宗教忠诚，牧师们没有制度化的手段来组织和管理平信徒，他们所具有的唯一权力就是他们的劝化能力，以及他们自身的榜样。所以，平信徒在美国教会的事务中发挥着决定性的作用，"所有的事情，都取决于投票中的多数"。三、教区制几乎破产。在老欧洲，教区是教会生活的基本单元，由国家建立和管理，属于某个教区与属于某个王国是一个事物的两个方面。人们常说："没有人是英国国教会的成员，而不是英联邦成员；也没有人是英联邦成员，而不是英国国教会成员。"除少数地区外，在美国，由于人口稀少导致无法与神职人员保持经常性的联系，人口流动性极大，以及在同一地区存在着多种宗教等原因，欧洲式的教区体系基本无法实行，取而代之的是信徒自愿参与的"聚会点"形式的教会组织。这一特点决定了美国基督教的诸多特点，例如，教会只能吸引人们自愿地加入，人们不会自动地成为教会的成员，并服从于教会纪律。如果它要发展，就只能去劝化信众，因此，教会必须重视福音化、教导化的活动，如召开奋兴大会、建立主日学、发展定期访问制度、印制宣传册，甚至在杂志上打广告等，这也成为美国基督教最独特的特征。

　　人们常常认为早期的美国人十分虔诚，这是一个常见的误区。事实上，虽然美国的宗教团体众多，但大多数美国人并不属于任何教会。真正改变美国宗教状况的是被称为"全国性的皈依"的大觉醒运动(Great Awakening)。它是对美国基督教影响最深远、引起变革最巨大的宗教运动。说它是一个运动，是因为它持续时间长、影响区域广、具有跨宗派的特点。它与德国的虔敬运动(Pietism)、英国的福音运动(Evangelism)具有相同的性质,是基督教对于现代欧洲出现的理性主义浪潮、启蒙主义运动的一种反动。它不仅重新引起了人们对于基督教的兴趣,而且塑造了人们对理想的基督教生活的性质和形式的理解。在基本理念上,它回归早期基督教、宗教改革初期的精神,把信仰理解为在上帝恩典下的"重生",强调个人心灵的悔改,并进而进入新的生活方式之中;对于教会,它则强调是具有得救经验的基督徒自愿组成的团契。"大觉醒运动"具有强烈的呼召宗教感情、注重道德生活的特点。

"大觉醒运动"大概开始于1726年的新泽西,先是在改革宗内部产生影响。18世纪30年代后,新英格兰地区广受影响,公理会、浸礼宗都被卷入。如爱德华兹(Jonathan Edwards,1703—1758)、怀特菲尔德(George Whitefield)成为其中的领袖人物。40、50年代又传到南部,在浸礼宗和循道宗内部产生持久影响。虽然此时由于美国独立战争拉开帷幕,大觉醒运动不再是公共生活的主流,但它业已成为一个席卷各大宗派的运动。史称"第一次大觉醒运动"。在神学思想上为"大觉醒运动"做出阐释的是站在加尔文传统内的爱德华兹。他试图在自由主义与加尔文主义之间走一条中间道路。为处理人的道德能力与上帝的拣选这一对神学矛盾,他提出道德能力与道德意志之间的区分。也就是说,人具有归向上帝的天赋能力,但并不知道如何运用这种能力,即缺乏道德意志。意志即人们的道德倾向,它是上帝恩典所赐的改造人心的力量。因此,在人得救的问题上,上帝的恩典不是唯一的因素,但起着至关重要的作用。他的神学具有虔敬派的倾向,认为人的德行存在于对上帝的爱之中。这种德行不是来源于理性或认识,而是源于人们经验到上帝恩典之后的激情(passion)。它是"无私的仁爱",完全由上帝所赐予。

"大觉醒运动"造成的跨宗派联合对于"美国意识"的形成起到一定作用,并由此影响到美国殖民地对英国的反抗。1776年美国发表《独立宣言》,1789年通过《合众国宪法》,最终组建了政府。对基督教而言,这一时期最重大的事件就是宗教自由的彻底实现。虽然在此之前,经过近二百多年的宗教纷争,欧洲已经开始打破宗教划一和国教的基本原则,宗教宽容在荷兰和英国都初步实现。美国的某些殖民地如弗吉尼亚也通过了不得设立国教的法案。但在宪法的层面将宗教自由确定为国策仍然具有划时代的意义,可以说,它开启了基督教历史的新的一页。按美国宪法第六条,"决不得以宗教信仰作为担任合众国属下任何官职或公职的必要资格"。1791年的《宪法第一修正案》又宣布"国会不得制定关于建立国教或禁止自由礼拜的法律"。它明确地放弃了国家与宗教划一的模式。这样,美国所有的教会都是自愿结合的社团,在法律上具有平等的地位。从当代历史的角度而言,美国的宗教自由原则是沿着欧洲的教随国定、宗教宽容方向迈出的又一大步;从基督教的角度而言,它是对早期基督教的教会模式的回归,真正地回到了耶稣所说的"上帝的归上帝,凯撒的归凯撒"的精神。

美国独立之后,新教各个派别都开始脱离欧洲的母教会,成立在美国的独立宗派。圣公会在美国的教会易名为"美国主教制教会"(American Episcopal Church),美国卫理公会(又称循道宗)、美国改革宗也分别成立,甚至罗马公教徒也于1791年在巴尔的摩召开美国罗马公教首届会议,加上本来就比较独立的公理会、浸礼宗、贵格会等。这些起源于欧洲的教会,倾向于与美国的具体国情相结合,越来越具有"美国性"了。

55. 虔诚运动

新教起于对公教的反动,但在路德掀起改教运动后不久,为了反对罗马公教,路德宗自己也走上罗马公教的道路,出现了路德宗的经院神学，人们不再把信仰强调为人们心灵与基督的活泼关系，而是将其视为对路德宗信纲的认同和接受。加尔文宗同样如此，教条信纲成为人们关注的核心内容。它们强调教义是否纯正，圣事是否正确，要求人们接受划一的信条，对于《圣经》则提出固定的、武断的解释。普通信众的角色也被大大忽视，他们只是被动地接受新教神学家们提出的信仰内容，在圣坛面前领受圣餐，严守教会规章。这种正统化、教条化的倾向成为新教各派别的普遍特征。虔诚运动(Pietistic Movement)的出现，一方面是针对欧洲知识界的理性主义，另一方面就是针对新教内部的这种正统化倾向。

虔诚运动的先锋是德国的斯彭内尔(Philip Spener, 1635—1705)。他在求学期间曾热烈地接受改革宗的思想与实践，但他本人却是在路德宗教会工作，任法兰克福的主任牧师。1675年，他出版了《神圣愿望》(*Pia Desideria*)一书，提出改革教会的主张。在神学上，针对当时教会内外的理性主义，他强调"心"的重要性，强调感觉与经验的作用，认为理智、教义上的解释对于人们的信仰并不重要。同时，他还回到新教的基本精神，认为《圣经》阅读对于信徒生活具有重要意义。各种信纲不过是对《圣经》教训的逻辑性解释，在地位上不如《圣经》重要，以此来扭转新教正统以信纲作为信仰核心的做法。在新教神学最核心的一对矛盾："称义"与"成圣"的关系问题上，他将重心转移到"成圣"上来，认为信仰是一种灵性的转变，是自觉的新生。因此，知识、讲道、辩才都是次要的，能过一种圣洁的生活才是真正的基督教信仰。在此方面，他与清教较为接近，特别在意当时被正统路德宗视为"道德上无关紧要的"节食、节饮、衣着、看戏、跳舞等事。他最有影响的活动是在信徒当中组织虔诚小组(Collegia Pietatis)，这在不重视平信徒的正统教会看来简直就是异端。他坚持路德的"信徒皆祭司"的原则，提出"教会内的教会"(ecclesioloe in ecclesia)的主张，即平信徒自己组成小团体，在家中阅读《圣经》、祷告、讨论讲道，而这些又都以深化个人的灵性生活为目标。简言之，以他为代表的虔诚运动的目标就是推广一种直接以《圣经》为根基、更为热诚、面对平信徒的大众化的基督教生活。

斯彭内尔本人并不希望虔诚派与路德宗分道扬镳，但他的追随者逐渐离开正统教会，不去教堂做礼拜，不领圣餐，这在奉行国教合一的德国是不可容忍的，因此，他陷入被当局不断驱逐的状态，于1705年卒于柏林。之后，德国虔诚运动的中心转移到哈雷(Halle)大学。但是，因为虔诚派的理念与早期基督教、宗教改革初期都一脉相承，因此，它逐渐超越德国边境，成为基督教世界的国际性运动。发展它的两个主要教派就是今天捷克东部的摩拉维亚弟兄会(Moravian Brethren)和英国的循道宗(Methodist)。

摩拉维亚是一个族群与宗教冲突交叉存在的地带，德国人、斯拉夫人曾在此长期冲突，胡斯的宗教改革就与波希米亚人对德国人的反抗有关，而宗教改革后，这里又成为新教与公教斗争的前沿。"三十年战争"后，新教在此遭遇毁灭性打击，只能隐蔽地活动。部分新教徒进入德国避难，在深受虔诚运动影响的亲岑道夫(Zinzendorf, 1700–1760)庄园里，成立了摩拉维亚教会。这一教会深受亲岑道夫的个人风格的影响。他幼年成长的家庭有深厚的虔诚派背景，据说他19岁观看一幅描绘基督受难的油画时，见其画题写着"我(指基督)已如此为你行，你在为我做什么？"受感立志献身传道事业。因此，摩拉维亚兄弟会强调灵性生活的重要性，认为基督信仰是一种"心灵的宗教"。同样，他也坚持虔诚派把自己理解为"教会内的小教会"的主张，立志要建立一个脱离世俗社会的团体，所有的成员都是"基督的精兵"。摩拉维亚弟兄会发展出一种类似于罗马公教的隐修主义的社团，他们不发誓愿，不实行独身主义，通过每日的祈祷、崇拜与基督联合，以此实现社团的联合。他们在新教历史上特别发展出一种传教(Evangelization)的浪潮，改变了此前新教对传教都不太在意的传统。他们基于虔诚派的神学，出于对圣灵感召的体认，强调福音的世界化。在历史上，正是亲岑道夫第一个提出现代意义上的"普世主

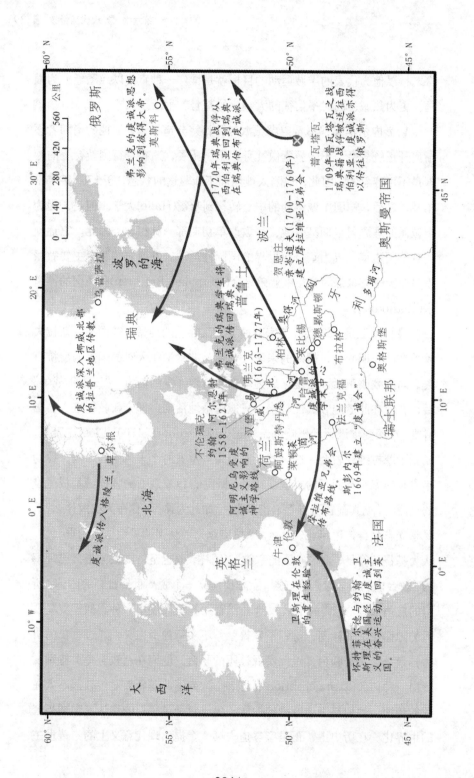

义"(Ecumenism)的概念。这一态势在英美教会传播开来后,引发了新教在世界范围内的传教热情。

  虔诚运动在英国是由约翰·卫斯理(John Welsley,1703-1791)、查理·卫斯理与怀特菲尔德(George Whitefield)来推动壮大的。这一运动在英国的直接成果就是产生了卫理公会(Methodist,或译循道宗)。由于当时美国仍是英国的殖民地,因此,它还具有横跨英美两地的特点,同时与摩拉维亚弟兄会的世界性传教也关系密切。卫斯理出身牧师家庭,进入牛津大学学习,并得授神职。在牛津学习期间,组织"圣社"(Holy Club),会社成员在一起研读《圣经》,主张循规蹈矩地立身为人,因此被时人嘲笑为"循规蹈矩之人"(Methodist)。后来人们干脆就以此名词称呼他们,是为"循道宗"。其后不久,怀特菲尔德加入他们,并前往美国佐治亚州布道,参与美国的第一次大觉醒运动。1735年,约翰·卫斯理亦前往佐治亚传教。据说在旅途中,在风暴中见识到摩拉维亚弟兄会成员的镇定与信靠。上岸后,又由摩拉维亚传教士史潘根贝格(A. Spangenberg)对他进行了一场堪称虔诚派经典的启蒙教育:

  史潘根贝格问约翰:"上帝的灵和你的心是否一同见证你是上帝的儿子?"(参《罗马书》8章16节)。看到卫斯理的惊愕之后,又问他道:"你知道耶稣基督吗?"约翰迟疑地答道:"我知道他是**世界**的救主。"史氏接着问说:"当然,但是你知不知道他已经拯救了**你**?"

(左页图)图72 虔诚运动世界流传图
  作为一个派别,虔诚派起源于对理性主义、教条主义的反动。它主要是一个民间的运动,但却很有生命力,并在世界各地都有广泛传播,形成了各种各样的派生性运动,如美国的"大觉醒运动"、英国的循道宗、摩拉维亚兄弟会等。毋宁说,它企图回归新约时代那种在民间的、直达心性的单纯质朴而又热烈的教会模式。

这段话之所以经典，正如约翰·卫斯理在日记所写："恐怕当时我所说的都是空话！我来到美洲劝别人悔改信主，但我本身却未悔改信主。"这也正是虔诚派与正统教会的区别所在，即对于个人信仰的体认，以及内心对于个人与基督关系的深度确信。

从佐治亚回到英国后，他开始更加密切地与摩拉维亚弟兄会接触。1738年5月24日，他经历了虔诚派式的皈依经验。据他所述："在读到路德描述上帝如何通过信仰基督在人的心灵之中造成转向之时，我的心热乎起来。我感到我确实信仰基督，只信仰基督便可得救；我得到一个保证：基督已赦免了我的罪，就是我自己的罪，救我脱离罪与死的约束。"

此后，卫斯理兄弟开始在英国发起虔诚奋兴运动。约翰长于组织，他在各地建立不脱离国教的"会社"，并发动平信徒从事布道和教会管理的事务。1742年，他又发明了"班会"(class-meeting)的组织方式，当地会员被分成若干个班，每班20人，各由一名班长领导，由他负责每周向每一会员征收一分钱捐款。为了使这些分散的地方班会有很好的联合，他又组织他们每年到伦敦来会见他。他将布道区划分为"巡回布道区"，由巡回布道师往来于各区传道，又在每一巡回布道区设置"监督"，负责该区会务。他还编辑"基督教丛书"(Christian Library)，提高这些平信徒布道员的知识水平。这样，他组织的教会既具平民性、机动性，又具组织性和专业性。弟弟查理则长于圣乐(Hymn)创作，以圣乐来带动群众宗教意识的复苏。

卫斯理的神学创见不多。他大多采取一种中间混合主义的路线。在称义与成圣的关系问题上，他一方面认为人被上帝恩典呼召，有了爱上帝的心，就脱离了罪；另一方面，又认为得救必须表现为一种服从上帝意旨的正当生活。而在关于预定论与自由意志的问题上，他比较倾向于阿明尼乌主义，即基督之救赎是向所有人开放的，人的意志也有决定向善还是向恶的自由。因此，在新教神学的谱系中，卫斯理宗(循道宗)与加尔文宗常常构成分立的两极。

卫斯理兄弟开创的循道宗，在英美国家推广了虔诚运动。它的活跃时期是17、18世纪，当时工业革命的浪潮正席卷英伦，但英国新教的各个派别的灵性生活都处于沉闷的状态，无人关注中下层工人阶级的灵性及道德生活，群众娱乐鄙俗不堪，文盲比比皆是，酗酒盛行，法律被蔑视，罪恶充盈。而知识界流行的理性主义对于中下层群众而言，或者冷冰冰，或者遥不可及。循道宗采取的直接诉诸于人们心灵，以平信徒自己作为组织动力，以宗教感情超越理智，采用大规模的群众聚集和皈依的方式，大量地使用圣诗音乐辅助讲道等方法，彻底地改变了英国中下阶层的宗教状况。并在这样的福音运动中，不断产生强劲的宗教动力，进一步推动新教的海外传教、社会关怀等事业，改变了世界范围内的宗教版图。

总体而言，虔诚派主要是一种运动，它的教派性边界并不明显，但它对世界基督教史有着独特的贡献。在神学上，由于它对欧洲进入现代社会之后的灾难与困境有着清楚的意识，因此特别发展了基督教神学中的末世论(Eschatology)倾向。而对于末世将临、基督复归的强烈盼望，又催生了它对教会合一和普世传教的关怀。虔诚派反对国家与教会合一的政体，关注信徒个人的转化。他们的传教活动，摈弃了军事、政治压制与宗教皈依相结合的手段，是和平主义和服务式的传教。在知性上，虽然虔诚派自己没有什么独特的思想体系，但是它对理性主义的反动却在思想史上产生了一个积极的后果，即浪漫主义(Romanticism)。赫尔德(J. G. Herder, 1744-1803)、歌德(J. W. Goethe, 1749-1832)等浪漫主义的代表人物皆受虔诚派的影响，虔诚派的中心——哈雷大学也是浪漫主义的中心，而浪漫主义的自由主义神学家施莱尔马赫(Schleiermacher, 1768-1834)则可被视为虔诚派的神学代言人。

56. 新教的海外传教

相对于罗马公教而言，新教没有那种大规模失去传统教区带来的危机感，而且由于地理位置的关系，与非基督教区域缺少接触，再加上新教各派别相互指责，缺少整齐划一的领导，因此新教一开始并没有广泛而热烈的异域传教活动。

随着国际形势发生变化，即西班牙、葡萄牙等传统罗马公教的国家力量衰微，新教的荷兰、英国、德国开始成为欧洲的主导性力量后，加上虔诚派运动在各地引发的福音奋兴和大觉醒运动，新教的海外传教开始步入正轨。首先是荷兰于17世纪在锡兰、爪哇和台湾等地传教。但英国旋即成为新教传播的动力源，首先针对北美的殖民地，于1649年成立了"新英格兰海外广传福音会"(Society for the Propagation of the Gospel in New England)。1699年，在托马斯·布莱(Thomas Bray)领导下，成立了"基督教知识传播会"(Society for Promoting Christian Knowledge，简称SPCK)，1701年，他又组织成立了"基督教知识传播会"(Society for the Propagation of the Gospel in Foreign Parts)，开始在世界范围内传播新教。在亚洲，英国首先进入印度，著名的传教士威廉·克里(William Carey)推动建立了浸礼宗传教协会(Baptist Missionary Society)，并于1793年通过加尔各答进入印度北部。新教在塞兰波(Serampore)建立起传教基地，进入恒河流域(the Ganges)。1855年，新教传教士进入白沙瓦(Peshwar)。19世纪上半叶，新教传教士进入南印

(右页图) 图73 基督教传入亚洲图

基督教在全球范围内传播，不断地进入亚洲、非洲和拉丁美洲，成为众多第三世界国家的"大门口的陌生人"。基督教的传教士参与了，甚至引发了，许多国家的现代化进程，当然也受到这些国家本土的政治文化议程的影响。在这些地区，基督教、殖民主义与现代化常常紧密地纠葛在一起。

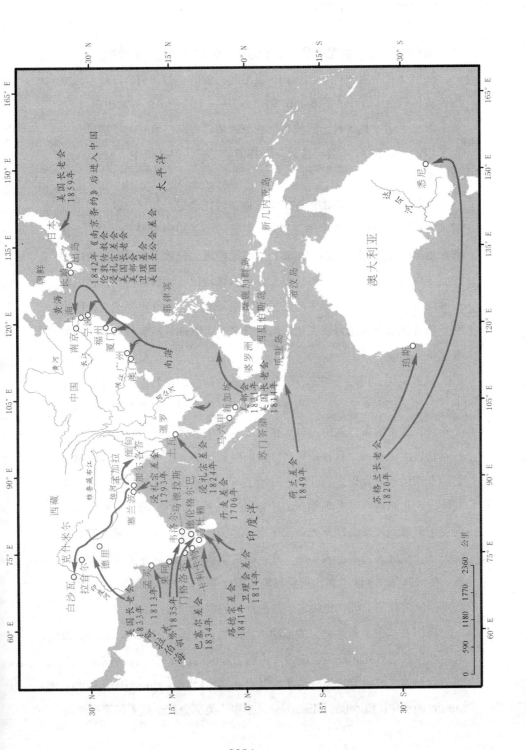

度，与当地早在16世纪即建立起来的耶稣会教区发生一定冲突。

传教士把异域见闻传回国内，更激起人们的传教热情。1795年成立的伦敦传教会(London Mission Society)是一个跨教派的传教组织，1796年它派出了第一批传教士到波利尼西尼的塔希提岛(Tahiti)。英国国教会也于1799年组织了"圣公会传教会"。1807年英国人马礼逊(R. Morrison)到中国传教。

新教在世界范围内的传教活动，很多时候会进入罗马公教已经建立起来的传教区域，一开始它们之间冲突频仍。进入19世纪后，它们尝试商定划分传教区域。例如，在波利尼西尼地区，伦敦会传教士自西向东传教，而菲律宾的罗马公教传教士亦进入该地区；在新几内亚，他们就相互划定传教区域，以避免冲突。这在基督教史上具有重要意义，因为它意味着在面向非基督教文化区域传教之时，欧洲的基督教派别容易抛弃成见，达成一致。

随着英国、荷兰等国家在非洲殖民地的建立，新教也很快地进入非洲。非洲北部本来有着悠久的基督教传统，但伊斯兰世界兴起后，取代了基督教的主流宗教地位。只有在上埃及、埃塞俄比亚地区还存在着一些基督教的派别，如科普特教会、聂斯脱利派等。由于撒哈拉沙漠的限制，直到地理大发现之后欧洲才开始了与南部非洲的宗教交往。新教大规模进入非洲是在列文斯通(David Livingstone)的非洲探险成功之后，他向英国皇家地理学会以及大众读物报告非洲的人文地貌，引起人们的广泛关注。欧洲殖民者进入非洲，或从事奴隶贸易，或掠夺非洲的珍稀资源。在1914年前，除了利比里亚和埃塞俄比亚外，非洲没有独立的国家。欧洲国家瓜分了非洲，也决定了这些地区的宗教归属。

美国在"大觉醒运动"的推动下，加上自身国力的增强，也很快加入全球传教的行列，并迅速成为传教能力最强的国家之一。1812年，美国公理会成立"基督教海外传教会"(The American Board of Commissioners for Foreign Missions)，亦称"美部会"，这是美国第一个海

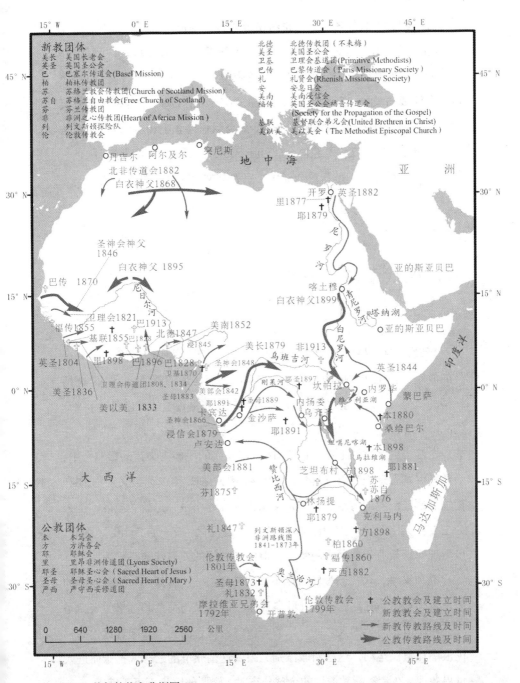

图74 基督教传入非洲图

外传教组织。美国的各大教派也纷纷成立自己的传教组织。

在新教的海外传教过程中,一个特别值得注意的现象是通过《圣经》翻译所进行的文化交流。相别于罗马公教认为只有通俗拉丁(Vulgate)译本具有权威的教条,新教认为《圣经》可译,而且所有信徒都应该直接阅读《圣经》。因此,新教每传到一地,都会组织传教士和当地人进行《圣经》的翻译,并成立"圣经协会"(The Bible Society)。可以说,散布在各地的"圣经协会"是新教全球化、宗教与文化传播的外在证明。

57. 现代新教各派别

新教即"抗议宗"(Protestantism)被称为"新",是因为它们对罗马公教的教宗、传统和制度的反动,但它实际上所运用的资源,正如路德所标榜的口号"回到渊源"(ad font)那样,却是非常古老的。它们对于《新约》和早期教会传统的尊重甚至超过了罗马公教。因此,所谓"新教"并非一个恰当的名称。此外,在15、16世纪勃兴的民族主义运动影响之下,新教各派别普遍地带有族群性、地域性,例如路德宗(或称信义宗)主要在德国北部、波罗的海地区,加尔文宗主要在苏格兰、尼德兰地区,圣公会主要在英格兰等,事实上并不存在一个制度化、统一的"新教"。因此,虽然现代新教有一些共同的特征,但派别之间的差异却非常显著。

简单来说,现代新教具有以下普遍特征:一、各派别与特定族群的关系较为紧密。在路德宗与北欧各民族、改革宗与荷兰和苏格兰人、圣公会和循道宗与英国人之间,宗教与族群常常合而为一。随着近代的移民浪潮和殖民运动,这些新教派别又跟随这些族群的迁移或扩张而进入世界各地。在考察新教派别的全球分布时,族群的因素不可不考虑。二、

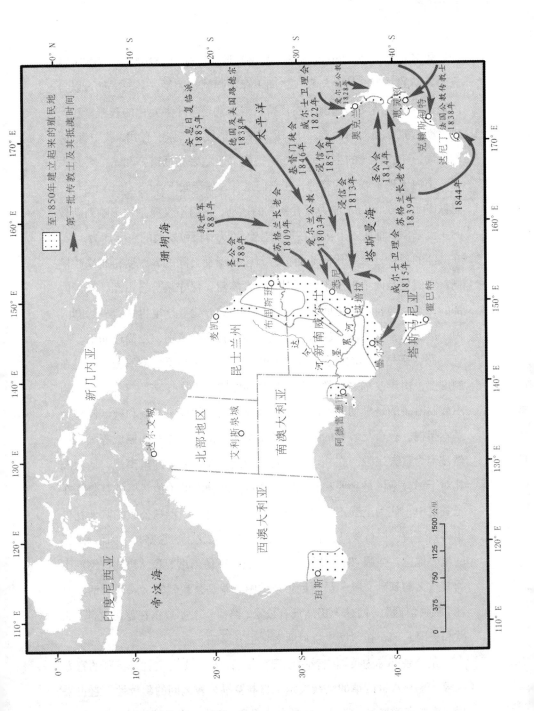

图75 基督教传入大洋洲图

受宗教多元主义(pluralism)的深刻影响。近代以来,政教分离与宗教宽容成为人们的共识,教会与政权之间不存在强制性关系,各教派都可以自由地进行传教活动。如前所述,新教本来就是一些多元化的教派,在人口流动与教派互动的影响之下,新教各派形成了"你中有我,我中有你"的格局。三、传统的主流派别如路德宗、改革宗、循道宗和圣公会在世界范围内出现了联合的趋势,在它们之外,福音派(Evangelicalism)与灵恩派(Pentecostalism)成为席卷新教的运动,它们不仅深刻地影响到新教的主流宗派,而且成为新教在现代社会得以增长和发展的主要动力。四、在汹涌的现代社会文化潮流面前,新教各派别之间的界线变得越来越模糊,它们更趋向于形成于两个对立的大阵营:保守派与自由派,教派内部的保守派与自由派之间的分化比教派间的分化要严重得多。虽然如此,由于历史的差异,现代新教各派别之间仍有不少区别,兹简述如下。

路德宗是最早制度化的新教派别。它虽然强烈反对罗马公教,但在制度上,由于改革之初教会与政权之间的联结仍未打破,而且他们认为主教制沿袭的是早期教会的传统,因此,它仍然以主教制和教区制作为基本架构。教会与政权的结合也较紧密,路德宗在北欧如挪威等国家仍然被奉为官方宗教。在礼仪上,它也沿袭了罗马公教的圣事观,认为洗礼对于拯救来说是必要和有效的,认可婴儿受洗的价值;坚持基督临在圣餐之中,认为圣餐不仅仅是对基督受难的纪念。罗马公教的其他礼仪也得到坚持。它与罗马公教最大的区别是在教义上,它坚持"因信称义"的核心地位,强调"唯独恩典",以《奥格斯堡信纲》和《协同信纲》作为其教义的基础文献。虽然近年来试图与罗马公教就教义展开对话,但在"唯独信仰"等问题上仍然没有放松。路德宗主要分布在德国北部、北欧和美国北部,在印度、肯尼亚等地也有影响。

圣公会亦称为英国国教会或安立甘宗,在历史上它就是英国的官方宗教。亨利八世改革的路线决定了它与罗马公教之间的延续性。它也采用主教制和教区制,仪式化色彩十分强烈。它的组织系统也较为严密,坎

图76 新教在拉美的传布图

拉丁美洲传统上属于罗马公教文化区，但自19世纪以来，新教各团体亦进入拉美传教，但成果并不显著，而且主要集中在沿海区域。

特伯雷(Canterbury)大主教被奉为精神领袖,而所有圣公会主教都参加的兰伯特(Lambeth)会议,是圣公会的最高权威机关。圣公会的组织性还体现在它们共用一本《公祷书》(Book of Common Prayer),按固定的礼仪进行崇拜。在神学上,圣公会一方面坚持新教的基本原则,另一方面又尽可能地继承罗马公教的传统,折中吸收其他新教派别的思想,以《三十九条信纲》作为其教义基础文献。圣公会主要分布在英国、英联邦或曾为大英帝国殖民地的地区。近年来,由于不同教会所处历史文化的差异,圣公会试图保持行动和教义统一性的努力受到前所未有的挑战。例如,在同性恋问题上,保守派与自由派之间的分歧已经扩大到几乎无法共处一派的程度。

改革宗始于茨温利与加尔文,虽然在历史上它未与政府结合成为官方宗教,但它涉入政治的程度却很深,苏格兰的长老会、英国的清教徒、荷兰的改革宗信徒都是典型代表。改革宗在美国也发展出某种强烈的"福音改变世界"的政治维度,其民主制度与改革宗的社会实践关系密切。它以加尔文的《基督教要义》和《威斯敏斯特信纲》作为基础文献。在教会组织上,由平信徒出身的长老来实行代议制的管理。对教会仪式、圣事的重视远不如前两者,它以讲道和解经作为教会的首要工作。由于加尔文提出的预定论学说,以及后来多特会议通过的"郁金香"(TULIP)信条,改革宗常给人以刻板、严厉的印象。改革宗主要分布在苏格兰、荷兰、北美、南非等地,近年来,亚洲的韩国也成为改革宗的重要基地。

循道宗又称卫理公会,是从英国国教会分离出来,要求更充分地体现福音主义、平信徒主导、强调个人纯洁与圣洁社会的一个新教派别。在

(右页图) 图77 新教各派别全球分布图

政教分离、世俗化和宗教多元主义是当今世界的主要潮流,新教大多不再具有国教或官方宗教的身份,因此新教各派在全球的分布呈现出"你中有我,我中有你"的显著特点。以一个教派来标识一个区域的宗教状况并不恰当,此图只是大致地表示在某个区域内影响力较为广泛的新教派别。

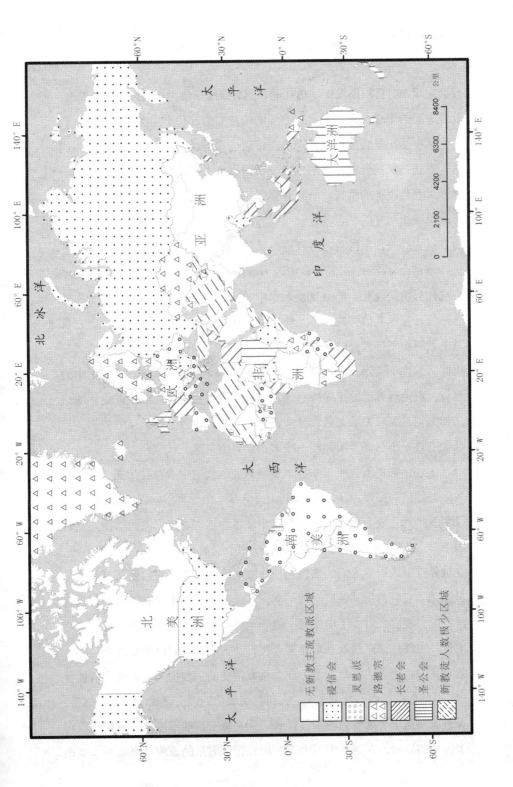

教会组织上，它积极发挥平信徒的作用，鼓励平信徒担负起组织、讲道、管理方面的责任。在神学上，它强调信徒的悔改和重生经历，要求人们在生活中活出基督的样式，遵守上帝通过《圣经》启示的道德诫命。同时，它还强调福音对社会的改造，试图将个人信仰与社会生活整合在一起。对社会服务的重视，一直是循道宗的传统。在神学上，则大多秉持与改革宗相对立的"普救论"，认为基督的十字架之死是为所有人赎罪，而非只为那些预定得救之人赎罪。循道宗主要分布在英语国家。

浸信会(或浸礼宗)是新教中较为激进的一支。它最突出的特点就是坚持洗礼必须是浸礼，即全身没入水中。同时，洗礼只能施于那些个人决志并公开宣示其信仰的人；坚决反对婴儿受洗的做法。在制度上，它反对主教制而坚持教会的地方自治，强调平信徒的作用；具有较强的"草根性"，能够唤起民众的热烈参与。它特别强调《圣经》在教会生活中的地位、对伦理规范的指导性意义。它反对在教会崇拜时使用固定化的格式和文句，要求神职人员和会众进行即兴的、贴近当下生活的祷告。浸信会主要分布在美国南部和一些第三世界国家等。

上述新教的五大主流宗派，是新教在近代的主要存在形式，也是新教海外传播的主要力量。然而，近几十年来，由于世俗化程度的加深，以及宗教多元化成为世界范围内的突出现象，这些主流宗派的信徒人数普遍下降，宗教热情也总体弱化。反而是两个以前不被人们所重视的潮流，在世界范围内引发人们的宗教热情，吸收新的信徒。它们就是福音派与灵恩派。它们都指某种广泛的运动，在新教各派别中都有其影响。福音派在很大程度上沿袭了虔诚派、福音运动的精神，强调《圣经》的中心地位，主要以信仰的最基本要素直接打动人心，强调信徒要建立与耶稣的直接的、个人的生命关系，注意激发信徒的宗教情感。注重平信徒导向，以信徒广泛而热情的参与，去超越层级化的教会造成的冷漠和拖沓。灵恩派则追求早期教会的宗教样式，强调每个信徒都能从圣灵那里获得个人性的启示。在崇拜中不大讲究形式，以大量的歌曲甚至舞蹈、戏剧来强化信徒的宗教信念,信徒亦可即兴地以歌曲或动作来表达自己的宗教感受。这两种运动在罗马公教内部亦产生了广泛而深刻的影响。总之,它们把重点放在平信徒身上,强调信徒直接而生动的宗教感受,还原了宗教对人们心灵的诉求,展示出强大的活力。但它们的有效性与持久性,仍需要进一步的观察。

58. 现代罗马公教

由特兰托公会和耶稣会带动的反宗教改革运动,是罗马公教进入现代社会的重要标志。但到17世纪,随着西班牙的衰落及欧洲各国对耶稣会的普遍反感,反宗教改革运动丧失动力。各国世俗政权不断向罗马公教要回自己的权力,罗马公教在欧洲的影响力日渐衰微。被称为"上帝的女儿"的法国公教会,也由于法国大革命浪潮的冲击而彻底失去其广泛影响。

在路易十四(1643—1715)统治时期,法国的君主专制达到顶峰。它对公教在法国的发展产生了三方面的主要影响:一、法国的教会事务处在法王的全权管理之下,罗马教宗对法国教会的影响十分有限。1682年,法国提出"高卢主义四原则":世俗统治者有处理世俗事务的全权,公会议的权力高于教宗,法国教会习俗不受教宗的干预,教宗并非永无错误。二、法国宗教单一地由公教组成,不允许存在多样性的宗教选择。1685年,路易十四撤销《南特敕令》,驱逐新教信徒。三、为对付罗马公教内倾向于加尔文主义的詹森派(Jansenism),法国王室与褊狭的耶稣会紧密地结合在一起,对异己派别进行迫害。总之,在18世纪的法国,教会与王室的紧密结合是最显著的特征,不存在多样化的思想、宗教与政治空间。因此,在法国大革命来临之际，人们只有两种选择：或者是以僵化的、严酷的耶稣会为代表的罗马公教，或者是以伏尔泰等人为代表的激进的、极端的理性主义。选择一者只能以全盘消灭另一者为代价。

法国大革命的风暴将国王、贵族、教会以及种种与他们有关的传统和制度荡涤一空。1789年，革命者宣布教会土地为国有财产，取消修道院。1790年，出台《教士公民组织法》，废除原先的教区划分，规定以省为单位建立主教区，神职人员由享有选举权的公民选举产生。1791年的宪法宣布宗教自由。在后来几年的革命浪潮中，法国教会的神职人员与贵族们屡遭处决，元气大伤。革命成功后的法国实际上形成了强烈的反教会的气质。拿破仑上台后，认识到法国教会有助于稳定局势，于是1801年与罗马教廷签订政教协定，规定：主教和大主教由政府提名，教宗任命；下级教士由主教任命，但政府有否决权；未经政府许可，教宗不得发布教令，不得举行法国宗教会议。同样，教会被置于法国政府的控制之下。

1815年拿破仑倒台，罗马公教才逐渐从大革命的打压之下缓过气来。庇护九世(Pius IX, 1846–1878)任教宗以来，进行了一系列抬高教宗权威、谴责现代思潮的活动。1864年，他主持编写《现代错误学说汇编》一书，谴责现代性的基本原则，诸如政教分离、学校不分宗派、宗教宽容等，反对罗马宗座应该而且可能与进步、自由思想、现代文明相协调的主张。1869年，他主持召开了梵蒂冈公会议，史称"梵一会议"(Vatican I)。这次会议是教宗绝对专制主义的胜利，因为它通过了"教宗永无错误"的教义，再次明确了"使徒统绪"(apostolic succession)的含义，认为教宗之身份在于它是使徒传递下来的启示或信仰之贮存，"他拥有至高无上的使徒权威，有天主许给圣彼得的助佑。他为普世教会制定的人所当共同遵守的信仰或道德规定的教义，乃是永无错误的。这是神圣救主确定他自己的教会所享有的恩赐"。

但是，欧洲毕竟已经进入19世纪了，各个民族国家已经非常成熟，各地的民族意识对于教宗的绝对权威产生了相当的抵抗。人们打着"古老公教会"(Old Catholic Church)的旗帜，反对教宗至上论。先后在荷兰、德国、瑞士、奥地利、捷克、波兰等地，成立了各民族的"古老公教会"，如德国古老公教会(Old Catholic Church in Germany)、奥地利古老公教会(Old Catholic Church in Austria)等。

不仅是在欧洲，即便是在教廷的大本营——意大利，罗马教廷的根本也被本土的意大利民族主义运动大大撼动。1814年的维也纳会议把意大利划分为多个邦国，教宗国(Papal State)是其中之一。但此前拿破仑对于意大利的统治已经很大程度上瓦解了邦国之间的界限，促进了意大利人民族意识的觉醒。19世纪下半叶，意大利要求国家统一的民族热情一再高涨。意大利通过与法国的结盟，先是从奥地利手中夺回伦巴第，再与中部、南部各邦合并成立意大利国。1861年，建立意大利王国，罗马教宗国失去其大多数的世俗领地。1870年，罗马并入意大利。意大利政府保证教宗享有君主的各项特权，并继续领有梵蒂冈(Vatican)、拉特兰宫(Lateran Palace)等地。这意味着欧洲最古老的政教合一国家——教宗国的终结。它对于罗马公教的历史亦有重要意义，因为罗马教廷得以从教宗国的地方性世俗事务中摆脱出来，真正地把自己当做是普世公教的精神领袖。1929年，教宗庇护十一世(Pius XI，1922–1939)与意大利政府正式签订《拉特兰条约》(the Lateran Treaty)，承认上述事实。这标志着梵蒂冈城国(The Vatican City State)的正式建立。

自16世纪的特兰托公会议之后，罗马公教就一直在现代与传统之间徘徊，而真正使它向现代社会开放的事件是1962–1965年召开的第二次梵蒂冈公会，史称"梵二会议"(Vatican II)。它通过了一系列具有宪章意义的文件，从本质上界定了罗马公教会的神学、组织、仪礼以及对异宗教或文化的看法。首先，关于神学的基本权威，它不再坚持只有《圣经》和圣传才是"启示的来源"。而且对于《圣经》的看法也接受了现代批评学的成果，认为《圣经》包含文字形式的启示、对启示的效果以及人们对于启示的反应的记述，这样就使人们可以在更加宽泛、灵活的意义上把《圣经》接受为启示的权威。每一个信徒都有阅读正确翻译的《圣经》的权利，而不是像过去那样只能使用拉丁通俗版的《圣经》。它还要求神学家以各民族的传统智慧来解释圣经，鼓励神学的本地化和多元化。其次，在仪礼方面，认为只要罗马公教仪礼的本质性统一得到保证，那么，就应该按不同地区、不同族群来对仪礼进行改编(revision)。因此，它放弃拉丁仪礼，改用当地民族的语言，采纳各民族的形式和风格，使信徒容易理解、接受并主动参与。再次，在组织方面，提出主教院论，即全体主教和教宗一起组成一个"主教院"来管理教会。认为教会不应是一个等级的社会，也不是一个世俗的统治，而是一个服务性的团体，为信徒即"上帝的儿女"工作的组织。建立世界主教团，扩大地方主教的权力，以避免公教会权力由教廷专断的局面。

最引人瞩目的是"梵二会议"通过的一系列针对异宗教、异文化的看法。它宣布宗教自由是个人尊严的核心之一，因此，在宗教问题上，任何人均不受来自个人、团体或任何力量的强制而被迫采取违背自己信仰的行动。这一原则的确立，铲平了公教会与基督教其他派别、世界其他宗教建立开放性对话关系的障碍。"梵二会议"对历史上的教会分裂做出自我检讨，撤销公元1054年对东正教做出的绝罚令，对东正教的神学和传统表示尊重；对于与新教之间存在的信仰差异，它也呼吁求同存异。甚至专门成为"基督徒合一秘书处"，作为谋求共识和建立关系的常设机构。可以说，它重新确定了公教会在整个基督教世界中的角色，即不是争取一切基督教徒回归罗马公教，而是把自己当成诸多教派中的一员，加入基督教普世运动之中。对于犹太教、伊斯兰教及各东方宗教，它甚至认为任何宗教的信仰者，只要严格遵照伦理道德规范生活，都有可能获得"永生"。

所以，"梵二会议"是千年老教——罗马公教的一个现代转折点。公教会一改保守无为的旧形象，教宗频频在世界舞台上亮相，呼吁全世界和平与合作。各地教会运用自主权，推进各方面的改革，礼仪走向民族化，教会生活走向民主化，神学走向多元化，神职人员积极投入当地的社会生活之中，对现代社会的诸多问题发表见解，同各界人士通力合作。罗马公教的气象焕然一新。

59．第三世界的基督教

在过去的一个世纪中，基督教世界的重心已经转移到亚洲、非洲和拉丁美洲，即所谓"第三世界"。自20世纪70年代以来，亚非拉的基督徒人数已经超过了欧美。目前，拉丁美洲有基督徒4.8亿，非洲有3.6亿，亚洲则有3.1亿，而北美则只有2.6亿。这一趋势还在不断地发展，据预测，到2025年底罗马公教信徒将有3/4在亚、非、拉。在1998年，全世界受洗的罗马公教徒人数为1800万，其中800万在美洲，300万在非洲，300万在亚洲，而欧美加起来也就400万人。所以，人们都开始把基督教称为"第三教会"，即第三世界的基督教会。

由于基督教在全球范围的传播，在第三世界，教派传统与前宗主国关系密切。拿非洲来说，路德宗在纳米比亚、改革宗在南非、圣公会在东非，而在法国殖民的刚果、比利时殖民的扎伊尔、葡萄牙殖民的安哥拉，则由罗马公教占据主流。但总体而言，由于教派之间的相互流动，以及第三世界对殖民传统的反动，每一个地区又具有多教派、教派混合的特点，从而难以用一个固定的模式来界定它们的宗教格局。另一个显著的特点是，第三世界所谓"独立教会"(Independent Churches)的成长。独立教会是对欧洲传统教派对亚非拉教会进行控制的反动，因此在教义、在组织与仪礼方面都采取了回归非洲传统宗教的道路。带有较强的万物

图 78 基督教在拉美分布图

　　罗马公教仍然是拉丁美洲的主流宗教，但 20 世纪下半叶后，尤其是在灵恩运动的带动下，新教徒的增长亦较为迅速，使当代拉美的宗教格局呈现多样化(diversity)的特点。但就拉美的灵性版图的总体而言，改变仍然不大。

有灵论(animistic)色彩,强调灵医和驱邪,一般围绕着一个属灵的领袖来建立小教派,较少有正式的组织结构;在礼拜仪式上带有强烈的灵恩派特点,追求圣灵降临、说方言等。

在第三世界,新教与罗马公教的发展既有共同倾向,又有各自的特点。最显著的共同特点是基督教的民族化、本土化。自二战之后,第三世界的民族自决运动产生了一批独立的国家,它们在政治上主张"去殖民化"。这反映在宗教上,就是强调基督教神学应该植根于本国的民族文化传统中,与当前政治社会处境相结合。在仪礼和宗教活动中,它们都比较注意吸收本民族的传统艺术形式,如在礼拜中以民族音乐伴唱圣诗、自编赞美诗与圣歌、以民间艺术绘制圣像,甚至出现以香蕉代替面包作为圣餐等。在教会管理体制上也实现了民族化,第三世界的教会已基本实现了自选自圣神职人员,自己管理教会。即使在教阶制比较森严,权力集中在罗马教廷的公教,民族化、本土化也是非常显见的潮流,它们坚持福音与亚非拉民族文化和传统的接触与相互滋养,以建设扎根于第三世界的罗马公教。这一点在非洲教会中表现得尤为突出,由于非洲的部族文化传统深厚,罗马公教会在礼仪和圣事方面,吸纳了相当程度的部族文化,非洲教会甚至被认为是"基督找到的一个新故乡"。

第二个共同特点就是由于第三世界长期受西方殖民统治,生存环境相对恶劣,政治上集权、经济上落后,基督教在这些地区的发展必须面对这些问题,因此,第三世界的基督教普遍发展出一种带有政治向度的基督教神学。韩国的民众神学即主张以基督的牺牲精神,反对专制与暴政,为"民众"即受压迫的、柔弱的、卑微的下层百姓谋福利。罗马公教很好地利用自己的社会资源,注意组织下层百姓,与社会不公与罪恶相斗争,例如拉美的"解放神学"、菲律宾的"斗争神学"等。尤其是在中美洲,罗马公教信徒占有极高的比例,有的几乎全民属于罗马公教。以古斯塔·古铁雷斯为代表的神学家提出"解放神学",试图将马克思主义的阶级分析、社会革命的观点与基督教的传统信仰,甚至对《圣经》的

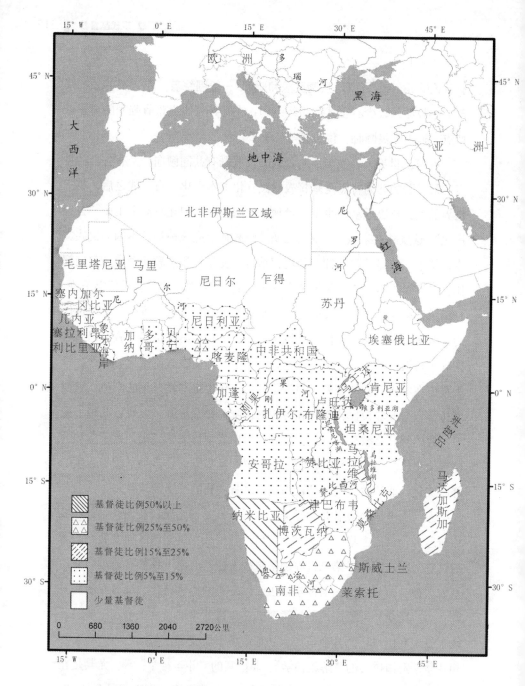

图79 新教在撒哈拉以南的非洲分布图（1985年）

  非洲各国的基督教派别的传布，与这些国家在殖民时代的宗主国关系密切，例如比利时治下的扎伊尔、法国治下的刚果主要是罗马公教，而荷兰治下的南非主要是新教改革宗等。但近年来非洲迅速发展的独立教会运动、灵恩运动等正在模糊这些教派之间的界限。

解释，结合起来，认为教会不应以"信徒—非信徒"而应以"剥削者—被剥削者"的眼光看待人们，教会的任务是将被剥削、被压迫的人们解救出来。第三世界基督教的这种保持对政治—经济问题强烈关注的特点，是欧美基督教所欠缺的。

第三个共同特点是，与西方的教派间关系相比，第三世界的基督教各教派彼此之间没有什么历史包袱，宗派差异与分歧也较小，因此，它们更容易和谐相处，也能产生实质性的联合，例如南印度的圣公会、长老会、循道宗和公理会早在1947年就制定了"联合计划"，遵守共同的教义、组织和仪礼，合并而为"南印度教会"，是较彻底的合一行动。新教与罗马公教的界限也相对较模糊。

20世纪下半叶，第三世界的基督教深受灵恩运动(Pentecostalism)的影响。强调三位一体中的圣灵，追求受圣灵而重生的经验，是基督教历史中古老的传统。但在基督教罗马化的过程中，教义(信条)、组织与制度成为主流，对制度化和理论化可能会造成破坏的灵恩运动被大大地压制了，如孟他努派就被定为异端。但在宗教改革之后，尤其在虔诚派运动和大觉醒运动中，追求重生、受圣灵的洗、痛哭悔改、以圣灵驱邪赶鬼、跨教派合作等奋兴方式被大量使用，现代灵恩运动得以从中产生。20世纪50年代的灵恩运动主要是在循道宗尤其是在美国南部的教会中流行，也产生了一些独立的灵恩教派，如灵恩圣洁教会(the Pentecostal Holiness Church)、上帝的教会(Church of God)，而神召会(Assembly of God)更是成为世界范围内的大型灵恩教会。灵恩运动既产生独立的教会，也在教义、组织和仪礼上影响其他制度内的教派，例如在罗马公教这样组织严密的教会中，灵恩运动也蔚然成势，被称为"灵恩更新"(Charismatic Renewal)。在第三世界，尤其是在拉美和非洲，灵恩运动与基督教的本土化、民间化和民族化的潮流结合在一起，将基督教信仰与这些民族传统的自然崇拜、万物有灵论、巫的传统相融合，影响尤为深远。

60. 基督教普世运动

基督教在世界历史上的发展，呈现出复杂迷人的特点。从空间上来说，由于它不断地与传入地的文化传统、政治格局相结合，此地与彼地的基督教差异巨大；从时间上来说，在与历史上其他力量互动的过程中，教会不断地起起落落，分分合合。对同一个耶稣基督的信仰，却在世界范围内产生了数以千计的大小教派。基督教的发展史就是一个在不断的分裂中进行传播的历史。

这些分散的教派在历史上曾经相互竞争，甚至彼此仇视。但从上个世纪起，随着世俗化程度的加深，宗教与政权的结合被打破，宗教派别之间对国家权力的争夺已不复存在；而且，随着基督教的全球传播，在其他宗教和文化传统的面前，基督教也意识到自己不过是诸多宗教中的一支而已。所以，在世俗社会和其他宗教这些"他者"的面前，基督教各派别反而更强烈地感觉到团结的重要性。这构成了基督教各派别在上个世纪大力推动普世运动(Ecumenical Movement)的内在动力。

普世运动是一个宽泛的名称，是指人们争取教会重新合一的运动与倾向，而这些运动与倾向本身又是内在分化的。它的起点很难确定，大约是从19世纪开始出现。它虽然被命名为"普世教会运动"，但它的实际工作却是从一些边缘性的事务开始的。大致来说，普世运动经历了一个由外围向内核发展的过程，即从传教事务、青年和基督教教育事务、服务与伦理事务的联合，逐渐向信仰与教制、教会组织的联合发展，及至最后成立世界性的联合机构。

普世运动的入手点是传教事务。传教事务一般是在非基督教区进行，如果教派之间相互指责，只会给大家都带来害处。因此，在传教区域，早就有不同教派传教士的聚会，增进了解并商讨问题。早在1854年，在纽约和伦敦就有了世界规模的传教士聚集。1910年，爱丁堡的传教会议是普世运动的一个里程碑,因为与会代表不是以个人身份,而是以组织身份参加,人们开始尝试进行机构间合作。1921年成立了"国际基督教宣教协会",其成员为各国的跨教派传教组织如英国宣教会、北美宣教会、德国宣教会,它还鼓励在各基督教新兴国家如印度、日本等地成立全国性的基督教协进会。

普世运动开展的第二个领域是青年工作与基督教教育。青年工作与传教事务密切相关,它主要是在学生中进行基督教传播,它有很强的预示性与先锋性。在青年工作中崭露头角的人日后也容易成为教会生活各领域的杰出人物。其中最著名的跨教派组织是1844年成立的"基督教青年会"(Young Men's Christian Association,简称YMCA),并在1855年成立"基督教女青年会"(YWCA)。1895年成立"世界基督教学生同盟"。1947年成立了"世界基督教教育协会"。这些协会都是由平信徒发动成立的,具有较强的草根性。而普世运动的第三个领域,则是社会服务与伦理行动方面即"生活与事工"(Life and Work)。社会服务与改良,是福音奋兴运动的一个重要方面,美国教会在这一方面走在前面。1908年成立了"美国基督教联合会",明确地提出了"服务、联合"的主张,即联合美国基督教团体为世界服务,扩大基督教会在一切涉及道德与社会事务中的影响力,并以此表现基督教会的团契和合一的精神。1950年,这个联合会又与其他一些跨教派机构一起合并成立"美国全国基督教协进会"。

普世运动逐渐推进到最棘手的教义与教制问题。早在新教改革时期,路德与茨温利就试图进行教义对话,但以失败告终。人们对此记忆犹新,但普世运动使人们认识到必须面对教义问题,否则不可能有真正意义上的联合。这也迫使人们去追问信仰中最本质的东西是什么。圣公会曾以主教会议的形式,决议教会联合的基础有四点:一、《圣经》是上帝之道;二、尼西亚和查尔西顿信经是信仰的准则;三、洗礼和圣餐两项圣事;四、主教制是教会行政的关键。此后,人们继续讨论成立联合教会的可能性。1927年,在洛桑召开了第一届信仰与教制(Faith and Order)会议。并尝

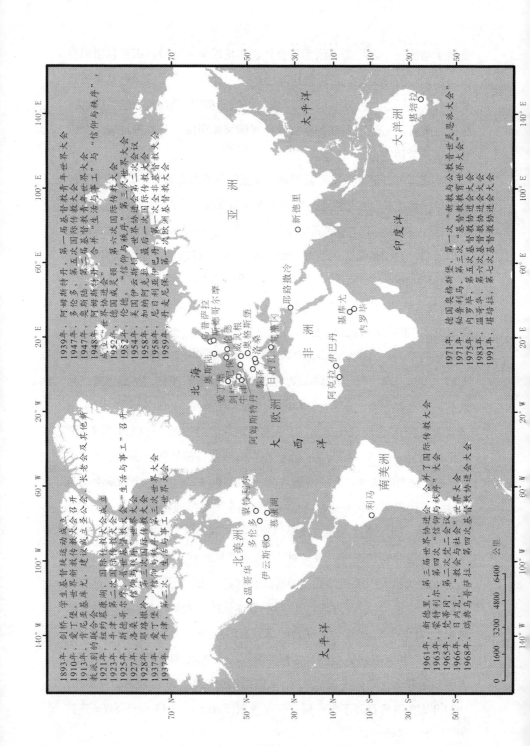

试将上述"生活与事工"运动与"信仰与教制"合并为一。1938年这两个运动合并,并拟出章程:"世界基督教协进会是承认我们的主耶稣基督为上帝和救世主的各教会的团契",即在最低限度上,把以基督为救主作为教义底线,来求得最广泛意义上的教会参与。这成为世界基督教协进会的前身。1948年,来自47个国家的147名代表在阿姆斯特丹集会,正式成立"世界基督教协进会"(World Christian Council)。欧洲、北美的新教教会、东正教会和亚非两洲的教会都成为它的会员,但协进会章程明确宣布,它只是一个联合会,它对成员教会不具有组织上的权威。

在成立这种世界性的教会联合机构的同时,欧美各地还出现了以教派或以地域为基本单位的教会联合。例如,1929年苏格兰长老会联合,成为苏格兰联合教会。1918年,美国的路德宗联合为美国联合路德宗。1958年成立美国联合长老会,1968年成立联合卫理公会。一些大型宗派还进行了世界范围内的联合,虽然这样成立的世界联合会并不能在组织权力上超过其成员教会。1875年成立"世界改革宗联盟",1881年成立"世界卫理公会联盟",1905年成立"世界浸信会联盟",1923年成立"世界路德宗联盟"。它们后来都与世界基督教协进会建立了协商关系。而在相同地域内不同教派的联盟亦有声有色,1925年,加拿大的卫理公会、公理宗、圣公会、浸礼宗和长老会共同成立加拿大联合教会。而在1947年,印度的公理会、长老宗和圣公会也联合组成了南印度教会。在美国,1962年成立了由公理会、圣公会、卫理公会等联合而成的"教会联合协商会"。

从上述历史可以看出,普世运动是以新教为主的现代基督教界所倡导的各宗派联合为一体的运动,但它的范围不断扩大,逐渐超越各新教

(左页图) 图80 普世运动的全球开展图
　　普世运动是当代基督教的一个突出现象,但是,可以看到普世运动的策源地主要是在欧美地区,其主要推动力也来自于那些传统的大教派如路德宗、改革宗、圣公会和循道宗等。在对广大教会的实际影响上,普世运动远不如福音派和灵恩运动。就此而言,基督教的普世理念仍主要是一种理想或者说方向。

派别而成为新教、罗马公教与东正教寻求合一的运动，其兴趣也从单纯的传教延伸为以积极、善良、合作的态度对全人类的广泛关怀。它已成为当代基督教的一个主要发展潮流。但是，也要注意到普世运动并不是要成立一个统一的教会，正如世界基督教协进会于1950年发布的《多伦多声明》所述，联合会不是各个教会的权力、行政事务、宗教事务的决策机构，不是超级教会，而是促进合一的教会联谊会。其会员在教义、信条方面享有充分的自主权，在教会体制、行政管理方面具有完全的独立性。会员之间不分教派大小一律平等。

普世运动是20世纪基督教内最重大的运动和潮流之一。可以说，基督教内各派别的联合是大势所趋，与基督教的宗旨和本质也是一致的。作为世界宗教，基督教在成立之初就反对教会的分裂和敌对。普世运动从信仰与组织这两个方面都朝着联合的方向努力，有助于这一目的的实现。从效果来看，各大教派加强在各个领域的合作和对话，也使基督教在当今世界发挥最大的作用。普世运动致力于加强各大教派之间的沟通与合作，这也是保障今天国际和平的一个重要方面。宗教的和平和对话，是消除国与国之间、民族与民族之间战争隐患的重要手段之一。

但是，普世运动的理想和实践过程亦充满了问题与矛盾。例如，在普世运动中，为了追求联合，各大教派都避开了神学争论，出现了神学还原主义(reductionism)的倾向。将信仰还原为一两句话的做法，很容易将信仰简单化和空洞化，使各教派失去本身的丰富内容及其系统、深刻的理论基础，这是普世运动的最大危机。普世运动在思想上对基督教史并无建树，就与它将基督教非神学化和非思想化的倾向有着深刻的关系。如何在思想和信仰方面展开深入的交流、对话并达成共识，也是使普世运动从跨宗派(cross-denomination)向超宗派(supra-denomination)过渡的关键。再如，普世运动要求各教派积极参与到现代社会之中，回应世俗社会的问题，关注当今世界的伦理和社会困境等，以此来实现教派与教派之间的联合。但是，它也使得各大教派专注于世俗事务，使教会蜕变为一个慈善机构，抽去了它的灵性内容，基督教失去它的内在力量，缺乏发展潜力。

总之，普世运动是现代基督教的一个突出现象，对基督教乃至世界史都产生了相当的影响。它似乎回应了早期基督教的"一主，一信，一洗，一神，就是众人的父，超乎众人之上，贯乎众人之中，也住在众人之内"的理念。世界进入新世纪后，普世运动开展的深度与广度，它将迈向什么方向，都将对基督教的未来产生深远影响。

参考书目

1. Anderson, Charles, S., *Augsburg Historical Atlas of Christianity in the Middle Ages and Reformation* (Minneapolis: Augsburg, 1967).

2. Beitzel, Barry, *The Moody Atlas of Bible Lands* (Chicago: Moody Institute, 1985).

3. Brisco, Thomas, *Holman Bible Atlas* (Nashville: Broadman & Holman Publishers, 1998).

4. Dowley, Tim, *Introduction to the History of Christianity* (Minneapolis: Fortress, 2002).

5. Dowley, Tim, *The Baker Atlas of Christian History* (Grand Rapids: Baker, 1997).

6. Littell, Franklin H., *Historical Atlas of Christianity* (New York: Continuum, 2001).

7. Scarre, Chris, *The Penguin Historical Atlas of Ancient Rome* (London: Penguin, 1995).

8. 伯尔曼：《法律与革命》，贺卫方等译，北京：大百科全书出版社，1993年。

9. 布鲁斯·雪莱：《基督教会史》，刘平译，北京：北京大学出版社，2004年。

10. 彼得·克劳斯·哈特曼：《耶稣会简史》，北京：宗教文化出版社，2003年。

11. 波纳文图拉：《中世纪的心灵之旅：波纳文图拉神学著作选》，傅林译，北京：

华夏出版社,2003年。

12.陈志强:《拜占庭学研究》,北京:人民出版社,2001年。

13.丛日云编:《西方政治思想史》,天津:天津人民出版社,2005年。

14.冈察雷斯:《基督教思想史》,陈泽民等译,南京:金陵神学院,2002年。

15.汉斯-维尔纳·格茨著:《欧洲中世纪生活》,王亚平译,北京:东方出版社,2002年。

16.黄洋等:《世界古代中世纪史》,上海:复旦大学出版社,2005年。

17.杰拉尔德·亚伯拉罕:《简明牛津音乐史》,上海:上海音乐出版社,1999年。

18.梁家麟:《基督教史略:改变教会的十人十事》,香港:更新资源,1998年。

19.李伯庚:《欧洲文化史》,赵复三译,上海社会科学院出版社,2004年。

20.梁天枢:《简明圣经史地图解》,上海人民出版社,2006年。

21.罗伯特·福西耶:《剑桥插图中世纪史(350-950年)》,陈志强等译,济南:山东画报出版社,2006年。

22.罗德尼·斯塔克:《基督教的兴起:一个社会学家对历史的再思》,黄剑波等译,上海:上海古籍出版社,2005年。

23.麦格拉思:《基督教概论》,马树林、孙毅译,北京:北京大学出版社,2005年。

24.彭小瑜:《教会法研究》,北京:商务印书馆,2003年。

25.王美秀等:《基督教史新编》,南京:江苏人民出版社,2006年。

26.威利斯顿·沃尔克:《基督教会史》,孙善玲等译,北京:中国社会科学出版社,1991年。

27.雅各布·布克哈特:《君士坦丁大帝时代》,宋立宏等译,上海三联书店,2006年。

28.雅克·勒戈夫:《中世纪知识分子》,张弘译,北京:商务印书馆,1996年。

29.张芝联、刘学荣编:《世界历史地图集》,北京:中国地图出版社,2002年。

汉英地名对照表

阿比让 Abidjan
阿波罗尼亚 Apollonia
阿伯丁 Aberdeen
阿德雷德市 Adelaide
阿德斯特劳 Ardstraw
阿恩斯塔特 Arnstadt
阿尔巴尼亚 Albania
阿尔卑斯 Alpes
阿尔比 Albi
阿尔达 Ardagh
阿尔戈斯 Argos
阿尔及尔 Algiers
阿尔克 Arques
阿尔勒 Arles
阿尔马 Armagh
阿尔摩拉维德王朝 Almoravid
阿尔施德特 Allstedt
阿尔腾堡 Altenburg

阿尔图瓦地区 Artois
阿非利加(或译非洲) Africa
阿格德 Agde
阿根廷 Argentina
阿基坦 Aquitaina
阿加多 Aghadoe
阿克拉 Accra
阿克马 Alkmaar
阿肯里 Achonry
阿奎达尼亚 Aguitania
阿奎莱亚 Aquileia
阿拉(法国) Arras
阿拉伯 Arabia
阿拉伯海 Arabian Sea
阿拉贡 Aragon
阿莱佐(或阿雷佐) Arezzo
阿勒曼尼人 Alamanni
阿鲁沙 Elusa

阿马尔菲 Amalfi
阿马西亚 Amaseia 或 Amasia
阿玛城 Armagh City
阿米达 Amida
阿米苏斯 Amisus
阿姆斯特丹 Amsterdam
阿涅塞教堂 S. Agnese
阿帕美 Apamea
阿帕米亚 Aparmea
阿彭策尔 Appenzell
阿普利亚 Apulia
阿斯拉克顿 Aslacton
阿索斯圣山 St. Athos
阿瓦尔人区域 Avars
阿维农(或阿亚维农、阿维尼翁) Avignon
阿伊诺斯 Aenus
哀嫩 Aenon
埃布罗河 Ebro River
埃德萨(或译埃德塞、爱德萨) Edessa
埃尔宾 Elbing
埃格尔 Eger
埃及 Egypt
埃克塞特 Exeter
埃里斯群岛 Ellice Islands
埃姆登 Emden
埃姆莱 Emly
埃塞俄比亚 Ethiopia
埃森纳赫 Eisenach
埃希特纳赫 Echternach

艾波罗肯 Eboracum
艾当 Aidan
艾尔福特 Erfurt
艾克斯 Aix
艾利斯城(或译艾利斯斯普林斯,旧称斯图尔特) Alice Springs
艾梅峰 Mont Aimé
艾斯费尔德 Eisfeld
艾希施泰德 Eichstadt
爱达山 Tell Eda
爱地城 Philoteria
爱丁堡 Edinburgh
爱尔芬 Elphin
爱尔兰 Ireland
爱琴娜岛 Aegina
爱森纳赫 Eisenach
爱沙尼亚 Esthonia
爱斯里本 Eisleben
爱茵西登 Einsiedeln
安布翰(或译昂布伦) Embrun
安东尼城堡 Antonia Fortress
安哥拉 Angola
安哈尔特 Anhalt
安卡拉 Angore
安曼 Amman
安纳查布斯 Anazarbus
安汝 Anjou
安特卫普 Antwerp
安提阿 Antioch

安提帕底 Antipatris
安提瓦 Antivan
昂热 Angers
昂热 Angers
盎格鲁－萨克森人 Angles Saxons
奥得河 Oder
奥地利 Austria
奥尔登堡 Oldenburg
奥尔良 Orléans
奥格斯堡 Augsburg
奥赫里德 Ochrida
奥克兰 Auckland
奥兰 Oran
奥兰治河 Orange
奥里诺科河 Rio Orinoco
奥里斯塔诺 Oristano
奥洛姆茨 Olomouc
奥慕兹 Olmutz
奥赛尔 Auxerre
奥斯基勒 Roskilde
奥斯曼帝国 Ottoman Empire
奥斯纳布吕克 Osnabrueck
奥斯塔巴 Ostabat
奥斯特拉西亚 Austrasia
奥斯特里茨(或奥斯特利茨)Austerlitz
奥维亚托 Orvieto
奥文尼地区 Auvergne
士柏斯 Auspitz
澳大利亚 Australia

澳门 Macao
巴比伦 Babylon
巴恩伯格 Barnberg
巴尔米拉 Palmyra
巴伐利亚 Bavaria
巴拉圭 Paraguay
巴拉那河 Parana
巴勒莫 Palermo
巴黎 Paris
巴里(意大利南部)Bari
巴利阿里群岛 Balearic Islands
巴拿马 Panama
巴塞尔 Basel
巴塞罗那 Barcelona
巴斯 Bath
巴斯克 Basque
巴塔哥尼亚高原 Patagonia Plateau
巴西 Brazil
巴约市 Bayeux
白尼罗河 White Nile
白沙瓦 Peshawer
柏林 Berlin
柏伦尼斯(或译贝伦尼斯)Berenice
拜占庭 Byzantium
班贝格 Bamberg
班戈 Bangor
邦阿穆松 Pont-a-Mousson
保加利亚 Kingdom of Bulgaria
卑尔根 Bergen

北海 North Sea	波兰 Poland
北豪森 Nordhausen	波利尼西亚 Polynesian
贝尔格莱德 Belgrade	波罗的海 Baltic Sea
贝济耶 Beziers	波莫瑞地区(或译波美拉尼亚) Pomerania
贝鲁特 Beruit	波旁 Bourbon
贝内文托 Benevento	波森 Posen
贝宁 Benin	波斯卓 Bostra
贝桑松 Besançon	波西米亚 Bohemia
本都 Pontus	玻利维亚 Bolivia
比尔森 Pilsen	伯大巴喇 Bethabara
比勒陀利亚 Pretoria	伯尔尼 Bern
比哩亚 Perea	伯哈仑 Beth-horon
比利其卡 Belgica	伯利恒 Bethlehem
比萨 Pisa	伯利兹 Belize
比色塔 Biserta	伯罗奔尼撒 Peloponnesian
比斯开湾 Bay of Biscay	伯赛大 Bethsaida
比提尼亚 Bithynia	勃艮第 Burgundy
比图里卡(今贝里) Biturica	勃兰登堡 Brandenburg
彼得堡 Peterborough	博茨瓦纳 Botswana
彼西底亚 Pisidia	博洛尼亚 Bologna
庇哩亚 Beroea	博韦(或博维) Beauvais
别加 Perga	不莱梅(或不来梅) Bremen
别迦摩 Pergamun	不列颠 Britannia
波比奥 Bobbio	不列塔尼 Britanny
波多黎各 Puerto Rico	不伦瑞克 Brunswick
波恩 Bonn	布巴斯特 Bubastis
波尔多 Bordeaux	布达佩斯 Budapest
波哥大 Bogota	布迪格拉(即波尔多) Burdigala
波河 Po	布尔戈斯 Burgos

布尔日 Bourges
布尔萨 Bursa
布拉柴维尔 Brazzaville
布拉格 Prague
布拉加 Braga
布拉加拉 Bracara
布赖腾费尔德 Breitenfeld
布雷根茨 Bregenz
布雷萨赫 Breisbacn
布雷斯劳 Breslau
布雷西亚 Brescia
布里斯班 Brisbane
布利尔 Brill
布列津 Brechin
布列瑟农 Bressanone
布林迪西 Brindisi
布隆迪 Burundi
布鲁日 Bruges
布鲁塞尔 Brussels
布鲁瓦 Blois
布洛涅 Boulogne
布宜诺斯艾利斯 Buenos Aires
布雍 Bouillon
部丢利 Puteoli
查德湖 Lake Chad
查尔西顿 Chalcedon
查理王国 Kingdom of Charles
长江 Yangtze
长崎 Nagasak

朝鲜 Korea
出岛 Deshima
茨纳伊姆 Znaim
茨维考 Zwickau
措芬根 Zolfingen
措利孔 Zollikon
达尔马提亚 Dalmatia
达尔文 Darwin
达拉曼河 Dalaman River
达累斯萨拉姆 Dares Saiaam
达姆施塔特 Darmstadt
达尼丁 Dunedin
达沃斯 Davos
达西亚 Dacia
打尔班 Derbent
大马士革 Damascus
大圣母教堂 Basilicadi Santa Maria Maggiore
大西洋 Atlantic Ocean
代芬特尔 Deventer
代森扎诺 Desenzano
戴米特里亚 Demetrias
丹吉尔 Tangier
丹麦 Denmark
但泽(或译为但斯克) Danzig
德布勒森 Debreczen
德尔贝 Derbe
德尔斐 Delphi
德国维尔茨堡 Würzburg

德拉瓦河 Drava
德勒 Dreux
德勒斯顿 Dresden
德里 Delhi
德伦格尔巴 Tranquebar
德罗莫尔 Dromore
德罗斯多伦 Durostorum
德涅斯特河 Dniester
德绍 Dessau
的黎波里塔尼亚 Tripolitania
邓恩帕特里克 Downpatrick
邓凯尔德 Dunkeld
低加坡里 Decapolis
迪埃普 Dieppe
迪林根县 Dillingen
底比斯 Thebes
底耳哈琴(或译第拉修姆,今阿尔巴尼亚城市都拉斯)Dyrrhachium
地中海 Mediterranean Sea
帝国广场 Imperial Forum
帝汶岛 Timor
帝汶海 Timor Sea
第聂伯河 Dnieper
第戎 Dijon
蒂罗尔地区 Tyrol
蒂尤厄姆 Tuam
丁塔戈尔 Tintagel
东弗里斯兰 East Friesland
东哥特人 Ostrogoths

都柏林 Dublin
都灵 Torino
斗罗河 Duero
杜埃 Douai
顿河 Don
多尔 Dole
多哥 Togo
多克姆 Dokkum
多拉 Dora
多利留姆 Dorylaeum
多利买(或托勒梅斯)Ptolemais
多米尼亚共和国 Dominican Republic
多纳赫 Dornach
多瑙河 Danube
多瑙沃特 Donauworth
俄斐勒 Ophel
俄罗斯 Russia
厄波罗河(或埃布罗河)Ebro River
厄瓜多尔 Ecuador
恩格第 Engedi
法国 France
法兰克福 Frankfurt
法兰克人 Franks
法蒂玛哈里发 Fatimid Haliphate
法希奥拉 Fasciola
法属圭亚那 French Guiana
凡尔登 Verdun
非拉铁非 Philadelphi
菲尔泰修道院 La Ferte

菲尔特Fürth
菲利普的凯撒利亚Caesarea of Philipi
菲律宾Philippines
菲日耶 Ferrieres
腓力城Philippopolis
腓立比Philippi
腓尼基地Phoenicia
斐济群岛Fiji Islands
费恩斯Ferns
费拉拉Ferrara
费米拉孔Viminacium
费希豪森Fischhausen
枫丹白露Fontainebleau
佛兰德斯Flanders
佛罗伦萨Florence
弗拉基米尔Vladimir
弗兰克尼Franconia
弗朗什－孔德地区Franche-Comte
弗勒吕斯比Fleurus
弗里堡Freiburg
弗里茨拉Fritzlar
弗里西亚Frisia
弗利辛恩市Flushing
弗留利的杰莫纳Gemonadel Friuli
弗罗莱Fleury
弗洛登Flodden Field
符腾堡Württemberg
福尔达Fulda
福希海姆县Forchheim

福州Fuzhou
复活节岛Easter Island
盖塔(或加塔、卡艾塔、加艾塔等)Gaeta
干革拉Gangra
冈比亚Gambia
冈嘎拉Gangra
刚果河Congo
高弗纳Gophna
高卢Gaul
戈兰Gran
哥本哈根Copenhagen
哥滴拿Gortyna
哥拉汛Chorazin
哥林多Corinth
哥伦比亚Colombia
哥尼斯堡(现俄罗斯的加里宁格勒)Konigsberg
哥斯达尼加Costa Rica
革尼撒勒Gennesaret
格克Gurk
格拉茨Graz
格拉鲁斯州Glarus
格拉纳达Granada
格拉森Gergesa
格劳宝登Graubunden
格勒诺布尔Grenoble
格理松Grisons
格鲁敦高卢Lugdunensis
格罗宁根Groningen

格洛斯特 Gloucester
格尼森 Gnesen
格涅兹诺 Gniezno
格士图河 Cestrus River
格斯拉尔 Goslar
根特 Ghent
古巴 Cuba
古拉法黑法 Gyulafehervar
古利奈(或昔勒尼、昔兰尼加) Cyrene
谷门 Valley Gate
圭亚那 Guyana
果阿 Goa
哈德良堡 Hadrianopolis
哈德斯莱本 Hadersleben
哈尔伯施塔特 Halberstadt
哈尔施塔特 Hallstadt
哈格瑙 Hagenau
哈拉雷 Harare
哈勒姆 Haarlem
哈雷 Halle
哈伦 Haarlem
哈罗斯塔德 Haraldstedt
哈韦尔贝格市 Havelberg
哈扎尔汗国 Khazar Kahnate
海德堡 Heidelberg
海地 Haiti
海尔斯堡 Heilsberg
海牙 The Hague
汉堡 Hamburg

荷尔斯泰因 Holstein
荷兰 Netherland
贺恩庄 Herrnhut
赫拉克利波利斯 Heraclipolis
赫拉克西亚 Heraclea
赫拉库里亚 Heraclia
赫里福德 Herefordshire
赫罗纳 Girona
赫穆斯河 Hermus River
赫希思特 Höchst
黑海 Black Sea
黑森 Hesse
恒河 Ganges
红海 Red Sea
洪都拉斯 Hongduras
呼勒湖 Huleh
胡顿 Woerdan
华伦西恩斯 Valenciennes
怀森 Whithorn
怀特芒廷 White Mountain
黄海 Yellow Sea
惠灵顿 Weilington
霍巴特 Hobart
机地斯河 Gediz
基阿 Chios
基督城 Christopolis
基多 Quito
基辅 Kiev
基库尤 Kikuyu

基齐库斯 Cyzicus
基青根 Kitznzgen
基顺泉 Gihon Spring
基亚文纳 Chiavenna
吉尔伯特群岛 Gilbert Islands
吉斯卡拉 Gischala
吉耶纳 Guyenne
汲沦谷 Kidron Valley
济里克塞 Zierikzee
加布阿 Capua
加大拉 Gadara
加的斯(西班牙) Cadiz
加尔各答 Calcutta
加尔加诺山 MountGargano
加拉加斯 Caracas
加拉太 Galatia
加来 Calais
加里波利 Gallipoli
加利利 Galilee
加利奇 Halicz
加利西亚 Galicia
加龙河 La Garonne
加罗林群岛 Caroline Islands
加纳 Ghana
加蓬 Gabon
加萨尼人 Ghassanids
加斯科尼 Gascony
迦巴 Gaba
迦百农 Capernaum

迦基士 Chalcis
迦密山 Mount Carmel
迦拿 Cana
迦萨 Gaza
迦太基 Carthage
剑桥 Cambridge
教宗国 Papal States
杰里科 Jericho
杰梅尼亚 Jamnia
杰伊汉 Ceyhan
金门 Golden Gate
金沙萨 Kinshasa
金帐汗国 Khanate of The Golden Horde
津巴布韦 Zimbabwe
居勒尼(或古利奈) Cyrene
聚特芬 Zutphen
君士坦丁堡 Constantinople
喀麦隆 Cameroon
喀土穆 Knartoum
卡宾达 Cabinda
卡尔卡松 Carcassonne
卡尔尼奥拉地区 Carniola
卡尔西斯 Chalcis
卡利卡特 Calicut
卡利亚 Caria
卡利亚里 Cagliari
卡林西亚州(今克恩腾州) Carinthia
卡帕多西亚 Cappadocia
卡塞尔 Cassel

卡斯提尔 Castile
卡塔赫纳 Cartagena
卡瓦拉 Kavalla
卡西诺山 Monte Cassino
卡西诺修道院 Monastery of Cassino
卡谢乌 Cacheo
开罗 Cairo
开普敦 Cape Town
凯尔索 Kelso
凯尔特人 Celts
凯撒奥古斯塔(今萨拉戈萨) Caesaraugusta
凯撒利亚 Caesarea
凯舍尔(或凯袖) Cashel
堪培拉 Canberra
坎帕拉 Kampala
坎帕尼 Campania
坎普顿 Kempten
坎特伯雷 Cantebury
康布雷 Cambray
康克莱斯 Concorezzo
康奈 Connor
康斯坦茨 Constance
康托斯卡利昂港 Porta Kontoskalio 今库姆卡帕 Kumkap
考巴 Kobaa
考洛乔 Kalocsa
考文垂 Coventry
柯魏 Corvey
科堡 Coburg

科尔比 Corbie
科尔多瓦 Cordoba
科尔切斯特 Colchester
科克 Cork
科隆 Cologne
科伦班 Columban
科洛兹堡 Kolozsvar
科涅克 Cognac
科西嘉 Corsica
克恩滕州 Carinthia
克尔丹 Kildare
克耳费罗那 Kilfenora
克耳拉罗 Killaloe
克拉科夫 Cracow
克拉斯 Keras
克莱蒙 Clermont
克莱蒙费朗 Clermont-Ferrand
克莱蒙特 Clermont
克赖斯彻特 Christchurch
克朗纳德 Clonard
克劳森 Klausen
克里特 Crete
克力所波利斯 Chrysopolis
克利马内 Quelimane
克隆弗特修道院 Clonfert
克隆那诺瓦斯 Clomnacnoise
克吕尼 Cluny
克罗地亚 Croatia
克马克墩 Kilmacduagh

克什米尔地区 Kashmir
克斯鲁港 Xylo Porta
克孜勒河 Kizil River
客西马尼园 Gethsemane
肯尼亚 Kenya
库尔 Chur
库尔兰 Kurland
库尔姆 Kulm
库克群岛 Cook Islands
库兰 Qumran
库特拉 Coutras
夸达徒 Quadratus
魁北克 Quebec
昆士兰州 Queensland
拉昂 Laon
拉巴斯 Le Paz
拉蒂斯邦 Ratisbon
拉凡 Lavant
拉弗莱什 LaFleche
拉格丹努(里昂古称) Lugdunum
拉各斯 Lagos
拉古萨 Ragusa
拉合尔 Lahore
拉科或拉寇市 Rakow
拉里萨 Larissa
拉罗汤加岛 Rarotonga
拉罗谢尔 La Rochelle
拉帕底姆 Lapadium
拉斯登堡 Rastenburg

拉特兰教堂 Lateran
拉特摩斯山 Latmos
拉提亚里亚 Ratiaria
拉文那 Ravenna
拉斋斯 Razes
莱昂 Leon
莱比斯 Lebus
莱波蒂斯 Leptis
莱顿 Leiden
莱苦斯河 Lycus
莱兰岛 Lerins
莱林 Leighlin
莱索托 Lesotho
莱瓦顿 Leeuwarden
莱茵地区(也称巴列丁奈地区或柏勒丁拉地区) Palatinate
莱茵河 Rhine
赖比瑞亚 Liberia
赖恩 Rain
赖兴瑙群岛 Reichenau
兰达夫 Llandaff
兰道 Landau
兰卡斯特 Lancaster
兰萨古斯 Lampsacus
兰斯 Reims
朗格多克 Languedoc
劳齐茨 Lausitz
老底嘉 Laodicea
勒哈弗尔 Le Havre

勒兰(或勒林)群岛Lérins
勒芒 Le Mans
勒佐卡拉布里亚 Reggio Calabria
雷根斯堡 Regensburg
雷莱诺城 Relenopolis
里昂 Lyons
里伯 Ribe
里格尼兹 Liegnitz
里海 Caspiansea
里济 Lisieux
里加 Riga
里米尼 Rimini
里斯本 Lisbon
里西亚 Raetia
里约热内卢 Rio De Janeiro
立陶宛 Lithuania
立窝利沃尼亚(相当于今拉脱维亚和爱沙尼亚) Livonia
利比里亚 Liberia
利波拿 Lebonah
利居热 Liguge
利马 Lima
利摩日 Limoges
利斯莫尔 Lismore
列利达省 Lerida
列日省(比利时，古称 Luttich) Liege
列士波斯岛 Lesbos
林堡 Limburg
林迪斯法恩岛(或林地斯法纳)Lindisfarne

林克平大学Linkoping
林肯Lincoln
林奇菲尔德Lichfield
林扬提Linyanti
龙塞斯瓦列斯Roncesvalles
卢安达Luanda
卢贝克(或吕贝克)Lübeck
卢卡Lucca
卢萨卡Lusaka
卢瓦尔河Loire River
卢旺达Rwanda
鲁昂Rouen
鲁德劳Ludlow
鲁特马古斯Rotomagus今法国鲁昂Rouen
鲁汶Louvain
鹿特丹Rotterdam
路司得Lystra
路特Lutter
路西塔尼亚Lusitania
吕岑Lützen
吕大Lydda
吕伐登Leeuwarden
吕内堡Luneburg
吕瑟耶勒Luxeuil
吕西亚Lycia
伦巴德Lombard
伦德Lund
伦敦London

罗彻斯特 Rochester
罗得岛或罗底岛 Rhodes
罗高(或罗古夫) Rogow
罗马 Rome
罗马帝国 Roman Empire
罗马斗兽场 Colosseum
罗讷河 Rhone River
罗什 Lorsch
罗斯 Ross
罗斯玛基 Rosemarkie
罗特韦尔 Rottweil
罗退尔王国 Lothair
罗耀拉城 Loyola
洛尔希 Lorch
洛克马本 Lochmaben
洛林 Lorraine
洛特 Lot
马达加斯加 Madagascar
马德拉斯 Madras
马德里 Madrid
马杜赖 Madural
马尔堡(或马堡) Marburg
马格德堡 Magdeburg
马加丹 Magdala
马卡鲁斯堡(或玛加鲁斯堡) Machaerus
马克萨斯群岛 Marquesas Islands
马克西姆竞技场 Maximus Circus
马拉维 Malawi
马拉维湖 Lake Malawi

马勒什瓦绍希利 Marosvasahely
马里亚纳群岛 Marianas Islands
马林 Malines
马六甲 Malacca
马尼拉 Manila
马其顿 Macedonia
马萨达堡 Masada
马赛 Marseilles
马绍尔群岛 Marshall Islands
马士河 Meuse
马斯特里赫 Maastricht
马西雅那堡 Marcianopolis
玛德拉斯 Madras
玛格涅西亚 Magnesia
玛利沙 Mareshah
玛萨达 Masada
迈安德河 Maeander River
迈泰奥拉 Meteora
麦森 Meissen
麦西亚 Moesia
曼恩 Maine
曼海姆 Mannheim
曼济科特 Manzikert
曼斯费尔德 Mansfeld
曼斯特 Münster
曼兹克特(或译曼齐克特、曼齐科特) Manzikert
芒阿雷瓦岛 Mangareva
毛里塔尼亚 Mauritania

毛立蒙修院 Morimond
没药之城 Oxyrrhynchus
梅奥 Mayo
梅尔罗斯 Melrose
梅克伦堡 Mecklenburg
梅里达 Mérida
梅利泰内(今马拉提亚) Melitene
梅明根 Memmingen
梅茵河 Main River
梅泽堡 Mcrseburg
湄公河 Mekong
美拉尼西亚 Melanesia
美门 Beautiful Gate
美索不达米亚(或米索不达米亚) Mesopotamia
美特拉 Meteora
美茵茨 Mainz
门格洛尔 Mangalore
蒙巴萨 Mombasa
蒙彼利埃 Montpellier
蒙罗维亚 Monrovia
蒙斯 Mons
蒙塔班 Montaban
蒙特雷 Monterrey
蒙特利尔 Montreal
蒙特维多 Montevideo
蒙扎 Monza
孟斐斯 Memphis
孟加拉 Bengal

孟加拉湾 Bay of Bengal
孟买 Bombay
米德堡 Middleburg
米底亚 Media
米尔豪森 Mülhausen
米拉 Myra
米兰 Milan
米利都 Melito
米斯特拉 Mistra
秘鲁 Peru
密克罗尼西亚 Micronesia
缅甸 Burma(或 Myanmar)
明谷修道院 Clairvaux
明斯特 Munster
摩德纳(意大利) Modena
摩尔达维亚 Moldavia
摩尔哈森 Mulhausen
摩拉维亚 Moravia
摩鹿加群岛 Moluccas 现称 Maluku
摩普绥提亚 Mopsuestia
摩西亚 Moesia
摩泽尔河 Moselle
莫顿 Modon
莫尔塞姆 Molsheim
莫哈奇 Mohacs
莫桑比克 Mozambioue
墨尔本 Melbourne
墨刻 Mook
墨西哥城 Mexico

墨西拿 Messina
默茨 Metz
慕尼黑 Munich
穆瓦萨克 Moissac
拿撒勒 Nazareth
拿骚 Nassau
内罗毕 Nairobi
内扬委 Nyangwe
那不勒斯 Naples
那罗那城 Narona
那慕尔 Namur
纳尔榜高卢 Narbonensis
纳尔榜市 Narbonne
纳尔登 Naarden
纳米比亚 Namibia
纳瓦尔王国 Navarre
纳瓦伦斯 Navarrens
纳韦尔或纳维尔市 Nevers
南非 South Africa
南海 South China Sea
南回归线 Tropic of Capricorn
南京 Nanking
南特 Nantes
南锡 Nancy
瑙古瓦劳德(今奥拉迪亚) Nagyyarad
瑙吉塞本 Nagyszeben
瑙姆堡 Naumburg
讷德林根 Nördlingen
尼保 Nyborg

尼波立 Neapolis
尼布 Nebo
尼德兰合众国 United Netherland
尼帝亚 Nitria
尼古斯堡 Nicholsburg
尼加拉瓜 Nicaragua
尼科堡(或尼科波利) Nicopolis
尼科米底亚 Nicomedia
尼罗河 Nile
尼普尔 Nippur
尼日尔河 Niger
尼日利亚 Nigerria
尼什 Naissus
尼提亚 Nitria
尼西比斯 Nisibis
尼西亚 Nicea
宁波 Ningbo
牛津 Oxford
纽卡斯尔 Newcastle
纽伦堡 Nuremberg
纽斯特里亚 Neustria
努米底亚 Numbia
努瓦慕捷岛 Noirmoutier
努西亚 Nursia
挪哈底亚 Nehardea
挪威 Norway
诺利克 Noricum
诺曼人 Norman
诺土斯 Noetus

诺瓦替安Novatian
诺维奇Norwich
林肯Lincoln
诺阳Noyon
欧赫瑞德Ochrid
欧罗莫克Olomouc
欧塞尔Auxerre
欧兹镇Eauze
帕德邦Paderbon
帕多瓦Padua
帕尔马Parma
帕尔马岛La Palma
帕克西亚Praxeas
帕伦西亚Palencia
帕绍市Passau
帕特博恩Paderborn
帕特雷Patras
帕提亚Parthia
帕维亚Pavia
帕维亚省Provincia of Pavia
潘诺尼亚Pannonia
潘普洛纳Pamplona
潘特拉Patara
庞拜狄撒Pumbeditha
庞贝Pompei
庞特佛雷特Pontefract
培提卡Baetica
佩里戈尔Perigord
佩鲁贾Perugia

佩斯里Paisley
佩特拉Petra
蓬蒂尼Pontigny
皮德蒙特Piedmont
皮特凯恩群岛Pitcairn
平丘左Pinczow
婆罗洲(即加里曼丹岛)Borneo
珀斯Perth
葡萄牙Portugal
普法尔茨Palatinate
普拉森西Plasencia
普雷斯堡(或希拉迪斯拉发)Pressburg
普里马Prima
普鲁士Prussia
普罗旺斯Provance
普瓦塔瓦Poitava
普瓦提埃Poitiers
普瓦图Poitou
奇切斯特(或契加斯特)Chichester
切斯特Chester
切松(或赫尔松、齐而逊)Cherson
青尼罗河Blue Nile
热那亚Genoa
日本Japan
日耳曼尼亚Germania
日内瓦Geneve
日内瓦湖Lake Geneva
瑞典Sweden
瑞士Switzerland

瑞士联邦 Swiss Confederation
撒狄 Sardis
撒丁 Sardinia
撒拉曼卡(或萨拉曼卡)Salamanca
撒拉米 Salamis
撒玛利亚 Samaria
萨巴罗萨 Sabrosa
萨尔茨堡 Salzburg
萨尔迪卡(今保加利亚索非亚)Serdica
萨尔瓦多 El Salvador
萨克森地区 Saxony
萨拉戈萨 Saragossa
萨勒河 Saale
萨雷诺 Salerno
萨利姆 Salim
萨隆那 Salonae
萨萨里 Sassari
萨瓦河 Sava
萨沃耶(或萨沃伊)Savoy
塞巴斯特 Sebaste
塞巴斯提亚 Sebastea
塞尔曼 Sirmium
塞尔维亚 Servia
塞尔柱 Seljuk
塞戈维亚 Segovia
塞考 Seckau
塞拉利昂 Sierra Leone
塞兰波（或薛兰波、锡兰浦约）Serampore

塞雷省 Serres
塞内加尔河 Senegal
塞纳河(或赛讷河)Seine River
塞农人 Senones
塞浦路斯 Cyprus
塞思图教堂 San Sisto Vecchio
塞提斯 Scetis
塞维利亚 Seville
塞伊汉河 Seyhan River
塞耶那村 Villanueva de Sijena
赛德城 Side
赛维尔 Serville
桑给巴尔 Zanzibar
桑加瑞斯河 Sangarius River
桑利 Senlis
桑斯 Sens
桑塔加塔 Sant'Agata
色雷斯 Thracia
色萨利邦国 Thessaly
沙埃禾萨伏伊 Savoy
沙夫豪森 Schaffhausen
沙弗雷斯 Sepphoris
沙里特 La Charites
沙里约 Charlieu
沙隆 Chalons
珊瑚海 Coral Sea
上巴拉丁地区 Upper Palatinate
上海 Shanghai
神圣罗马帝国 Holy Roman Empire

圣阿纳斯塔西亚教堂 S. Anastasia

圣阿萨夫 St. Asaph

圣安德烈教堂 S. Andrea

圣安东尼修院 St. Antony

圣奥尔班斯 St. Albans

圣奥诺拉岛 Saint Honorat

圣保罗 Sao Paulo

圣贝亨 St. Bertin

圣彼得大教堂 St. Peter's

圣彼得镣铐教堂 San Pietro in Vincoli

圣毕比亚那教堂 Santa Bibiana

圣伯多禄墓窟 Catacombe dei Santi Marcellino e Pietro

圣布里厄 Saint-Brieuc

圣布田西雅教堂 Basilica di Santa Pudenziana

圣才斐林大教堂 Basilica di Santa Zephyrinus

圣戴维 St. David

圣地 Holy Land

圣地亚哥 Santiago

圣地亚哥-德孔波斯特拉 Santiago de Compostela

圣高卢 St. Gaul

圣基所恭堂 San Crisogono

圣吉尔斯 St Gilesl

圣济利禄及圣默多狄 St. Cyril & St. Methodius

圣加仑 St. Gallen

圣贾尔修道院 St. Gilles

圣克莱蒙教堂 St. Clemente

圣洛伦佐教堂 S. Lorenzo

圣马尔采洛 S. Marcello

圣马尔蒂诺 S. Martino

圣马可教堂 S. Marco

圣马塞勒酒店 S. Marcel

圣马泰教堂 Chiesa di San Matteo

圣玛策林 S.Marcellino

圣玛丽岛 Marienwerder

圣米歇尔山 St. Michael

圣帕科米乌修院 St. Pachomius

圣帕特莫斯岛 Patmos

圣普拉塞蒂教堂 Santa Prassede

圣乔万尼与保罗教堂 Ss. Giovanni e Paolo

圣塞巴斯蒂安地下墓窟 San Sebastiano

圣莎比娜教堂 Santa Sabina

圣十字堂 Santa Croce in Gerusalemme

圣斯德望圆形堂 Santo Stefano Rotondo

圣苏撒纳教堂 St.Susanna

圣万德里耶修道院 Saint Wandrille

圣维塔莱教堂 St.Vitale

圣西奎耶 St.Riquier

圣则济利亚 St. Cecilia

施巴利亚 Cibalia

施拜尔(或施派尔) Speyer

施蒂里亚州(或施泰马克) Styria

施莱特海姆 Schleitheim

施塔特洛恩 Stadtlohn

施泰瑙 Steinau

施特拉尔松德(或施特拉松德、斯特拉尔松)Stralsund

石勒苏益格-荷尔斯泰 Schleswig-Holstein

史塔维洛特 Stavelot

士瓦本 Swabia

书珊 Susa

水门 Water Gate

斯波莱托 Spoleto

斯德丁(或什切青)Stettin

斯德哥尔摩 Stockholm

斯多比 Stobi

斯古黑汶 Schoolhaven

斯卡林格市 Skanninge

斯科德拉 Scodra 今斯库台

斯马付河 Simav River

斯普利特 Spalato 同 Splito

斯奇丹 Schiedam

斯塔维洛特 Stavelot

斯特拉斯堡 Strassburg

斯威士兰 Swaziland

死海 Dead Sea

四殉道堂 Santi Quattro Coronati

苏比人 Suebii

苏比亚克 Subiaco

苏格兰 Scotland

苏黎世 Zurich

苏里南 Suriname

苏门答腊 Sunatra

苏瓦松 Soissons

所罗门池 Pool of Solomon

所罗门群岛 Solomon Islands

索尔兹伯里 Salisbury

索菲亚 Sophia

索罗那 Salona

他泊山 Tabor

塔奥敏纳 Taormina

塔贝尼斯 Tabennisi

塔拉戈纳 Tarraco

塔拉哥 Tarraconensis

塔拉贡纳 Tarragona

塔兰托 Taranto (古称塔伦图姆 Tarentum)

塔朗泰斯 Tarentaise

塔林 Reval

塔门 Tower Gate

塔纳湖 Lake Tana

塔斯马尼亚 Tasmania

塔斯曼海 Tasman Sea

塔乌奇拉 Tauchira

台德木尔 Palmyra

太平洋 Pacific Ocean

泰安那 Tyana

泰列维素 Treviso

泰罗普河谷 Tyropoeon Valley

泰西封城 Ctesiphon

泰泽 Taize

坦噶尼喀湖 Lake Tanganyika

坦桑尼亚 Tanzania

汤加群岛 Tonga Islands

唐克斯特 Doncaster
特庇 Derbc
特尔诺夫 Trnovo
特拉比松(或特拉布宗) Trebizond
特拉比宗 Trapezus
特拉波 Troppau
特拉凡柯 Travancore
特拉雷斯 Tralles
特兰托 Trent
特兰西瓦尼亚地区 Transylvania (Transsilvania)
特雷维索 Treviso
特里波利斯 Tripolis
特里尔 Trier
特里姆城堡 Trim
特隆赫姆 Trondheim
特鲁瓦(法国) Troyes
特茹河(或称塔古斯河、塔霍河) Tagus
特申 Teschen
提埃斯 Thiers
提比里亚(或提比哩亚) Tiberia
提尔罗 Tyrol
帖撒罗尼迦 Thessalonica
廷塔杰尔 Tintagel
突尼斯 Tunis
图安 Tuan
图尔 Tours
图尔奈 Tournai
图勒 Toul

图林根人 Thuringians
图卢兹 Toulouse
图特林根 Tuttlingen
土阿莫土群岛 Tuamotu Archipelago
土伦 Toulon
土瓦 Tavoy
推罗 Tyre
托尔 Toul
托尔达 Torda
托莱多 Toledo
托米斯 Tomi
托斯卡纳 Tuscany
瓦尔茨胡特 Waldshut
瓦尔泰利纳 Valtellina
瓦拉杜利德(或瓦拉多利) Valladolid
瓦拉几亚 Wallachia Plain 今罗马尼亚
瓦莱里安 Valerian
瓦伦斯 Valence
瓦伦西亚 Valencia
瓦特堡 Wartburg
万神殿 Pantheon
汪达尔 Vandal
危地马拉 Guatemala
威尔夫里德 Wilfrid
威尔士 Wells
威灵根 Willingen
威尼斯 Venice
威尼斯共和国 Venetian Republic
威悉河 Weser

韦洛尔 Velore

维埃纳 Vienne

维登堡(或维腾贝格、威特堡、魏腾堡、威腾伯格) Wittenberg

维多利亚湖 Lake Victoria

维尔茨堡 Wüerzburg

维尔纽斯 Vilnius

维加 Viga

维罗纳 Verona

维琴察 Vicenza

维斯比 Visby

维斯洛赫 Wiesloch

维斯瓦河(或维斯杜拉) Vistula

维特尔博省 Viterbo

维特马瑟姆 Witmarsum

维特斯托克 Wittstock

维瓦里翁 Vivarium

维也纳 Vienna

维泽莱(或维孜莱) Vezelay

委内瑞拉 Venezuela

魏森堡 Weissenburg

温彻斯特 Winchester

倭马亚王朝 Umyyad Caliphate

沃尔茨堡 Würtzburg

沃尔芬比特 Wolfenbuttel

沃尔姆斯 Worms

乌德勒支 Utrechi

乌登沃特 Oudenwater

乌尔罕 Warham

乌尔姆 Ulm

乌干达 Uganda

乌拉圭 Uruguay

乌普萨拉 Uppsala

乌齐齐 Ujiji

乌特勒支 Utrecht

乌兹堡 Wurzburg

伍斯特 Worcester

西奥多西城 Theodosiopolis

西澳大利亚州 Western Australia

西班牙 Spain

西班牙城 Hispania

西班牙科尔多瓦 Cordoba

西弗利城 Sepphoris

西哥特人 Visigoths

西古妥波力斯(或西古提人城) Scythopolis

西卡尼姆 Sycaminum

西里伯斯岛 Celebes 印度尼西亚苏拉威西岛 Sulawesi 的旧称

西里西亚 Silesia

西流基 Seleucia

西罗亚池 Pool of Siloam

西拿伯立 Sennabris

西拿得 Synnada

西奈山 Sinai

西诺比(或西诺普、西诺帕) Sinope

西萨摩亚 Western Samoa

西提斯 Thetis

西妥 Citeaux

西西里Sicily

西属尼德兰Spanish Netherlands

希波Hippo

希尔德斯海姆Hildesheim

希尔骚Hirsau

希尔绍城Schesel

希拉波立Hieropolis

悉尼Sydney

锡尔塔Cirta

锡西厄Scythia

锡耶纳Siena

下巴拉丁地区Lower Palatinate

夏龙Chalon

夏特尔Chartres

夏威夷群岛Hawaiian Islands

厦门Xiamen

暹罗(泰国)Siam

香料岛Spice Islands

象牙海岸Ivory Coast今科特迪瓦共和国

辛吉度努姆Singidunum，今贝尔格莱德

辛斯海姆Sinshein

欣嫩子谷Kidron Valley

新赫布里底群岛New Hebrides今瓦努阿图Vanuatu

新几内亚New Guinea

新加坡Singapore

新喀里多尼亚岛New Caledonia

新凯撒利亚Neocaesarea

新南威尔士州New South Wales

匈牙利Hungary

匈牙利帝国Imperial Hungary

叙加Sychar

叙拉古(或希拉库撒、锡拉丘兹)Syracuse

叙利亚Syria

殉道城Martyrpolis

牙买加Jamaica

雅典Athens

雅尔纳克Jarnac

雅鲁藏布江Brahmaputra

雅温得Yaounde

亚波利纳Apollinaris

亚琛Aachen

亚大利Attalia

亚得里亚海Adriatic Sea

亚德弗特Ardfert

亚的斯亚贝巴Addis Ababe

亚该亚Achaea

亚历山大里亚Alexandria

亚马逊河Amazon

亚马细亚Amasia

亚美尼亚Armenia

亚眠Amiens

亚嫩河Arnon River

亚然市(法国)Agen

亚实基伦Ascalon

亚述Assyria

亚斯图里加Asturica

亚松森Asuncion

亚锁都 Azotus

亚塔萨塔 Artaxarta

羊门 Sheep Gate

杨科夫 Jankau

耶利哥 Jericho

耶路撒冷 Jerusalem

叶普斯镇内 Ypres

伊奥拉 Iona

伊巴丹 Ibadan

伊庇鲁斯 Epirus

伊顿 Emden

伊夫里 Ivry

伊兰茨 Ilanz

伊利里亚行省 Illyricum

伊利奇 Innichen

伊那墩 Enaghdune

伊派拉斯 Epirus

伊索尔 Issoire

伊云斯顿 Evanston

以弗所 Ephesus

以哥念 Iconium

以马忤斯 Emmaus

以土买 Idumea

易北河 Elba

意大利 Italy

因戈尔斯特塔(或因格尔施塔特) Ingolstadt

茵斯布鲁克 Innsbruck

印度河 Indus

印度尼西亚 Indonesia

印度洋 Indian Ocean

英格兰 England

犹大地 Judea

犹特波格 Juterbog

幼发拉底河 Euphrates

鱼门 Fish Gate

浴城 Aquae

约大帕他 Jotapata

约旦 Jordan

约旦河 Jordan

约翰内斯堡 Johannesburg

约克 York

约帕 Joppa

约塔帕塔 Jotapata

赞比西河 Zambezi

赞比亚 Zambia

扎伊尔 Zaire

札拉城 Zara

乍得 Chad

芝坦布 Chitambo

智利 Chile

中非共和国 Central Africa Republic

朱特人 Jutes

爪哇岛 Java

佐沃 Zwoll